Suas próximas
5 jogadas

Patrick Bet-David
com Greg Dinkin

■ ■ ■ ■ ■

Suas próximas 5 jogadas

A arte da estratégia de negócios

ALTA BOOKS
EDITORA
Rio de Janeiro, 2022

Suas Próximas 5 Jogadas

Copyright © 2022 da Starlin Alta Editora e Consultoria Eireli.
ISBN: 978-65-5520-503-9

Translated from original Your Next Five Moves. Copyright © 2020 by BetDavid Enterprises LLC. ISBN 9781982154806. This translation is published and sold by permission of Gallery Books, an Imprint of Simon & Schuster, Inc., the owner of all rights to publish and sell the same. PORTUGUESE language edition published by Starlin Alta Editora e Consultoria Eireli, Copyright © 2022 by Starlin Alta Editora e Consultoria Eireli.

Impresso no Brasil — 1ª Edição, 2022 — Edição revisada conforme o Acordo Ortográfico da Língua Portuguesa de 2009.

Todos os direitos estão reservados e protegidos por Lei. Nenhuma parte deste livro, sem autorização prévia por escrito da editora, poderá ser reproduzida ou transmitida. A violação dos Direitos Autorais é crime estabelecido na Lei nº 9.610/98 e com punição de acordo com o artigo 184 do Código Penal.

A editora não se responsabiliza pelo conteúdo da obra, formulada exclusivamente pelo(s) autor(es).

Marcas Registradas: Todos os termos mencionados e reconhecidos como Marca Registrada e/ou Comercial são de responsabilidade de seus proprietários. A editora informa não estar associada a nenhum produto e/ou fornecedor apresentado no livro.

Erratas e arquivos de apoio: No site da editora relatamos, com a devida correção, qualquer erro encontrado em nossos livros, bem como disponibilizamos arquivos de apoio se aplicáveis à obra em questão.

Acesse o site www.altabooks.com.br e procure pelo título do livro desejado para ter acesso às erratas, aos arquivos de apoio e/ou a outros conteúdos aplicáveis à obra.

Suporte Técnico: A obra é comercializada na forma em que está, sem direito a suporte técnico ou orientação pessoal/exclusiva ao leitor.

A editora não se responsabiliza pela manutenção, atualização e idioma dos sites referidos pelos autores nesta obra.

Dados Internacionais de Catalogação na Publicação (CIP) de acordo com ISBD

B562s
    Bet-David, Patrick
        Suas próximas 5 jogadas: domine a arte da estratégia de negócios / Patrick Bet-David, Greg Dinkin ; traduzido por Cristina Parga. - Rio de Janeiro : Alta Books, 2022.
        320 p. : il. ; 16cm x 23cm.

    Inclui índice e apêndice.
    Tradução de: Your Next Five Moves
    ISBN: 978-65-5520-503-9

        1. Empreendedorismo. 2. Planejamento estratégico. 3. Sucesso nos negócios. I. Dinkin, Greg. II. Parga, Cristina. III. Título.

2021-4685
                CDD 658.421
                CDU 65.016

Elaborado por Odilio Hilario Moreira Junior - CRB-8/9949

Produção Editorial
Editora Alta Books

Diretor Editorial
Anderson Vieira
anderson.vieira@altabooks.com.br

Editor
José Ruggeri
j.ruggeri@altabooks.com.br

Gerência Comercial
Claudio Lima
comercial@altabooks.com.br

Gerência Marketing
Andrea Guatiello
marketing@altabooks.com.br

Coordenação Comercial
Thiago Biaggi

Coordenação de Eventos
Viviane Paiva
eventos@altabooks.com.br

Coordenação ADM/Finc.
Solange Souza

Direitos Autorais
Raquel Porto
rights@altabooks.com.br

Assistente Editorial
Caroline David

Produtores Editoriais
Illysabelle Trajano
Larissa Lima
Maria de Lourdes Borges
Paulo Gomes
Thales Silva
Thiê Alves

Equipe Comercial
Adriana Baricelli
Daiana Costa
Fillipe Amorim
Heber Garcia
Kaique Luiz
Maira Conceição
Victor Hugo Morais

Equipe Editorial
Beatriz de Assis
Brenda Rodrigues
Gabriela Paiva
Henrique Waldez
Marcelli Ferreira
Mariana Portugal

Marketing Editorial
Jessica Nogueira
Livia Carvalho
Marcelo Santos
Thiago Brito

Atuaram na edição desta obra:

Tradução
Cristina Parga

Copidesque
Luciana Ferreira

Revisão Gramatical
Alessandro Thomé
Rayi Kena

Diagramação
Heric Dehon

Capa
Larissa Lima

Editora afiliada à:

Rua Viúva Cláudio, 291 — Bairro Industrial do Jacaré
CEP: 20.970-031 — Rio de Janeiro (RJ)
Tels.: (21) 3278-8069 / 3278-8419
www.altabooks.com.br — altabooks@altabooks.com.br
Ouvidoria: ouvidoria@altabooks.com.br

Para meu pai, Gabreal Bet-David,
o Aristóteles da minha vida

Nota do Autor

As histórias que conto têm mais de trinta anos, mas tento descrever os eventos minuciosa e corretamente. Os personagens identificados neste livro com nome e sobrenome são pessoas reais. Aqueles mencionados apenas pelo primeiro nome são personagens compostos, ou pessoas cujos nomes e detalhes de identificação foram alterados. A essência de suas histórias é verdadeira.

Sumário

Introdução Antes de Sua Primeira Jogada — XI

JOGADA 1 – DOMINE O AUTOCONHECIMENTO

Capítulo 1 Quem Você Quer Ser? — 3
Capítulo 2 Estude o Produto Mais Importante: Você — 21
Capítulo 3 Seu Caminho para Criar Riqueza: Intraempreendedor ou Empreendedor? — 37

JOGADA 2 – DOMINE A CAPACIDADE DE RACIOCINAR

Capítulo 4 O Poder Incrível do Processamento de Questões — 55
Capítulo 5 Como Resolver X: Metodologia para o Processo Decisório Eficaz — 71

JOGADA 3 – DOMINE A CONSTRUÇÃO DA EQUIPE CERTA

Capítulo 6 Mito do Empreendedor Solo: Como Construir Sua Equipe — 89
Capítulo 7 Crie uma Cultura Baseada em Princípios — 111
Capítulo 8 Confiança = Velocidade: O Poder da Credibilidade — 127

JOGADA 4 – DOMINE A ESTRATÉGIA DE ESCALAGEM

Capítulo 9	Escalagem para Crescimento Exponencial	**147**
Capítulo 10	Faça do *Momentum* Seu Amigo — e Prepare-se para o Caos	**167**
Capítulo 11	*Moneyball:* Projetando Sistemas para Rastrear Seu Negócio	**185**
Capítulo 12	Mantenha a Paranoia; o Grande Mestre Nunca Baixa Sua Guarda	**201**

JOGADA 5 – DOMINE OS JOGOS DE PODER

Capítulo 13	Como Vencer Golias e Controlar a Narrativa	**219**
Capítulo 14	Estudando Mafiosos: Como Vender, Negociar e Influenciar	**237**
Capítulo 15	Cultive Seu Poder e Ponha-se à Prova	**253**
Conclusão	Xeque-mate	**267**
	Agradecimentos	**273**
APÊNDICE A	Auditoria de Identidade Pessoal	**277**
APÊNDICE B	Planilha para Resolver o *X*	**281**
	Leitura Recomendada	**283**
	Sobre o Autor	**289**
	Índice	**291**

Introdução

Antes de Sua Primeira Jogada

Quando assisti *Magnus* (documentário sobre Magnus Carlsen) pela primeira vez, não conseguia parar de pensar nos paralelos com os negócios. Carlsen é um prodígio do xadrez da Noruega que se tornou um grande mestre aos 13 anos. É um visionário; está sempre pensando em pelo menos quinze jogadas adiante. Ao fazê-lo, tem a extraordinária habilidade de prever (e controlar) o comportamento de seus oponentes. Também fiquei impressionado com sua preparação meticulosa. Como Carlsen já jogou várias vezes em sua mente antes de o jogo efetivamente ocorrer, ele permanece inabalável no calor da batalha. Além do mais, ele tem de lidar com algo que os fundadores de empresas e CEOs enfrentam o tempo todo. Ele disse: "Se você quer chegar ao topo, correrá sempre o risco de que isso o isole das outras pessoas."

Depois de assistir *Magnus*, continuei pensando sobre o quanto gênios do xadrez e empreendedores têm em comum. Não fiquei surpreso quando descobri que Elon Musk, fundador da Tesla e da SpaceX, ainda era bem jovem quando começou a jogar xadrez. "Ele é capaz de ver as coisas mais claramente de um jeito que ninguém que conheço é capaz de entender", disse Kimbal, irmão de Elon. "Um grande mestre do xadrez consegue ver doze jogadas adiante. E em qualquer ocasião particular, Elon consegue enxergar doze jogadas adiante."

Esse comentário sobre Elon Musk deve ser relativizado. A maior parte das pessoas não pensa mais do que uma ou duas jogadas adiante. São amadoras e perdem o fôlego muito rapidamente nos negócios. Estratégia eficaz é fazer uma jogada e estar preparado para lançar outra série de jogadas tendo como base o modo como o mercado ou seu competidor reage. Você deve pensar além da primeira investida para executar uma estratégia eficaz. Quando começa a se tornar realmente bom, você antecipa como os outros reagirão e pode lançar uma série de jogadas quase impossíveis de ser rebatidas.

Apesar de ser necessário pensar várias jogadas adiante nos negócios, este não é um livro sobre xadrez. Este livro mostra como aplicar aos negócios a visão e mentalidade de um jogador de xadrez. Na verdade, você não precisa saber nada sobre esse jogo. Não há exemplos específicos de xadrez nas páginas a seguir, mas há vários exemplos de homens e mulheres bem-sucedidos que pensam como campeões de xadrez.

Pessoas que não pensam em mais de uma jogada adiante são movidas pelo *ego*, pela *emoção* e pelo *medo*. Seu melhor vendedor ameaça pedir demissão se você não lhe der um aumento. O amador emocional responde dizendo "Ninguém me ameaça" ou "Não precisamos dele mesmo". O estrategista prático, por outro lado, está planejando suas próximas jogadas.

A mesma abordagem se aplica à educação dos filhos. Dar aos filhos o que quer que eles exijam — desde doce a um iPad, ou permissão para matar a aula de piano — é uma sensação incrível. Eles sorriem e te dizem o quanto te amam. Você também sabe que o contrário — um acesso de raiva repleto de veneno e ódio direcionado a você — dará medo. Esse cenário te mostra que, assim como a maioria das decisões nos negócios, uma opção é claramente a escolha mais fácil; a outra — que inclui pensar cinco jogadas à frente — é a mais efetiva.

Gostaria que alguém tivesse me ensinado a pensar dessa forma quando fazia a transição de vendedor para gerente de vendas, depois para fundador, e, por fim, para CEO. Em qualquer estágio de meu desenvolvimento, esse tipo de pensamento crítico teria me feito poupar milhões de dólares e evitaria vários ataques de pânico. Quando reflito sobre como me transformei de um vendedor de academia de pavio curto, inseguro e pretensioso em um CEO estratégico, autoconsciente e confiante, vejo que a chave foi aprender a pensar pelo menos cinco jogadas adiante.

Alguns de vocês, perfeccionistas, podem estar se perguntando por que apenas cinco jogadas à frente. Há duas razões. Primeiro, cinco jogadas é o ponto ideal de uma estratégia ponderada e ação rápida. Embora haja momentos em que você desejará pensar em mais do que cinco jogadas, como em uma reunião externa anual ou quando analisar uma possível aquisição (ou construir uma colônia em Marte), pensar muitas jogadas adiante pode levar à paralisia por análise. Cinco jogadas são suficientes para ter a certeza de estar antecipando resultados futuros e enxergando jogadas e reações. A segunda razão é que, em um nível macro, há cinco jogadas que você precisa dominar para ter sucesso nos negócios. Dividi o livro tendo como base essas cinco jogadas para ter certeza de que você sabe exatamente o que precisa fazer para atingir o sucesso.

Há muitas coisas que não posso fazer. Tenho 1,95m e 108kg, mas não consigo jogar basquete e nem chutar uma bola de futebol. Não sei programar e nem reconstruir uma máquina do zero. Se há algo que sei fazer, é ajudar empreendedores e executivos da diretoria a montar uma estratégia para conquistar um mercado. Quando me sento na sala de reunião do conselho com um fundador ou CEO, abordamos estratégia como se fosse um jogo. A única diferença entre negócios e xadrez (ou Banco Imobiliário e Final Fantasy, nesse sentido) é que estamos jogando por milhões (ou bilhões) de dólares, e não apenas pelo direito de nos gabar como vencedor. Com essa mentalidade, líderes aprendem a criar estratégias que os colocam em posição de crescimento.

Como conselheiro de executivos e mentor de estudantes e aspirantes a empreendedores, uma das perguntas que mais ouço é: devo largar meu emprego para começar um negócio? Outra pergunta frequente é: devo arrecadar fundos abrindo mão de patrimônio ou emitindo dívida? Como configurar minha estrutura de compensação e reter os executivos de diretoria ou uma equipe de vendedores autônomos? Devo expandir meus negócios globalmente agora ou espero até que as condições de mercado mudem? As perguntas simples em negócios são binárias. As respostas para elas são sim ou não. A armadilha é acreditar que todas as respostas são binárias. A resposta para qualquer pergunta, na verdade, é uma série de jogadas planejadas na sequência certa. Os "especialistas" muitas vezes complicam tudo ao dar respostas simples, como sim ou não, como se todas se encaixassem no mesmo modelo. Por isso, nossa primeira jogada é descobrir quem você é e o que deseja.

Outro problema é a falta de planejamento. O entusiasmo pode ser poderoso, desde que seja associado ao planejamento de cinco jogadas adiante. Muitas pessoas querem fazer a jogada número cinco sem ter passado primeiro pelas quatro jogadas anteriores. Há uma sequência a ser seguida. Para atingir o próximo nível, é preciso sair do pensamento de uma via (e de uma jogada) para enxergar várias jogadas adiante.

Se você tem certeza de que quer ser um empreendedor, largar seu emprego pode ser a jogada quatro, ou pode levar a uma série de jogadas para criar uma posição lucrativa dentro de sua empresa atual (tornar-se um intraempreendedor, o que abordaremos no Capítulo 3). Se você tem cônjuge e/ou filhos e não tem economias, sair de seu emprego definitivamente não deve ser o primeiro movimento. Na verdade, você pode nem ter de deixar seu emprego para se tornar exatamente quem quer ser. As informações neste livro se aplicam a pessoas em todas as fases da vida e níveis de negócio. Você pode ser um CFO que adora ser um CFO ou um freelancer que aprecia a variedade e flexibilidade de ser um empreendedor solo. Uma das coisas que mais gosto em negócios é que há um caminho para todos — desde que se tenha autoconsciência e a determinação para pensar cinco jogadas adiante.

Independente de qual sequência se encaixa em suas circunstâncias, o que distingue os estrategistas perspicazes é a habilidade de *antecipar*. Os melhores líderes militares têm um dom para planejar vários movimentos à frente. Os melhores lutadores sabem como influenciar o adversário. Eles se permitem até perder o primeiro round, porque um movimento que parece estar funcionando contra eles no início da luta está, na verdade, induzindo o adversário a errar posteriormente. Jogadores experientes de *poker* fazem a mesma coisa, blefando e sacrificando fichas no começo do jogo, desencadeando uma série de movimentos que levará ao fracasso do oponente. E apesar de não pensarmos em Warren Buffet necessariamente como mestre do xadrez, seu sucesso adveio de uma abordagem paciente e estratégica. Buffet não está tentando ganhar um mercado particular, nem mesmo um trimestre ou um ano. Ele está fazendo uma série de jogadas para ganhar o grande jogo.

Kobe Bryant, a lenda da NBA, me contou, seis meses antes de sua trágica morte, que quando tinha 13 anos, já sabia que queria ser um dos maiores jogadores de basquete de todos os tempos. Naquela época, ele era o jogador número 55 no ranking dos EUA. Ele criou uma lista com todos os nomes dos jogadores a sua frente, até que, 5 anos depois, já tinha ultrapassado todos e se tornado um dos primeiros nomes a ser escolhido depois de sair do ensino médio. Dizem os rumores que Michael Jordan costumava jogar para o "Dream Team" das Olimpíadas de 1992 dos EUA como forma de conhecer as fragilidades de seus colegas de time e usar essas fragilidades contra eles ao retornar para a NBA. Ambos os jogadores eram mestres estrategistas que sempre pensavam cinco jogadas adiante. Você terá de pensar dessa forma também, principalmente se planeja competir em seu mercado e eventualmente dominar sua indústria.

■ ■ ■ ■ ■

Nas páginas seguintes, mostrarei tudo de que você precisa para pensar como um mestre estrategista. Mostrarei também como:

1. Diferenciar-se e comunicar seu valor único.
2. Encontrar investidores e construir uma alta valorização para uma saída lucrativa.
3. Atrair os melhores talentos e projetar incentivos para cultivá-los e mantê-los.
4. Conservar sistemas durante o crescimento rápido e manter poder/sanidade durante o caos.
5. Processar questões, tomar de decisões e solucionar problemas de modo eficaz.
6. Identificar quem você quer ser e que legado quer criar.
7. Negociar, vender e criar estratégias como se sua vida dependesse disso.

Talvez você tenha escolhido este livro pensando que lhe falta educação ou recursos para construir um negócio. Ou você poderia ser a pessoa com um QI alto que, por pensar demais, não consegue tomar uma decisão para salvar sua vida. Não interessa de onde você começa. Se acredita que nem todos podem se desenvolver e se tornar empreendedores, preste atenção a minha história.

Qualquer um que tenha me conhecido na juventude pode ter me rotulado como aquele "com menor probabilidade de vencer". Você verá como deixei de ser alguém que não conseguia pensar adiante de jeito nenhum (e, consequentemente, tinha 26 cartões de crédito com um total de 49 mil dólares de dívida) e me tornei um CEO. Verá como fundei a PHP Agency, uma empresa de marketing de serviços financeiros com 66 agentes em um escritório em Northridge, Califórnia, e, 10 anos mais tarde, a expandi para mais de 15 mil agentes em 120 escritórios em 49 estados dos EUA e em Porto Rico.

Tenho orgulho de nossa agência ser reconhecida pela sua diversidade única, cultura *millennial* e presença em redes sociais. Conseguimos alcançar isso até na indústria de seguros de vida, que tem fama de ser "quadrada" (o corretor de seguro de vida padrão é um homem branco de 57 anos; nosso corretor padrão é uma mulher latina de 34 anos). Nosso sucesso não se deve às nossas conexões nem à boa sorte. Na verdade, meu histórico pessoal prova que empreendedores podem vir de qualquer lugar e não têm nenhuma qualidade diferente das suas.

O CEO mais improvável

Cresci em Teerã, capital do Irã. Durante a guerra entre Irã e Iraque, em 1987, minha família viveu sob a possibilidade de um ataque a qualquer momento. Eu tinha apenas 8 anos, mas parece que ainda consigo ouvir aqueles sons. Todo ataque começava com uma sirene, e esse som sozinho já perfurava a alma. Em seguida, uma voz avisava que aviões do inimigo atravessavam a fronteira. Finalmente, ouvíamos o assobio das bombas caindo.

A cada assobio, rezávamos para que nosso abrigo não fosse atingido. Lembro-me de estar sentado ao lado de meus pais, completamente aterrorizado. Um dia, minha mãe não aguentou mais. Disse ao meu pai que, se não partíssemos do país, o filho deles ficaria preso ali e teria de servir no exército iraniano. Meu pai percebeu que, se não agisse, já estaria falhando.

Minha irmã, meus pais e eu entramos em nosso Renault branco de duas portas e rumamos em direção à Karaj, uma cidade a duas horas de Teerã. Para chegar lá, tínhamos de cruzar uma ponte. Assim que a cruzamos, fez-se um clarão de luz atrás de nós. Meu pai disse a mim e a minha irmã para não olharmos para trás, mas não conseguimos resistir. Gostaria de ter resistido. Quando nos voltamos, vimos a devastação de uma bomba que tinha caído na ponte menos de 90 metros atrás — imediatamente após a termos cruzado em segurança. Ainda não tenho palavras para isso, além de dizer que ninguém, muito menos duas crianças aterrorizadas, deveria testemunhar algo do gênero.

Posso reviver esse momento em minha mente como se fosse ontem. Épocas como aquela podem nos destruir, mas também podem construir em nós uma grande tolerância para a dor e adversidade. De alguma forma, conseguimos contornar o desastre e escapar. Vivemos dois anos em um campo de refugiados em Erlangen, na Alemanha, até nos mudarmos para Glendale, na Califórnia, em 28 de novembro de 1990. Quando chegamos nos EUA, eu tinha acabado de fazer 12 anos, falava pouco inglês e não conseguia fugir daquelas imagens mentais horríveis após deixar um país devastado pela guerra.

Estou vivo hoje graças à decisão de meus pais de fazer o movimento certo diante da escolha entre a vida ou a morte — sou um orgulhoso cidadão norte-americano com um negócio próspero e uma linda família.

■ ■ ■ ■ ■

Quando você aprende a pensar cinco jogadas adiante, pode parecer que está aprendendo a ler mentes. O que está acontecendo, na verdade, é que você observou tantas vezes as jogadas, que já pode antecipar o que seu adversário irá dizer ou fazer. Aposto que está perguntando: será que consigo? Será que consigo me transformar de alguém sem experiência em alguém que pensa estrategicamente e constrói um império?

Você pode dizer: "Mas, Pat, você tem o dom da conversa. O pedigree de um empreendedor. Você, Pat, é muito mais esperto do que eu." Mais esperto que você? Sério? Considere o seguinte:

1. Eu mal me formei no ensino médio. Minha média de notas, de 0 a 4, era 1,8; tirei 880 (de 1.600) no meu Teste de Aptidão Escolar (SAT) e nunca pus os pés em uma faculdade. Amigos e parentes sempre me diziam que eu não conseguiria nada na vida.
2. Você acha que tenho o dom da conversa? Aos 42 anos, as pessoas ainda debocham do meu sotaque. Como um adolescente imigrante, tinha mais medo de errar a pronúncia de algumas palavras do que da guerra. Palavras em inglês como *Wednesday* (quarta-feira), *island* (ilha) e *government* (governo) eram as mais difíceis. Nessa época, a TV passava reprises de *Gilligan's Island* (*A ilha dos birutas*), que fazia muito sucesso. Imagine como eu pronunciava o nome dessa série — e como implicavam brutalmente comigo por conta do sotaque.
3. Meus pais se divorciaram após chegarem aos EUA. Vivi a maior parte do tempo com minha mãe, que dependia da segurança social. Apesar de ser um garoto alto que adorava esportes, eu não jogava porque minha mãe não podia pagar a taxa de 13,50 dólares mensais cobrada pela Associação Cristã de Moços.
4. Alistei-me no exército aos 18 anos por acreditar que não tinha outra escolha. Aos 21, quando os grandes cérebros começavam suas carreiras, eu vendia títulos de clubes de ginástica da rede Bally Total Fitness.

Por um lado, parecia que eu não tinha chance de vencer as probabilidades. Por outro, foram aqueles desafios que incentivaram meu sucesso. Se não fosse toda a adversidade que experimentei, eu não teria uma fome tão grande por sucesso.

Mas vamos deixar bem claro: não posso te ensinar a ter desejo. Se você prefere evitar o trabalho árduo, ou se não sente desejo de fazer algo importante com sua vida, não posso fazer muito por você. Este livro é para aqueles ávidos por descobrir o melhor de si mesmos e que estão à procura das estratégias certas para chegarem lá; aqueles que não buscam apenas motivação, mas, sim, estratégias que comprovadamente funcionem; aqueles que querem encontrar fórmulas eficazes para acelerar o processo de chegar ao próximo nível. Você é um desses?

■ ■ ■ ■ ■

Falando de fórmulas, fui diligente tanto ao procurar fórmulas como também ao partilhá-las. Em 2013, comecei fazendo vídeos sobre o que tinha funcionado para mim nos negócios. Era apenas eu, meu braço direito, o Mario, e uma pequena câmera Canon EOS Rebel T3 (que geralmente é usada apenas para fotografia *still*). No início, chamamos aqueles vídeos de "Dois minutos com Pat", e colocamos no YouTube. Em um ano, tivemos 60 inscritos e mudamos o nome para *Valuetainment*. Três anos depois, tínhamos 100 mil inscritos e criamos fama pelo conteúdo útil e prático. Em março de 2020, ultrapassamos os 2 milhões de inscritos no YouTube. Ao longo desse período, aconselhei pessoas de diferentes condições de vida. Para a nossa primeira grande conferência, em maio de 2019 — a Vault —, 600 empreendedores de 140 setores de 43 países viajaram a Dallas. Eram desde executivos de pequenas startups a CEOs comandando negócios com faturamentos altos, como meio bilhão de dólares.

Por que essas pessoas gastaram seu dinheiro suado em uma viagem para o outro lado do mundo para participar daquela conferência? Por que tantos inscritos? Porque todas as filosofias e estratégias que aprendi são *transferíveis*. Você pode entendê-las facilmente e colocá-las imediatamente em ação. Muitos de meus seguidores começaram a se autointitular "Valuetainers" e a ver resultados positivos. Apesar de não sermos uma escola de negócios tradicional como Harvard, Stanford ou Wharton, o *Valuetainment* tornou-se um terreno fértil para executivos e empreendedores de sucesso no mundo todo.

Acredito firmemente que o empreendedorismo pode resolver a maior parte dos problemas do mundo; com a experiência, aprendi não apenas como é possível fazê-lo, mas ensiná-lo aos outros. De minhas conversas pessoais, passando por reuniões em grupo até as negociações tensas, estou colocando toda minha sabedoria neste livro. Eu vi essa sabedoria funcionar e sei que você também pode obter esse sucesso.

O caminho para conquistar seus objetivos nos negócios

Você tem em suas mãos um manual completo para conquistar qualquer visão que criar. Você aprenderá não apenas as habilidades essenciais, mas também a mentalidade necessária. Ao longo do livro, entenderá o que é preciso para ser um líder e um ser humano melhor. Quando tiver estudado as cinco jogadas, terá tudo de que precisa para atingir o sucesso no negócio que desejar. As cinco jogadas são:

1. Domine o autoconhecimento.
2. Domine a habilidade de raciocinar.
3. Domine a construção da equipe certa.
4. Domine a estratégia de escalagem.
5. Domine os jogos de poder.

A jogada 1 tem a ver com **conhecer a si mesmo**, tópico raramente abordado nos círculos de negócios. Você verá que pensar antecipadamente é impossível sem autoconsciência. Com autoconhecimento, você ganhará o poder de decisão e controle sobre suas ações. Acima de tudo, com o conhecimento de quem deseja ser, você saberá que direção tomar, bem como por que isso importa.

A jogada 2 tem a ver com a **habilidade de raciocinar.** Mostrarei como processar assuntos e oferecerei uma metodologia para lidar com qualquer decisão que enfrentar, a despeito dos riscos. Nenhuma decisão é preto no branco, e essa seção o ensinará como enxergar todos os tons de cinza e avançar decisivamente, apesar da incerteza.

A jogada 3 tem a ver com compreender os outros para poder **construir a equipe certa** à sua volta — a equipe que o ajudará a crescer. Você pode achar que algumas de minhas táticas são maquiavélicas, mas, no fundo, tudo o que faço é orientar as pessoas para que encontrem o melhor de si mesmas. Para isso, coloco-lhes questões que revelam seus desejos mais profundos. Da mesma forma que desafio pessoas a compreenderem a si mesmas, desafio você a compreender suas relações. Construir confiança em empregados e parceiros gera alianças lucrativas, acelera todas as partes de seu negócio e o ajuda a dormir à noite.

A jogada 4 diz respeito a implementar uma **estratégia de escalagem** para criar crescimento exponencial. Falaremos de tudo, desde como mobilizar capital a como criar rápido crescimento e como fazer com que as pessoas se responsabilizem pelas próprias ações. Quando chegar a essa seção, você estará pensando como um CEO experiente e aprendendo a ganhar — e manter — *momentum*, bem como a criar sistemas que lhe permitam monitorar e medir as partes-chave de seu negócio.

A jogada 5 é sobre **jogos de poder**. Discutiremos como você pode vencer o Golias em sua indústria. Você também verá como controlar sua narrativa e impulsionar redes sociais para enquadrar sua história. Aprenderá sobre psicologia e terá acesso a segredos internos de uma das mais notórias organizações de negócio do mundo: a Máfia (sim, a Máfia — e logo veremos por quê). Encerraremos com algumas histórias incríveis que mostram como empreendedores vencedores pensam cinco jogadas adiante.

■ ■ ■ ■ ■

Apesar de não ter educação formal, já li mais de 1.500 livros relacionados ao tema negócios. Eu era, e continuo sendo, obcecado por aprender. Aproveitei cada gota de sabedoria dessas leituras e apliquei em meu negócio. Quando a *Valuetainment* deslanchou, eu entrevistava várias mentes brilhantes e estrategistas, o que serviu e continua servindo a um duplo propósito: essa sabedoria me permite melhorar meu próprio negócio e minha vida, e, como subproduto, espectadores de todo o mundo se beneficiam dela.

Para ajudar você a entender como estrategistas e empreendedores mais bem-sucedidos pensam e operam, compartilharei suas histórias. Isso inclui entrevistas com Ray Dalio, Billy Beane, Robert Greene, Kobe Bryant, Patty McCord e vários mafiosos, incluindo Salvatore "Sammy the Bull" Gravano. O livro ainda inclui histórias de figuras que estudei e as quais admiro de longe, como Steve Jobs, Sheryl Sandberg e Bill Gates. Todos são fascinantes, e suas histórias ajudarão a ilustrar meus conselhos.

Todo o propósito deste livro é capacitá-lo, independente da posição em que está no momento, a prosperar. Quando tiver terminado a leitura, saberá exatamente como fazer suas próximas cinco jogadas.

Meu objetivo é que você crie uma série de momentos "Ahá!" — e ensinar seu cérebro a processar informação e criar estratégias de novas maneiras. Imagine a frustração de tentar destravar um cadeado sem o código correto. Agora imagine que você descobre o código e pode abrir um cofre de sabedoria de negócios. Ao ler este livro, você conquistará o nível de confiança necessário não apenas para saber o que fazer, mas como fazê-lo. E como resultado, conquistará os recursos para resolver problemas de todos os níveis enquanto expande seu negócio e sua marca pessoal.

JOGADA 1

DOMINE O AUTOCONHECIMENTO

1

Quem Você Quer Ser?

> "Acredito que ter dúvidas é melhor do que ter respostas porque elas levam a uma maior aprendizagem. Afinal, o aprendizado não deve ajudá-lo a conseguir o que quer? Você não deve começar com o que quer e descobrir o que precisa aprender para consegui-lo?"
> —Ray Dalio, investidor e autor de *Princípios*, uma das 100 pessoas mais influentes de 2012, segundo a revista *Time*

Michael Douglas, ao interpretar Gordon Gekko em *Wall Street — Poder e Cobiça*, filme de 1987, diz para Bud Fox, interpretado por Charlie Sheen: "Não estou falando de ganhar 400 mil dólares trabalhando em Wall Street, voar de primeira classe e viver com conforto. Estou falando de grana alta. O suficiente para comprar seu próprio avião."

Algumas pessoas leem essa frase e dizem: "Ganhar 400 mil dólares por ano e viver confortavelmente parece um verdadeiro sonho." Alguns não dizem nada e afirmam não ter interesse em bens materiais. Outros batem no peito e gritam aos quatro ventos que um dia terão seu próprio avião. O que me interessa é o que *você* pensa, já que todas suas escolhas serão ditadas pelo lugar em que quer chegar.

Seja um estudante do ensino médio pedindo orientação ou um CEO que dirige uma empresa de 500 milhões de dólares, eu respondo dizendo: "Tudo depende do quão honestamente você consegue responder a esta questão: quem você quer ser?"

Neste capítulo, orientarei sobre como responder com clareza a essa questão.

Também mostrarei como voltar à lousa de sua vida e criar uma nova visão para si mesmo, que o fará disparar e se colocar em movimento. Mostrarei por que criar um plano e se comprometer com ele liberará toda a energia e disciplina de que você precisa.

Questione-se para Descobrir Seu Desejo mais Profundo

O mais importante é entender o que te motiva e quem você quer ser. Muito frequentemente, consultores e figuras de influência supõem que todos querem o mesmo. Quando falo com um CEO ou fundador, começo fazendo perguntas. Antes de dar quaisquer recomendações, reúno o máximo de informação possível sobre quem a pessoa quer ser e o que deseja de sua vida.

Entendo que nem todo mundo saiba quem deseja ser. É normal não ter essas respostas imediatamente. Lembre-se de que esse questionamento — e todos os outros neste livro — é um processo. Todos os exemplos que dou e histórias que conto existem para você. Têm o propósito de fazê-lo refletir e entender melhor a si mesmo. Se você ainda não tem uma resposta clara sobre o que deseja neste momento, faz parte da maioria. Tudo que peço é que mantenha a mente aberta e continue lendo, com o objetivo, no devido tempo, de responder a essa questão.

O propósito desta jogada é identificar o que mais interessa a você e ajudá-lo a organizar uma estratégia que se encaixe com sua visão e seu nível de comprometimento. Posso influenciá-lo a questionar certas decisões ou formas pelas quais pretende concretizar sua visão, mas cabe a você decidir se expandir e pensar maior.

Quem você quer ser? Enquanto fizer essa pergunta a si mesmo, sua resposta determinará seu nível de urgência. Se você quer construir uma pequena loja familiar de esquina, não precisa tratar os negócios como se fossem uma guerra e pode ser mais descontraído em sua abordagem. Se pretende afetar um mercado, é melhor estar munido de uma história, equipe, informação e estratégias certas. Reserve um tempo para que sua história fique clara — para que fique claro quem você quer ser —, ou não será capaz de persistir quando as coisas ficarem difíceis. E nos negócios, as coisas sempre ficam difíceis.

Faça da Dor Seu Combustível

Eu poderia ficar sentado aqui falando da vida que você poderá viver um dia. Falar sobre os carros, os jatos e as celebridades que você conhecerá é maravilhoso, mas vamos pensar em prioridades. Para chegar lá, você terá de enfrentar mais angústia do que pode imaginar. As pessoas que mais conseguem tolerar a dor — aquelas com maior resistência — têm chances mais altas de vencer nos negócios.

Depois de anos sozinhos, muitos de nós nos tornamos cínicos. Não é muito bonito, mas já pude observar isso muitas vezes. Quando estamos crescendo, todos temos grandes sonhos; fazemos vários planos para nós mesmos. Então a vida nos atravessa, os planos não acontecem do jeito que imaginamos, e perdemos a fé na nossa habilidade de focar quem desejamos ser. Podemos não perceber, mas também prejudicamos nossa habilidade de preparar as próximas jogadas.

Podemos até começar a pensar: "Qual o sentido de dizer que farei algo grande se não darei continuidade? Melhor almejar algo menor e evitar correr riscos."

O que nos separa da grandeza é uma visão e um plano para atingir a grandeza. Quando lutamos por uma causa, um sonho, algo maior do que nós mesmos, encontraremos o entusiasmo, a paixão e a alegria que fazem da vida uma grande aventura. A chave está em identificar sua causa e saber quem você quer ser.

No verão de 1999, eu tinha 20 anos e abandonei o exército. Meu plano era me tornar o Arnold Schwarzenegger do Oriente Médio. Em junho daquele ano, tive certeza de que me tornaria o próximo Mr. Olympia, me casaria com uma Kennedy, me tornaria um ator e um dia seria governador do estado da Califórnia.

O primeiro passo de meu plano foi arranjar emprego na academia de ginástica local, esperando que me notassem o quanto antes. Na época, a maior cadeia de academias da área era a Bally Total Fitness. Com ajuda de minha irmã, consegui uma proposta de uma academia Bally, em Culver City. Devia ser o menor e mais antiquado local para uma academia Bally na Califórnia.

Apesar das circunstâncias não ideais, fui promovido e transferido para a maior academia Bally, que ficava em Hollywood. Meu plano estava funcionando! Como eu atraía cada vez mais alunos, estava ganhando 3.500 dólares por mês. Pareciam milhões, comparando com o que eu ganhava no exército.

Um dia, Robby, meu supervisor, me ofereceu a posição de subgerente da filial em Chatsworth, a quase 50km de Hollywood. Ele queria que eu fizesse uma reviravolta na academia; ela só estava atingindo 40% de seu objetivo mensal.

Eu não queria ir para Chatsworth. Queria ser gerente de fim de semana em Hollywood, posição que pagava 55 mil dólares por ano. Robby prometeu que, se eu conseguisse mudar a situação do clube de Chatsworth, o cargo seria meu. O único outro candidato para esse cargo era Edwin, um empregado com muito tempo de casa. Desde que eu o superasse, poderia apostar que seria o gerente de fim de semana em Hollywood.

Passaram-se 90 dias. Tínhamos conseguido dar uma reviravolta na filial de Chatsworth, elevando a receita de 40% do objetivo mensal para 115%. Eu estava perto do topo no ranking da empresa, bem à frente de Edwin. Quando Robby me telefonou convidando-me para encontrá-lo, pensei que tinha agradado a empresa. Meus planos estavam tomando forma. Eu encontraria Joe Weider, a lenda do fitness, seria descoberto por um grande agente de Hollywood, minha carreira de ator decolaria e eu iria conhecer uma Kennedy. Posso me lembrar vividamente da antecipação que senti naquela tarde, antes de meu encontro com Robby.

Quando entrei no escritório de Robby, sabia que havia algo errado. Aquele não era o mesmo cara que tinha me prometido determinada posição se eu superasse Edwin. "É só paranoia", tranquilizei-me. "Dê a ele o benefício da dúvida, escute o que ele tem a dizer."

"Patrick, estou muito orgulhoso da performance que você e sua equipe mostraram nesses últimos noventa dias", disse Robby. "Quero que fique por mais seis meses e leve o clube Chatsworth ao próximo nível."

"Como assim?", perguntei. "Deixei muito claro que queria a posição de gerente de fim de semana em Hollywood." "Aquela posição já foi preenchida", ele disse.

A essa altura, meu sangue estava fervendo. Eu não podia crer que um homem adulto podia me olhar nos olhos depois de ter faltado com sua palavra. Estive tão focado em atingir meu objetivo, que não pensei no que fazer caso meu plano não funcionasse.

Quem conseguiu a posição? Se você respondeu Edwin, acertou. Por quê? Edwin estava na Bally havia seis anos, e eu, só há nove meses. Não importavam minhas realizações, nem que eu tenha ficado bem acima de Edwin no ranking. Não importava que, de acordo com os dados objetivos, eu merecesse.

Para ser justo com Robby, ele não estava sendo antiético. Como ele precisava seguir ordens de uma empresa, estava sendo político. Por vários motivos, foi uma benção aprender tão jovem que empresas têm seus próprios interesses e que o avanço raramente é baseado apenas no mérito. Robby percebeu que eu estava furioso e me pediu para ir lá fora esfriar a cabeça. Andei até o estacionamento e tentei pensar. Imaginei como esses eventos ditariam o resto de minha vida. Ensaiei esse filme em minha mente, e não podia aceitar como tudo ficaria se aceitasse a decisão de Robby. Não percebia na época, mas já estava processando minhas próximas jogadas. O único desafio era que eu estava reagindo à jogada de alguém, em vez de executar a minha própria jogada. Voltei para a sala dele e perguntei se aquela era sua decisão final. Ele confirmou.

Naquele momento, olhei-o nos olhos e pedi demissão. A princípio, ele pensou que eu estava brincando. Mas eu estava confiante na minha decisão. Qual o propósito de trabalhar em um lugar que não lhe dá uma direção clara do que é preciso para subir na empresa? Por que me submeter ao sofrimento? Foi naquele momento que percebi que não poderia continuar a viver com meu destino nas mãos de outro.

Nessa altura de minha carreira, eu ainda não pensava como vencedor. Dada minha inabilidade de pensar mais do que uma ou duas jogadas adiante, eu ainda era um amador. O resultado é que estava petrificado. Ao voltar para casa, sentia como se tivesse tomado a pior decisão de minha vida. Meus colegas começaram a telefonar perguntando que loucura eu tinha feito. Minha família também não conseguia acreditar.

Naquela noite, ao me deitar, já estava mais calmo e fiquei pensando no que faria a seguir. Posteriormente, aprenderia como processar esses pensamentos no calor do momento. Felizmente, pude me acalmar o suficiente naquela noite para pensar em meus próximos passos. Quando olho para trás agora, percebo que aquele foi um momento-chave em minha vida.

Tive de olhar para meu interior e entender bem quem eu queria ser — e aonde queria chegar. Fiz uma lista como esta:

1. Quero que o nome Bet-David tenha um significado, para que meus pais tenham orgulho da decisão que tomaram ao deixar o Irã.
2. Quero trabalhar com pessoas que cumprem com seus comprometimentos — principalmente com líderes que trabalhem comigo e que possam impactar minha trajetória profissional.
3. Quero uma fórmula clara de como chegar ao topo tendo como base apenas meus resultados. Não tolero surpresas nem mudanças de critérios.
4. Quero construir uma equipe com a mesma visão que a minha, para que possamos ver até onde podemos chegar coletivamente. Isso inclui manter parceiros nos quais posso confiar 100%.
5. Quero ganhar dinheiro suficiente para não ser mais controlado pelas políticas e pelos interesses dos outros.
6. Quero acessar todos os livros de estratégia disponíveis para enxergar o jogo de um ponto de vista mais amplo, de forma a minimizar o *bullying* corporativo.

Quando entendi realmente quem eu queria ser, consegui enxergar meus próximos passos. O primeiro seria encontrar um emprego em vendas, com pagamento por desempenho e expectativas claras. Vinte anos depois, posso dizer que há uma clareza associada à tomada de decisões alinhada aos nossos valores e crenças mais profundos.

Use Seus Críticos e Aqueles que Duvidam de Você como Motivação

Contei a vocês a história de quando me negaram uma promoção para que entrem em contato com a própria dor. São esses momentos nos quais nos sentimos impotentes, com raiva ou tristes que nos revelam nossa motivação mais profunda. Não subestime o poder que a vergonha tem de motivá-lo. Quando Elon Musk saiu da África do Sul para o Canadá, com 17 anos, seu pai não tinha nada menos do que desprezo pelo filho mais velho. No perfil publicado na revista *Rolling Stones* de novembro de 2017, o autor Neil Strauss escreveu a frase dita pelo pai de Musk na partida do filho: "Ele disse, controversamente, que eu estaria de volta em três meses, que eu nunca conseguiria ser alguém. Ele me chamava de idiota o tempo todo. E isso é apenas a ponta do iceberg."

Barbara Corcoran, a magnata do ramo imobiliário que você já pode ter visto no reality show norte-americano *Shark Tank — Negociando com Tubarões*, já foi uma menina com 9 irmãos crescendo na cidade operária de Nova Jersey. Em 1973, aos 23 anos, ela trabalhava como garçonete em um restaurante. Lá, conheceu um rapaz que lhe emprestou mil dólares para abrir uma imobiliária. Eles se apaixonaram e tinham tudo para serem felizes. Se a vida seguisse o roteiro, imagino que Corcoran teria construído um negócio imobiliário satisfatório. Mas em 1978, o marido a trocou por sua assistente. Para pôr mais sal na ferida, ele disse: "Sem mim você nunca terá sucesso."

Em uma entrevista de novembro de 2016 para a revista *Inc.*, Barbara Corcoran conta que transformou a fúria em sua melhor amiga. "No momento em que um homem me desvalorizou, eu me tornei a melhor versão de mim mesma", contou. "Eu conseguiria o que quisesse daquelas pessoas, a qualquer preço... Ele não me diminuiria. Eu não toleraria isso. Diria silenciosamente para mim mesma, 'F@#&-se'."

Esse tipo de rejeição — esse tipo de vergonha — pode ser um grande motivador. Quero que você se lembre de professores, treinadores, patrões ou parentes que o desvalorizaram ao longo dos anos. Não significa que você deva carregar toda a negatividade que eles lhe transmitiram — pelo contrário, use-a como combustível. Barbara Corcoran canalizou sua rejeição em determinação. Como resultado, construiu a mais bem-sucedida empresa imobiliária residencial de Nova York e a vendeu por 66 milhões de dólares. Em seguida, escreveu um *best-seller* e se tornou uma estrela de TV no programa *Shark Tank — Negociando com Tubarões*.

Como alguém que investe em empreendedores, Barbara procura pessoas que usam a dor como combustível. Para ela, crescer pobre é um trunfo. Ela disse: "Infância ruim? Sim! Gosto tanto dela como de uma apólice de seguro. Pai abusivo? Maravilhoso! Nunca teve pai? Melhor! Nem todos os meus empresários de sucesso tiveram uma infância infeliz, mas alguém lhes disse que não seriam bem-sucedidos, e eles ainda estão irritados."

Não estou fazendo pouco de sua dor. Creia, a vergonha que senti durante minha infância é suficiente para uma vida inteira. Doeu na época e ainda dói agora. Depreciação, insultos e abuso podem ser sua desculpa ou seu combustível. E esse é um combustível poderoso.

O pai de Michael Jordan disse: "Se quiser que Michael Jordan dê o seu melhor, diga-lhe que não é capaz de fazer alguma coisa." Cinco anos depois de ter se aposentado da NBA, quando Michael fez seu discurso no Hall of Fame, adivinhe sobre o que ele mais falou: sobre todos seus críticos e céticos. Ele ainda não havia superado aqueles que o haviam depreciado. Quando Michael foi eliminado do time da escola, quem o substitui foi Leroy Smith Jr. Para te mostrar o quanto ele fazia da dor um combustível, Michael convidou Leroy para a cerimônia. "Quando ele entrou para o time e eu não, quis provar não só a Leroy Smith, não só a mim mesmo, mas ao treinador que o preferiu a mim, queria deixar claro: você cometeu um erro."

Elon Musk, Barbara Corcoran e Michael Jordan, todos usaram sua dor como combustível. Você também pode fazê-lo. Lembre-se dos momentos mais difíceis, quando você disse "nunca mais!". Recordar essas experiências será seu combustível.

Ainda sinto que tenho tantos críticos em minha vida, que daria até para ocupar o Madison Square Garden. Aos 26 anos, fui convidado para dar uma palestra na minha *alma mater*, Glendale High School. Encontrei Dotty, uma orientadora educacional, que perguntou: "Por que você está aqui, Patrick? Para assistir ao palestrante motivacional?" Ela então me disse que sempre tinha tido pena de meus pais. Ali estava eu, aos 26, convidado para voltar à minha escola e falar sobre meu sucesso, e Dotty estava me mostrando como sentia pena, lembrando-me, uma década depois, de como se sentia triste pelos meus pais por eu ser um garoto sem motivação e nem rumo.

Dotty acabou me conduzindo até o auditório, onde seiscentos alunos esperavam ouvir o palestrante motivacional, quando de repente o vice-reitor se levanta e me apresenta. Vocês precisavam ver a expressão no rosto de Dotty!

Eu não disse nada a ela. Em vez disso, a registrei como uma pessoa crítica que ia e voltava em minha vida. E pessoas assim me enlouqueciam. Na verdade, tenho uma lista com as afirmações feitas sobre mim ao longo dos anos. A maioria das pessoas lê afirmações positivas que lhes dão confiança, já eu tenho uma lista de "afirmações" feitas por aqueles que duvidaram de mim ou tentaram me passar para trás. Ler e reler essa lista gera um nível de energia em mim que nenhum dinheiro poderia gerar.

Talvez o crítico mais importante de minha vida tenha sido um estranho. Quando eu tinha 23 anos, meu pai teve seu décimo terceiro ataque cardíaco. Corri para o centro médico do condado de Los Angeles, um hospital público. Lá, ele estava sendo tratado como lixo. E perdi a cabeça — esperneei, jogando coisas para o ar. "Não mexe com o meu pai! Você passou do ponto!" Eu estava tão fora de controle, que o segurança teve de me levar para fora do hospital. Durante meu ataque de raiva, um rapaz me disse: "Escuta. Se você *tivesse* dinheiro, poderia ter um plano de saúde e médicos melhores para cuidar de seu pai. Isso aqui é pago por contribuintes e é chamado serviço público."

Depois que me expulsaram do hospital, sentei-me no meu Ford Focus, e as lágrimas rolaram pela minha face. A raiva deu lugar à vergonha. O rapaz estava certo. Meu pai não estava sendo bem cuidado porque eu não tinha dinheiro para lhe proporcionar melhores cuidados. E eu não tinha dinheiro porque passava mais tempo saindo à noite do que com meus clientes. Aquela foi uma fase ruim em minha vida. A mulher com que imaginei me casar tinha me abandonado havia pouco tempo. Eu tinha uma dívida de 49 mil dólares no cartão de crédito. Fiquei meia hora chorando como um bebê.

Depois de toda essa choradeira, autopiedade e vergonha, finalmente entendi. Naquela noite, o velho Patrick morreu.

Tudo mudou em mim. Usei aquela dor para lembrar de cada depreciação que ouvi ao longo da vida: "Média de 1,8. Perdedor. Anda com criminosos. Pobre Patrick, não tem chance. Pais divorciados. Mãe vivendo de subsídios governamentais. Teve de se alistar no exército por não ter outra escolha. Nunca será ninguém."

Jurei que meu pai nunca trabalharia de novo na loja de conveniência na esquina da rua Eucalyptus com a Manchester, em Inglewood, onde era constantemente assaltado à mão armada. Ele não passaria o resto da vida com acesso apenas a um serviço de saúde tão ruim. Nem ele e nem eu passaríamos essa vergonha novamente.

Disse a mim mesmo: "Bet-David. O mundo conhecerá esse sobrenome. Sei de toda a dor que vivemos. Sei dos desafios por quais passamos como família ao deixar o Irã e chegar aos EUA. Lembro-me de como minha mãe ficava envergonhada por falar mal o inglês. Lembro-me do olhar no rosto de meu pai nas reuniões de família, onde as pessoas o depreciavam. Não demorará muito para que tenham orgulho do sobrenome de vocês. Terão muito orgulho por terem vindo para a América. Terão muito orgulho dos sacrifícios que fizeram."

No dia seguinte, aconteceu algo curioso. Ninguém me reconheceu. Recebi os maiores elogios que já ouvira até então. "Pat, você mudou. Nem te reconhecemos. Sentimos falta do velho Pat. Queremos ele de volta." Naquela época, eu era famoso por frequentar todas os clubes de Los Angeles de quinta a sábado. Costumava ir para Las Vegas 26 vezes por ano. Falei para meus amigos pararem de me convidar. Eles não me ouviram. Imaginaram que fosse questão de tempo até o velho amigo deles voltar a liderar o grupo nos clubes de novo.

Mal sabiam que eu nunca mais seria o velho Pat, festeiro e indisciplinado. Eu tinha feito uma mudança de 180 graus. Era o fim do jogo. A partir daquele dia, ninguém, nem mesmo eu, voltou a ver o velho Pat. Usei todos esses críticos como combustível, e isso me proporcionou um fluxo constante de energia desde então, uma reserva que posso usar a qualquer momento.

Quero que você transforme toda sua fúria e dor em combustível. Esse é o seu show. Se você mudar a si próprio e focar quem quer ser, nada poderá impedi-lo.

Sempre que me lembro dessas histórias, fico perturbado. Elas não doem tanto quanto antes, mas, em um piscar de olhos, posso voltar a essas cenas para me motivar novamente. Algo me diz que novas histórias ainda serão adicionadas a essa lista. A dor nunca desaparece, mas, apesar disso, agora vejo essas críticas e dúvidas como verdadeiros presentes. No fim, elas me conduziram à clareza sobre quem quero ser. Elas me levaram a dizer "nunca mais" e a criar uma lista do que não é negociável para mim (coisas que não estou disposto a comprometer, a despeito das circunstâncias). Encorajo-o a fazer o mesmo.

Ao fazê-lo, não ceda anulando suas peculiaridades e características que soem estranhas para os outros — essas idiossincrasias são importantes, devido ao que você experimentou e pela forma como você é estimulado. Você precisa ter clareza sobre o que pode sacrificar e o que é totalmente essencial. Isso irá ajudá-lo a criar sua própria lista de itens não negociáveis.

Descubra Seu Melhor Papel

Todas essas perguntas têm o propósito de levá-lo a descobrir qual é o melhor caminho para você. O segredo é encontrar a melhor posição, aquela que mais destaca seus talentos. Fundador? CEO? Diretor de estratégia? Diretor de vendas? Número dois? Desenvolvedor de negócios? Intraempreendedor? A lista continua. Vivemos em uma era na qual os empreendedores ganham destaque, mas pode ser que isso não seja para você, o que não significa que não haja um lugar no qual você possa construir patrimônio e se realizar.

A única forma de saber é entender, primeiro, quem você quer ser.

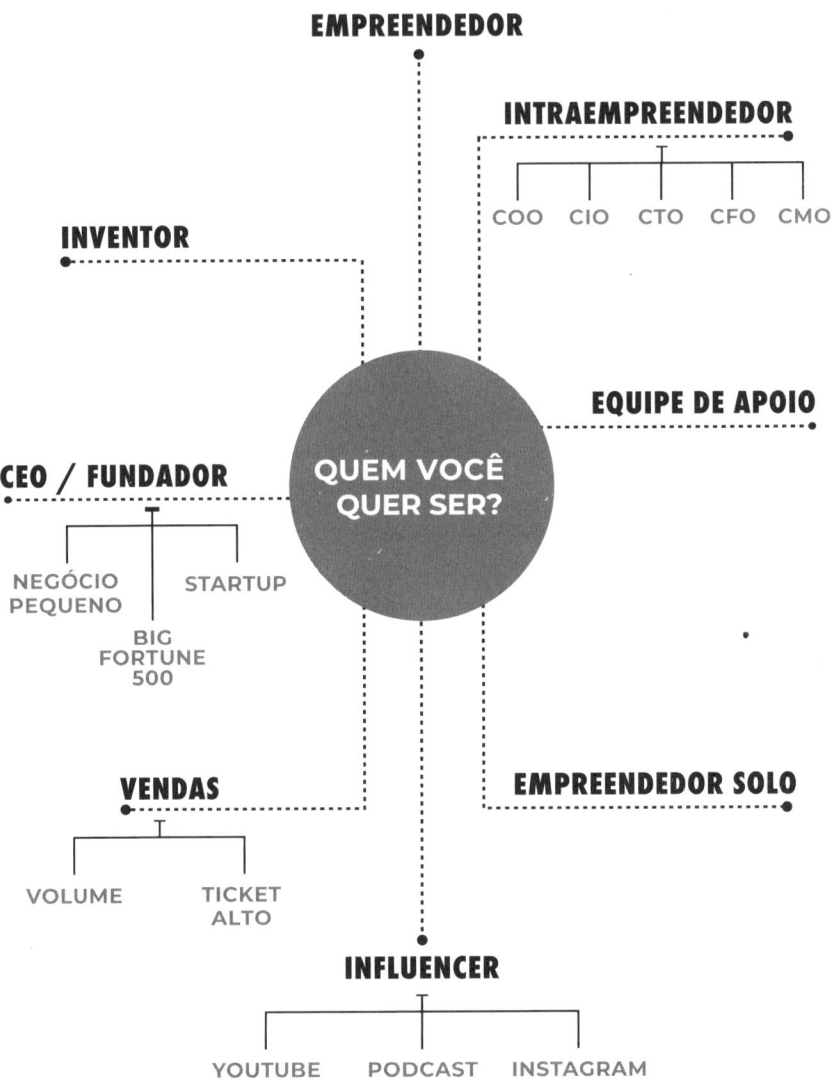

Ser um empreendedor é algo de alto risco e alto retorno, tanto em termos pessoais como financeiros. Ao olhar para um empreendedor de sucesso, a maioria das pessoas só presta atenção ao seu produto final. Poucos veem o que ele ou ela superou — todas as lutas, as traições, a conta bancária zerada. Estar em casa e jantar com a família às 6h da tarde é algo que nem sempre acontece quando se é um empreendedor. Dependendo do tamanho de sua visão, talvez você até possa consegui-lo na maioria das noites, mas se você for um disruptor e construir um conglomerado multinacional, terá de fazer muitos sacrifícios. Tudo isso é necessário para ser dono de seus próximos passos, e para fazer com que os outros, incluindo sua família, acreditem neles.

Quanto mais ocupado for, mais organizado terá de ser. Temos essa ideia de que não podemos ganhar no mais alto nível e também ter uma boa vida familiar. Não será fácil, mas você pode encontrar uma forma de fazer isso dar certo, se achar importante. É uma escolha que só você pode fazer. Para mim, é mais importante ser um exemplo para meus filhos de alguém que luta para concretizar as próprias visões do que jantar com eles todas as noites. Minha família entende isso porque nos planejamos para tal. Além disso, ter mais dinheiro lhe dá mais escolhas. Você pode ter de trabalhar nas férias. Ter recursos lhe dá flexibilidade para levar sua família com você e transformar uma viagem de trabalho em passeio familiar. Como em tudo, há riscos e recompensas, custos e recompensas. A rota que você escolherá dependerá de como responde a esta questão: quem você quer ser?

Personifique quem Você quer Ser Vivendo Sua Verdade Futura

Quantas vezes você ouviu alguém dizer: "*Quando* eu conseguir, irei..." ou "*Quando* eu for bem-sucedido, vou..." As pessoas dizem coisas como: "*Quando* eu ganhar meu primeiro milhão" ou "*Quando* nos mudarmos para a nossa própria casa..."

Entendo o dilema do ovo e da galinha. Não dá para construir uma sede de renome global ou licenciar o melhor software sem fluxo de caixa. O que você pode fazer — independente do quanto ganha — é se colocar da melhor forma possível fazendo as jogadas certas.

Uma expressão que sempre repito é *verdade futura*. **Ela significa viver no presente como se sua verdade futura já tivesse se tornado realidade.**

Inspirei-me nessas palavras de Thomas J. Watson, fundador da IBM:

A IBM é o que é hoje devido a três motivos especiais. O primeiro motivo é que, logo no início, eu tinha uma ideia bem clara de como a empresa seria quando finalmente ficasse pronta. Pode-se dizer que eu tinha um modelo em mente de como ela seria quando ainda era um sonho — ou a minha visão.

O segundo motivo foi que, assim que criei essa imagem, perguntei a mim mesmo como uma empresa com essa imagem deveria agir. Então criei uma imagem de como a IBM agiria quando ficasse finalmente pronta.

O terceiro motivo para o sucesso da IBM foi que, uma vez que eu tinha uma imagem de como a IBM seria quando sonhava e de como essa companhia deveria agir, percebi que, se não começássemos a agir daquela forma desde o início, nunca chegaríamos lá.

Em outras palavras, compreendi que, para a IBM se tornar uma grande empresa, ela deveria agir como uma grande empresa bem antes de se tornar uma.

Entendeu essa última frase? Você precisa agir como uma grande empresa (ou um grande empreendedor/intraempreendedor) bem antes de se tornar uma. Está acompanhando? Deixe-me explicar.

Um visionário é alguém que não está vivendo no aqui e agora. Ele ou ela já enxergou pelo menos cinco jogadas adiante e está vivendo essa realidade. Explicar sua verdade futura para os outros, porém, pode soar irrealista, pretensioso ou até delirante. Pouco depois de começarmos nossa empresa, em 2009, dei uma palestra no JW Marriot, em Palm Desert, na Califórnia, para um grupo de quatrocentas pessoas. Disse a eles: "Um dia, os melhores comerciantes, atletas, pensadores e até mesmo presidentes dos EUA assistirão e participarão de nossa convenção." Nove anos depois, Kevin Hart se apresentou na nossa convenção anual. Antes de nossa agência fazer dez anos, entrevistei Kobe Bryant e o ex-presidente dos EUA George W. Bush, na frente de toda a empresa.

As pessoas querem seguir alguém movido pelo próprio futuro. Essa é a razão pela qual nos apaixonamos por visionários. Enquanto aquele que fala tiver 100% de convicção, ele ou ela sempre motivará o público.

Os melhores líderes têm a habilidade de não apenas acreditar em verdades futuras, mas também inspirar os outros a acreditar e executar a visão deles. Em 25 de maio de 1961, o presidente John Kennedy proferiu o discurso "Mensagem Especial ao Congresso sobre Necessidades Nacionais Urgentes". O objetivo de JFK era claro: "antes do final desta década... Levar um homem a pousar na Lua e trazê-lo de volta em segurança para a Terra." Cinco meses antes do fim do prazo, em 20 de julho de 1969, Neil Armstrong era o primeiro homem a pisar na Lua.

Você sabe quem quer ser? Tem uma visão clara de como quer ser? A maneira como está agindo, neste exato momento, é consistente com sua verdade futura?

Inspire-se nas Imagens de Seus Heróis para Se Lembrar de Quem Deseja Ser

Para levar as coisas ao próximo nível e definir um patamar ainda mais alto, ambicione ser heroico. Pense em seus heróis e pergunte-se como eles agiriam em determinadas situações. Não é coincidência o fato de haver uma grande indústria caseira de livros que perguntam "O que [nome] faria?"

Quer ser rico? Há um livro intitulado *What Would the Rockefellers Do? How the Wealthy Get and Stay That Way, and How You Can Too* ("*O que os Rockefellers fariam? Como os ricos chegam e se mantêm lá, e como você pode conseguir o mesmo*"). Prefere os fundadores dos EUA? Veja o livro *What Would the Founders Do? Our Questions, Their Answers* ("*O que os fundadores fariam? Perguntas nossas, respostas deles*").

Perguntar o que outra pessoa faria lhe força a parar e considerar sua próxima sequência de movimentos. Em um segundo momento, é um desafio para abarcar a grandeza. Acredito tão firmemente em desafiar a mim mesmo para atingir outro nível, que contratei um artista para criar uma arte visual única para meu escritório.

É uma pintura incomum com um título incomum: *Mentores mortos*. Quando a veem, as pessoas paralisam imediatamente. Na pintura, estou cercado de várias figuras que nunca estariam juntas na mesma ala.

Sempre que estou no meu escritório, recorro constantemente a eles pedindo conselho. São pessoas com quem gosto de debater temas de várias áreas: economia, competição, estratégia, política e minha vida pessoal. Ver esses dez grandes vultos juntos me recorda constantemente de encarnar dez traços heroicos.

Da esquerda para a direita: Albert Einstein, John F. Kennedy, busto de Marco Aurélio, Abraham Lincoln, Tupac Shakur, Patrick Bet-David (o aluno tentando absorver sabedoria), Mohammad Reza Pahlavi, Ayrton Senna, Milton Friedman, Martin Luther King Jr., busto de Aristóteles.

Escolhi indivíduos que diferem em suas filosofias e, no entanto, estavam no mesmo campo.

John F. Kennedy e **Abraham Lincoln**. Um era Democrata, o outro, Republicano. Ambos foram grandes presidentes, mas a abordagem de cada um era diferente. Ambos foram assassinados, por diferentes motivos (que não analisarei agora).

Albert Einstein e **Milton Friedman** tinham uma forma de ver o mundo pelo olhar matemático, mas discordavam em termos de taxas e economia.

Tupac Shakur e **Dr. Martin Luther King Jr.** buscavam resultados semelhantes, porém, com abordagens diferentes. Ambos foram assassinados devido aos seus princípios firmes.

Mohammad Reza Pahlavi, o xá do Irã de 1941 a 1979, mudou a direção do país até que a inabilidade de lidar com muito poder levou à queda do império. Ele me lembra de nunca ficar tão confiante a ponto de subestimar um adversário como Ayatollah Ruhollah Khomeini, líder da revolta que o exilou.

Ayrton Senna, o maior piloto de Fórmula 1 da história, testou seus limites para levar sua arte ao auge da perfeição. Ele me lembra que devo ultrapassar barreiras e aperfeiçoar meu poder de concentração (dei à minha filha o nome "Senna").

Marco Aurélio foi um líder que nunca se colocou acima do povo. Ele nunca deixou o poder subir à cabeça. Praticante do estoicismo, ele me lembra de permanecer humilde e centrado.

Aristóteles era a voz da razão nos ouvidos de Alexandre, o Grande, na época em que este se tornava rei. A habilidade do filósofo grego de pensar e raciocinar me recorda a importância de desacelerar e dedicar algum tempo para processar certos temas.

Ao fundo, **eu** sussurro algo no ouvido de Tupac, enquanto ouço a discussão liderada por Abraham Lincoln.

No canto, à direita, há uma **cadeira vazia** para alguém, que um dia será revelado.

Juntas, essas figuras na pintura se tornaram uma assembleia pessoal de mentores aos quais recorro diariamente. Quem do seu rol de mentores, vivo ou morto, lhe oferece perspectiva e aconselhamento?

Criar uma representação visual de seus heróis o desafiará a viver de acordo com os ideais daqueles que pretende seguir.

■ ■ ■ ■ ■

Toda vez que entro em meu escritório, esse quadro me motiva. Tenho continuado a elevar meu patamar. Também tenho uma estante personalizada com 4,5m de altura, onde está escrito "LEIA". Todas as imagens em meu escritório forçam-me a pensar e a tomar decisões mais claras. Muitas vezes planejo minhas próximas cinco jogadas neste cômodo, pois ele está repleto de um espírito que me faz pensar grande.

Não há dúvidas de que meu escritório é bizarro, e foi caro montá-lo. O segredo é começar de algum lugar. Comecei com fotos de revistas que colava no espelho do banheiro, e agora todo meu escritório é uma lembrança do que me inspira. Desafio-o a encontrar uma forma de criar uma representação visual que lhe lembre de ser heroico. Comece com algo pequeno. Não precisa contratar um artista; Photoshop é o suficiente.

Se você é um visionário, amplie uma foto de Walt Disney ou Steve Jobs e coloque-a em um lugar de destaque. Brinque com isso. Se olhar para Walt Disney não lhe inspira, coloque uma imagem do Mickey Mouse ou um boneco de pelúcia do Mickey na sua sala.

Se está construindo uma empresa de e-commerce, pergunte: "O que Jeff Bezos faria?"

Se tem uma empresa de investimentos, pergunte: "O que Warren Buffett faria?"

Se tem uma empresa de mídia, pergunte: "O que Oprah Winfrey faria?"

Nossos heróis nos inspiram, é por isso que é tão poderoso se cercar deles. Quanto mais os vemos e quanto mais os vemos nos olhando, maiores nossas chances de agir heroicamente.

Quem você quer ser?

Essa é a pergunta com a qual começamos, e é aquela com a qual terminaremos. A única forma de respondê-la é ter clareza sobre a vida que se quer levar. Ao fazê-lo, você encarnará imediatamente aquela pessoa e agir como se já estivesse lá.

É um exercício para toda a vida. Espero que as ferramentas deste capítulo tragam alguns avanços e lhe guiem no caminho para descobrir quem você quer realmente ser.

2

Estude o Produto Mais Importante: Você

"Torne-se quem você é aprendendo quem você é."
—Pindar, poeta da Grécia Antiga

Ser atingido por um relâmpago de inspiração e descobrir exatamente o que fazer da vida é algo que só acontece em filmes. A realidade é que saber quem se quer ser é um processo que exige *esforço*.

Vamos ver o que alguns grandes filósofos disseram sobre o autoconhecimento.

"A coisa mais difícil na vida é conhecer a si mesmo."
—Tales de Mileto

"Há três coisas extremamente duras: aço, diamante e autoconhecimento."
—Benjamin Franklin

"E você? Quando iniciará aquela longa viagem em direção a si mesmo?"
—Rumi

Tales, Franklin e Rumi estão nos avisando de que o processo é difícil. Para mim, fazer centenas de *cold calls* por dia não é difícil. Eu podia tranquilamente trabalhar dezoito horas por dia, seis dias por semana. Por outro lado, conhecer a mim mesmo era mais penoso. Investi nisso por saber que haveria uma recompensa. Três sábios explicaram bem melhor do que eu.

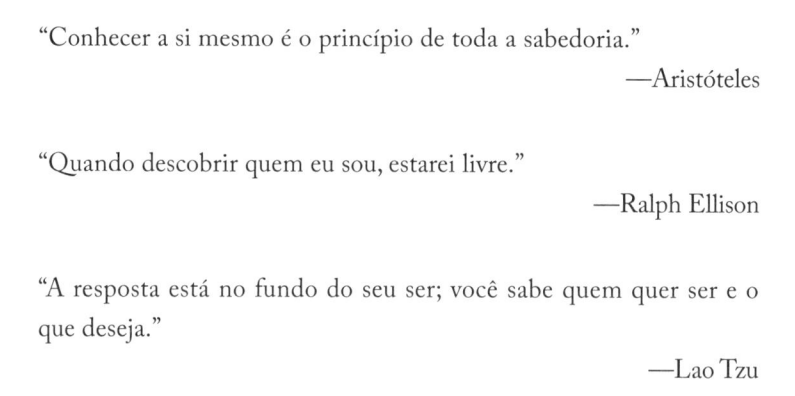

> "Conhecer a si mesmo é o princípio de toda a sabedoria."
> —Aristóteles

> "Quando descobrir quem eu sou, estarei livre."
> —Ralph Ellison

> "A resposta está no fundo do seu ser; você sabe quem quer ser e o que deseja."
> —Lao Tzu

Lemos livros sobre como analisar outras pessoas. Colocamos o foco em ler, persuadir e influenciá-los, o que certamente é valioso, mas imagine se passássemos tempo equivalente estudando algo mais importante. Analisar os outros nos dá conhecimento, mas estudar a nós mesmos, em última instância, nos dá uma liberdade incrível. Estudar a nós mesmos ajuda a alcançar a autoaceitação, que nos liberta do autojulgamento. Em vez de ficar se martirizando, você precisa se aceitar e — como eu fiz — compreender que o que via como deficiência pode ser um trunfo. Continuarei lembrando-o de que a pessoa mais importante a ser estudada é a única com quem você viverá para o resto da vida: você.

Alinhe Sua Carreira com Seu Eu Verdadeiro

Meu amigo Shawn teve dezenas de empregos antes de completar 30 anos, até que começou a trabalhar para mim como corretor de seguros. Eu não devia ter me surpreendido quando ele telefonou um dia dizendo que não queria mais vender seguros. Encontrei-me com ele e perguntei o que estava acontecendo. Ouvi sua resposta e, então, falei: "Serei bem honesto com você, mas vai doer. Tudo bem?"

Ele parou por um momento, mas, por fim, disse "sim".

"A culpa de você ter largado todos aqueles empregos não foi dos seus chefes. Posso dizer o nome de todos os chefes de quem você falou mal ao longo dos anos. É sempre culpa de alguém, mas sabe de quem nunca é a culpa? Sua. Por que acha que isso acontece?"

Ele precisou de um pequeno empurrão, mas, para ser justo com Shawn, devo dizer que ele começou a se responsabilizar. Entendeu que a única forma de tornar nossa conversa produtiva seria olhar para dentro, em vez de apontar os dedos para os outros.

Começamos a debater. Ele começou a mergulhar além da superfície de sua raiva e falou sobre um rapaz que contratara cujos rendimentos eram agora maiores do que os dele. Admitiu estar chateado e se sentir até humilhado pelo fato de alguém que contratara estar melhor do que ele. Reduzimos seus sentimentos a uma combinação de inveja e raiva.

Comentei que ele e o outro rapaz podiam ter sonhos diferentes, que talvez aquela jovem estrela quisesse ganhar milhões de dólares e ele não. Falei: "Esqueça tudo isso por um minuto e me responda: que tipo de vida você quer?"

Shawn ficou quieto, e percebi que ele estava levando a pergunta a sério. Finalmente disse: "Pat, se eu ganhasse 150 mil dólares por ano, viveria uma vida muito boa. Quero ser treinador da Liga Júnior. Quero poder ver os grandes momentos de todos meus filhos. E, para ser franco, quero dormir até mais tarde alguns dias. Talvez precise ser honesto quanto ao fato de não ser tão ambicioso."

A autorreflexão genuína de Shaw lhe deu uma direção. Ele começou a ver que não precisava se comparar com colegas e amigos. Não precisava tentar ser o mais rico do escritório. Quando compreendeu o que lhe deixaria verdadeiramente feliz e satisfeito — um rendimento anual de 150 mil dólares e muito tempo livre para família e lazer —, tudo começou a se encaixar.

Quando falamos sobre isso, ele perguntou: "Mas isso não é pensar pequeno?"

"Para outra pessoa, talvez seja", eu disse, "mas você está confortável sabendo que pode nunca descobrir seu verdadeiro potencial nos negócios e, ainda assim, ter uma vida confortável e ser um pai fenomenal?"

Shawn ficou quieto novamente, e eu lhe dei tempo para refletir. Ele começou a ver que a discussão não era sobre *outras pessoas*; era estritamente sobre ele. Ele precisava ser franco quanto a quem ele era e o que queria da vida. Talvez como forma de distrair a si mesmo do quão desconfortável era essa reflexão, ele me perguntou o que eu queria.

"Isso não tem nada a ver comigo nem com ninguém mais", eu disse. "Quando você tiver decidido sobre como será a melhor versão da sua vida e concretizar essa visão, não terá inveja."

"Eu entendo, Pat", ele disse. "Mas ainda estou curioso para saber o que você quer."

"Quero dominar o mundo, mas esse sou eu, não você. Você não pode tentar ser eu, nem eu posso tentar ser você. Essa é a pior coisa que você poderia fazer."

Shawn assentiu, aliviado. Ele tinha um objetivo, o objetivo certo. Podia criar uma estratégia de longo prazo para alcançá-lo, não um atalho (ou seja, largar um emprego). Juntos, debatemos a questão, e depois ele pôde tomar a decisão ideal para si mesmo.

A chave para Shawn era parar de se comparar aos outros. Estar em casa para o jantar era mais importante para ele. E para a vida que queria, ele poderia se permitir ganhar 150 mil dólares anuais e dedicar o coração e a alma aos filhos. Por que tentar agir como Jeff Bezos ou Richard Branson quando você tem diferentes motivações e objetivos?

Estudar o produto mais importante requer uma imersão profunda. Shawn, como muitos, esteve agindo sob falsos pressupostos sobre suas próprias motivações. Não tinha se aprofundado o suficiente para ser franco consigo mesmo. Quando o fez, subitamente seu mundo fez sentido, e ele entendeu as escolhas necessárias para se sentir realizado. Tenha em mente que, um dia, ele ainda pode acordar querendo se esforçar para usufruir mais. Como estamos prestes a discutir, seus objetivos evoluirão com o tempo. Se

Shawn notar que a inveja está surgindo, esse pode ser um bom indicador de que deverá reexaminar seus objetivos.

■ ■ ■ ■ ■

Em seu perspicaz livro *Princípios: Vida e Obra*, Ray Dalio disse: "Aprendi que, se você quiser trabalhar árdua e criativamente, pode ter quase tudo o que quiser, mas não tudo o que quiser. Maturidade é a habilidade de rejeitar boas alternativas em prol de alternativas ainda melhores."

Quando você é franco em relação a quem quer ser, aprende a parar de *querer* tudo.

A inveja é um indicador do quão franco você está sendo consigo mesmo. Se conseguirmos olhar para alguém que tem coisas que não temos e dizer "sabe, na verdade eu não quero aquilo", estamos em uma boa posição. Se dizemos da boca para fora que não queremos algo, a inveja nos comerá por dentro. O que ela nos diz é que, na verdade, queremos aquilo, mas temos medo de nos esforçar para consegui-lo.

O que lhe dará paz é ser franco o suficiente para saber quem você é e o que é necessário para ter a vida que deseja ter. Você saberá que está vivendo a melhor versão de si mesmo quando sua reação ao sucesso dos outros, incluindo ao daqueles que têm aquilo que você não tem, for se alegrar por eles. Novamente, se você está sentindo inveja, esse é um indicador de que ou você está mentindo para si mesmo sobre o que quer ou lhe falta disciplina para conquistá-lo.

Já conheci muitas pessoas infelizes e não realizadas. As pessoas mais infelizes e perigosas que conheci são ao mesmo tempo extremamente ambiciosas e preguiçosas. Essa combinação produz inveja, pecado mortal que fará de sua vida um inferno. São pessoas que pensam grande e querem fazer algo grandioso, mas não estão dispostas a se esforçar para merecê-lo. Elas trapacearão. Elas puxarão seu tapete. Estão constantemente procurando atalhos. E se alguém tem o que querem, isso as destrói por dentro.

Se alguém está ganhando em um nível mais alto que o seu, ou você baixa suas expectativas para se adequar à ética de trabalho ou eleva sua ética de trabalho de forma a superar suas expectativas. Se não fizer nenhum dos dois, se sentirá infeliz.

Resumindo, alinhamento é a chave para a realização. Tenha em mente que:

- Sua visão precisa estar alinhada com quem você quer ser.
- Suas escolhas precisam estar alinhadas com sua visão.
- Seu esforço precisa estar alinhado com o tamanho de sua visão.
- Seu comportamento precisa estar alinhado com seus valores e princípios.

Questionamento Leva à Aceitação, o que Leva ao Poder

Só existe uma pessoa com quem você precisa passar todos os segundos de sua vida. Não são seus pais. Nem seu cônjuge. Nem seus filhos. Nem seu melhor amigo. É *você*. Quando entender com quem terá de passar o resto da vida e aprender a aceitá-lo, você eliminará o autojulgamento, o que lhe dará poder para fazer lances mais ousados. Não pensará demais e aumentará a produção.

Quando li *Poder vs Força*, de David R. Rawkins, fiquei fascinado com a explicação sobre diferentes níveis de consciência. Antes de ler o livro, achava que a coragem estaria no topo da pirâmide. Só depois de realizar meu trabalho interno entendi que a aceitação está em um nível superior à coragem, como é possível ver na escala a seguir.

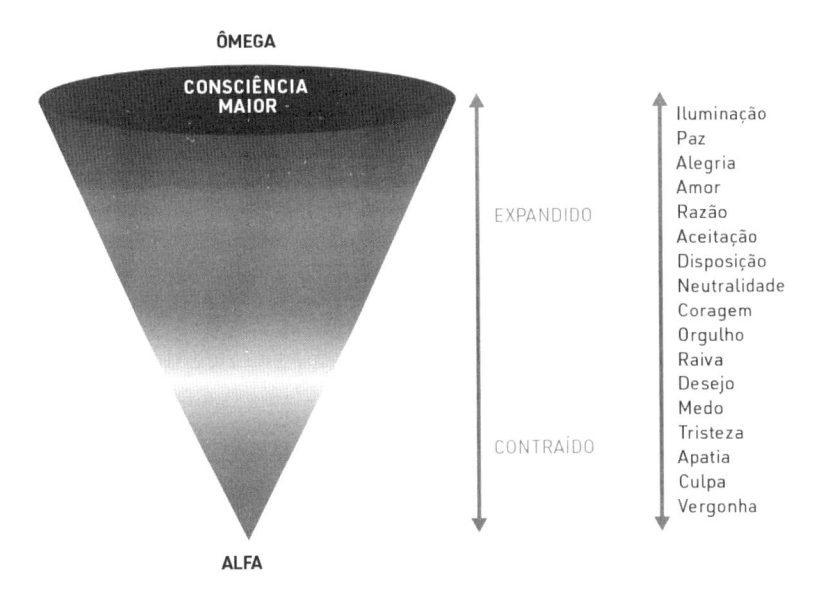

```
                    ÔMEGA
            ┌─────────────────┐
             CONSCIÊNCIA              ↑  Iluminação
                MAIOR                    Paz
                                         Alegria
                                         Amor
                        EXPANDIDO        Razão
                                         Aceitação
                                         Disposição
                                         Neutralidade
                                         Coragem
                                         Orgulho
                                         Raiva
                                         Desejo
                                         Medo
                                         Tristeza
                        CONTRAÍDO        Apatia
                                         Culpa
                                      ↓  Vergonha
                    ALFA
```

Entendo por que talvez você possa ter medo de uma autoinvestigação. Deixar de se esconder e jogar luz sobre os próprios defeitos pode doer. Todas as horas de introspecção por que passei revelaram muito sobre mim mesmo: algumas coisas boas, outras ruins e algumas terríveis. Mas fiz o trabalho difícil de me examinar, e por isso comecei a me aceitar. Também aprendi que não havia nada de errado em ser vulnerável e mostrar quem eu era. Ao fazê-lo, meu amigo Byron Udell, que gere uma grande empresa fora de Chicago, recomendou o livro *The Hypomanic Edge: The Link Between (A Little) Craziness and (A Lot of) Success in America)*, de John D. Gartner. Esse livro me ajudou a perceber que eu não estava sozinho em minha (hipo) mania. Aceitei minha loucura e comecei a usá-la como vantagem, em vez de muleta. Também me fez perceber que eu estava programado para fazer grandes coisas e que minha personalidade seria um trunfo na construção de uma empresa. Eventualmente, aprendi a aceitar a mim mesmo, com todos meus defeitos.

Quatro Áreas que o Motivarão

Quando eu vendia inscrições para a academia no Bally Fitness, trabalhava com um rapaz chamado Stuart. Como eu, Stuart deixou o Bally Fitness para trabalhar com seguros. Mais ou menos na mesma época, abrimos nossas próprias agências de seguro. Almoçávamos juntos um dia, discutindo nossos objetivos, e Stuart disse: "Nossa visão é ser uma das maiores agências de seguro em toda a Califórnia. Se eu trabalhar bastante por alguns anos, o dinheiro virá, e estarei no caminho certo."

Eu disse a Stuart: "Teremos meio milhão de agentes licenciados. Seremos a maior agência dos EUA." Ele me olhou como se eu estivesse delirante. Olhei para ele, confuso, pensando em como alguém podia pensar tão pequeno quando o mercado potencial era tão grande. Meu objetivo era entrar nos livros de história; o dele, era uma vida mais simples.

Stuart é movido pela ideia de liberdade financeira. Ele ganha meio milhão de dólares por ano e mal precisa trabalhar. Sabia o que o motivava e conseguiu chegar lá. Ele provavelmente olha para minha vida e pensa que escapou por pouco. Por que aguentar tanto estresse e enfrentar semanas de mais de cem horas de trabalho e pressão constante se o que o motiva é liberdade financeira?

Está vendo aonde quero chegar? É preciso descobrir o que motiva *você*. Será algo diferente para cada pessoa. Quando percebi o que me motivava, não precisei mais de um despertador. E é por isso que, apesar de ter segurança financeira, agora sou mais motivado do que nunca.

É por isso que enfrentei essas semanas de trabalho de mais de cem horas. É por isso que, no minuto em que sinto a mínima autopiedade surgir, paro e relembro: foi isso que você pediu, Patrick. Sinto como se estivesse naquele velho comercial do Toyota: você pediu, você ganhou. O interessante é que, se eu tivesse permanecido em meu cargo anterior, poderia ganhar cinco milhões de dólares por ano. E mesmo quando parecia que poderia falir ou enlouquecer (ao mesmo tempo), nunca me arrependi de minha decisão.

Por quê? Porque eu havia dedicado um período para aprender o que me motiva.

Agora é a sua vez. Você pode começar dividindo a motivação em quatro categorias: avanço, loucura, individualidade e propósito.

AVANÇO

- Próxima promoção
- Completar uma tarefa
- Cumprir prazos
- Alcançar objetivos em equipe

INDIVIDUALIDADE

- Estilo de vida
- Reconhecimento
- Segurança

LOUCURA

- Oposição
- Competição
- Controle
- Poder e fama
- Mostrar que os outros estão errados
- Necessidade de evitar a vergonha
- Maestria
- Desejo de ser o melhor (quebrar recordes)

PROPÓSITO

- História
- Ajudar os outros
- Mudança
- Impacto
- Iluminação/autorrealização

É normal ter mais do que uma motivação. Também é normal que suas prioridades mudem. Olhe cuidadosamente para a lista anterior e pense com calma sobre o que o motiva. Na maior parte do tempo, é preciso algum catalisador para analisar suas motivações. Há quatro razões que podem provocá-lo a reavaliar o que o impulsiona:

- Tédio.
- Resultados em declínio.
- Platô ou estagnação.
- Sensação de que seu talento está diminuindo.

Se está sentindo algo do gênero, este é o momento certo para se aprofundar e determinar o que realmente quer.

Avance para Seu Próximo Porquê

Outra forma de pensar sobre sua motivação é perguntar "Qual é o meu porquê?" A resposta pode ser "Não sei por quê" ou "Acho que faço isso pela minha família" ou "Quero liberdade financeira". Todo mundo tem um porquê. O desafio é que a maior parte das pessoas nunca sai de seu porquê inicial.

Talvez você conheça a Hierarquia de Necessidades, do psicólogo Abraham Maslow. No artigo "Uma teoria da Motivação Humana", publicado no *Psychological Review*, em 1943, Maslow descreveu como as necessidades evoluem. Se você está enfrentando a morte, não pensará sobre seu propósito. Se está lutando para alimentar sua família, não terá cabeça para pensar em seu legado. Faz sentido. Também faz sentido que, assim que satisfazemos nossas necessidades mais básicas, movemo-nos naturalmente para um ponto acima na pirâmide e cobiçamos coisas como pertencimento, estima e crescimento.

Vejo o desejo por crescimento como "avançar para seu próximo porquê".

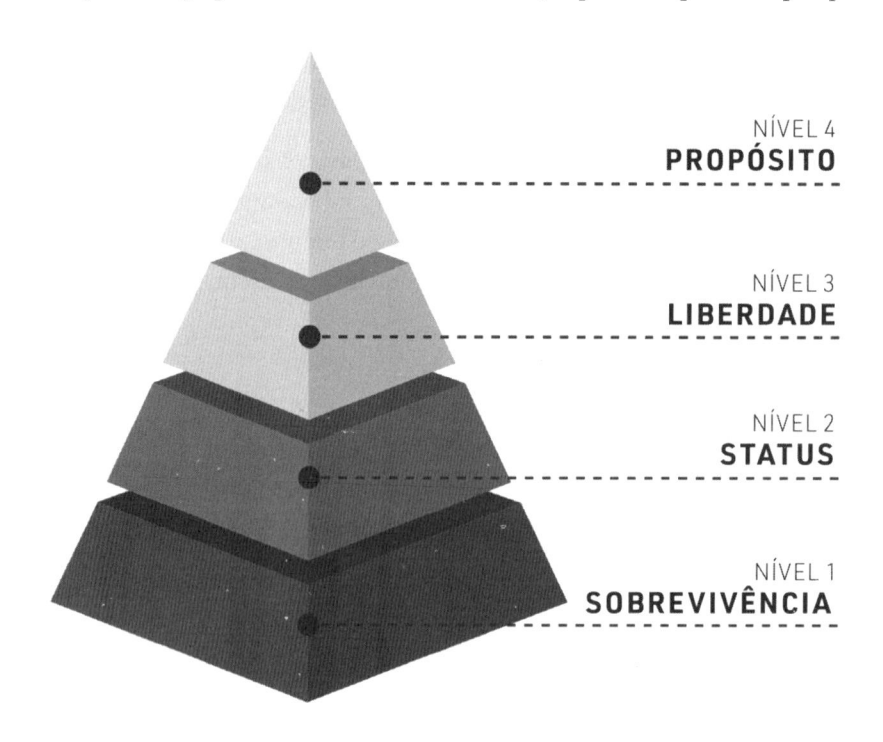

NÍVEL 4
PROPÓSITO

NÍVEL 3
LIBERDADE

NÍVEL 2
STATUS

NÍVEL 1
SOBREVIVÊNCIA

Quatro Níveis de Porquê

NÍVEL 1: SOBREVIVÊNCIA
Todo mundo que tem um emprego para ganhar dinheiro está focado em pagar as próprias contas. Algumas pessoas param por aqui.

NÍVEL 2: STATUS
Algumas pessoas dizem: "Quero ganhar sete dígitos." Por quê? Status. Elas querem ter um bom carro ou uma casa legal, ou que seus filhos estudem em uma escola de prestígio. Querem poder falar que têm isso ou aquilo. No fundo, querem se comparar com os vizinhos. O status ainda é um nível baixo, porém mais alto do que o da sobrevivência. Quando alcança este nível, a maioria das pessoas diminui o ritmo e se acomoda.

NÍVEL 3: LIBERDADE
Outras pessoas dizem: "Estou tão cansado de ganhar seis dígitos! Quero ser livre. Quero ganhar dinheiro suficiente para ter espaço para respirar, com o qual não precise estar no escritório todos os dias." Essas pessoas querem viver em uma comunidade onde os filhos possam brincar na rua sem que seja preciso se preocupar. Ou podem querer ser nômades digitais, para surfar no verão e esquiar no inverno.

Liberdade como um porquê é, de certa forma, egoísta. Não há nada de errado em querer liberdade, mas ela pode parecer vazia quando atingi-la. Se esse é o seu caso, e se sua sensação de contentamento virar frustração, você agora tem o luxo de se aprofundar e focar aspectos da vida que trarão um verdadeiro sentido de realização.

NÍVEL 4: PROPÓSITO
Definir seu propósito é fazer as seguintes perguntas: como quero ser lembrado? Como quero impactar a vida dos outros? Tem a ver com compreender por que você está neste planeta e forçar seus limites para chegar a sua melhor versão. No mais alto nível da pirâmide, as pessoas são movidas por vários propósitos:

- História.
- Vontade de ajudar os outros.
- Mudança.
- Impacto.
- Iluminação/autorrealização.

Pouquíssimas pessoas alcançam o nível de propósito. Por quê? Algumas não o fazem por medo. Outras vivem a vida toda no modo de sobrevivência, sem ter tempo para pensar. Outras se deixam distrair pelas mídias sociais, por esportes ou entretenimento. Na verdade, ninguém realmente se deixa distrair — as pessoas escolhem escapar da realidade e evitar o difícil trabalho de se autoanalisar. Tudo se resume a não dedicar tempo suficiente para se fazer as perguntas certas.

Se você quer causar um grande impacto, só o conseguirá se estiver disposto a se questionar sobre pontos importantes referentes a sua vida. Infelizmente, muitas vezes as pessoas seguem, seguem e seguem até morrer sem nunca fazer as perguntas mais importantes.

O desafio que lhe proponho é o seguinte: não interessa em que nível você está agora, deixe claro qual é o propósito.

Auditoria de Identidade Pessoal

De todas as ferramentas que ofereço neste livro, a Auditoria de Identidade Pessoal deve ser a mais importante. Tendemos a utilizar em demasia a expressão "Isso vai mudar sua vida". Nesse caso, falo com experiência quando digo que conduzir uma Auditoria de Identidade Pessoal (uma série de questões que levam à autodescoberta) mudou minha vida radical e exponencialmente.

Todos os disruptores, fundadores, líderes e atletas que você admira não chegaram lá por sorte. Houve um momento (ou muitos momentos) em que foram brutalmente honestos com eles mesmos. Um momento íntimo em que enfrentaram vícios, medos e crenças limitantes guardadas na mente e no coração e que os puxavam para trás. Isso normalmente acontece após um golpe de adversidade.

A realidade é que pouquíssimas pessoas estão dispostas a reservar um tempo para experimentar uma ruptura. A vida está caminhando cada vez mais rápido. Pense em quantos *apps* temos que checar hoje em dia em nossos *smartphones*, com os quais não tínhamos de nos preocupar há dez anos. Com que frequência conferimos o Instagram, Facebook, Twitter, YouTube, e-mail, LinkedIn e novos *apps*? A lista de todas as coisas que conferimos fora de nós mesmos segue indefinidamente.

Em agosto de 2003, um amigo sensato percebeu que eu estava sofrendo. Com 24 anos, estava ainda começando a mostrar sinais de talento e perseverança. Eu podia vender e estava com sede de conhecimento. Também estava com raiva e confuso. Em vez de me dar um sermão ou me mandar para um psiquiatra, esse amigo sensato me deu uma lista de 83 perguntas. Suas únicas instruções foram: "Vá para um lugar calmo, continue fazendo perguntas, e não vá embora antes de achar as respostas."

Fiz exatamente o que ele disse. Fiquei sentado na praia por oito horas até responder essas perguntas. Estava muito emotivo. A experiência foi intensa. Tive momentos de frustração e desapontamento. Perguntava a mim mesmo: "Por que tanta gente vive o sucesso e eu não?" Sozinho, eu podia ver o que estava realmente acontecendo e notar tendências e padrões. Finalmente, tive uma sensação de alívio, porque compreendi que todos os problemas e as respostas residiam em mim. Com todo esse conhecimento, sabia que estava em minhas mãos consertar tudo.

Esse exercício foi tão valioso, que condensei as questões mais importantes e criei o que chamo de Auditoria da Identidade Pessoal.

Quando você estuda a pessoa mais importante (você), começa a aprender como conquistar a pessoa que mais está te puxando para trás (você).

Essas perguntas — junto com a reflexão resultante — mudaram totalmente minha vida. Elas me levaram de alguém mediano para alguém que compreendeu seu potencial na vida. Eu me descobri livre, aceitando minhas limitações e desafios. Hoje, quando dou aconselhamento a empreendedores, peço-lhes para fazer uma Auditoria de Identidade Pessoal.

O segredo deste exercício é tratá-lo com o máximo de respeito. Você não precisa terminá-lo rapidamente ou almejar um resultado perfeito; a única resposta certa é a honesta. A ideia é ter uma revelação. Quanto mais emoções esse exercício despertar em você, mais possibilidade terá de criar uma revelação. Assim que passar pela auditoria, encoraje outros a fazer o mesmo. Não há nada como ter uma revelação na vida e convidar outros a passar pelo mesmo.

A Auditoria de Identidade Pessoal pode ser encontrada no Apêndice.

Mais de 200 mil pessoas de 130 países fizeram a Auditoria de Personalidade Pessoal que postei em meu website. Os resultados foram transformadores. Por favor, leve o tempo que for preciso para preenchê-la. Espero que a experiência seja tão profunda para você como foi para inúmeras pessoas.

Os Benefícios da Autodescoberta e a Condução de uma Auditoria Pessoal

1. A consciência mostra que você é o centro de todos seus problemas (e soluções).
2. Você percebe que seus problemas podem ser resolvidos.
3. Você rompe suas crenças limitantes.
4. Ao identificar padrões, você encerra hábitos nocivos.
5. A raiva que sente dos outros acaba assim que percebe que só você controla seu destino.

Estude Seus Pontos Cegos Olhando Ativamente para Eles

Não importa o quanto você estude a si mesmo, não é possível evitar os pontos cegos. O primeiro passo para reconhecê-los é *querer* reconhecê-los. O desejo surgirá da compreensão de que descobrir seu ponto cego fará de você uma pessoa melhor. É esse o motivo pelo qual procurar seus pontos cegos.

Não nasci com autoconsciência. Na verdade, no início de minha carreira, não tinha quase nenhuma. Quando fundei minha empresa de seguro, eu parecia arrogante nas reuniões. Reunia-me com grandes seguradoras e começava dizendo-lhes: "Teremos meio milhão de agentes de seguros licenciados. Faremos mais contratos de seguro do que qualquer um na história."

No livro *Feitas para Durar: Práticas Bem-sucedidas de Empresas Visionárias*, Jim Collins e Jerry I. Porras cunharam o termo "Grandes Objetivos Audaciosos e Arriscados (GOAA)". Eles o definem como "um audacioso objetivo de progredir em dez a trinta anos em direção a um futuro previsto".

Depois de ter declarado meu GOAA a essas grandes seguradoras, as pessoas invariavelmente me perguntavam: "Há quanto tempo você está no negócio?"

"Duas semanas", eu dizia.

Meu ponto cego não era ter um GOAA. Meu ponto cego era não compreender meu público. Os mercados financeiros quebraram no final de 2008. O dano foi tão grande, que o AIG (Grupo Internacional Americano), o colosso da indústria, quase encerrou suas atividades. A indústria inteira não teve escolha além de jogar na defensiva. Aqui estava eu em 2009, esse rapaz de 30 anos, do Oriente Médio, afirmando que teria meio milhão de agentes. A última coisa em que as outras companhias de seguro queriam era apostar em uma *startup* arriscada, quando todo seu foco era a sobrevivência, *compliance* e gerenciamento de riscos.

Cathy Larson era uma executiva da Allianz, uma empresa de 400 bilhões de dólares. Quando vendi meu peixe com arrogância, ela disse: "Você é cheio de si. Sabe quantas pessoas dizem esse tipo de coisa? Seria melhor que tivesse mais do que apenas um histórico antes de fazer essas afirmações extravagantes."

Aquele conselho atingiu o alvo. Apesar de eu ter certeza sobre minha verdade futura — na minha mente, ela já era real —, precisava adaptar minha abordagem para corresponder às necessidades de meu público. Minha visão não tinha mudado, mas minha abordagem precisava de um trabalho sério.

Comecei a pensar em como poderia ajustar meu *pitch*. Pensei profundamente em quem eu era. Com maior autoconsciência, pensei em um plano que refletia o que queria atingir. Aprendi a traduzir meu GOAA em minhas próximas jogadas e, mais importante, a entender a sequência dessas jogadas contra o cenário de uma nova consciência sobre o público.

Conhecer a Si Mesmo É um Processo Duro e Raramente uma Epifania

Você precisa entender quem você é, o que o motiva, com quanto risco pode lidar e que tipo de família quer criar. O elemento-chave por trás de todas as histórias e de todos os exercícios nesta jogada é a honestidade. Olhar no espelho pode ser doloroso às vezes. Partilhei com você o quanto chorei quando fiz a Auditoria de Identidade Pessoal. A dor valeu a pena.

Assim que ficar claro qual é o seu produto mais importante (você), suas decisões fluirão naturalmente e o levarão a realizar seus objetivos.

3

Seu Caminho para Criar Riqueza: Intraempreendedor ou Empreendedor?

"Dinheiro é uma ferramenta. Ele irá levá-lo onde você desejar, mas não o substituirá enquanto motorista."

—Ayn Rand

Eric Drache era um dos mais talentosos jogadores de pôquer do mundo. Em um período de 36 anos, de 1973 a 2009, foi três vezes o segundo lugar na Série Mundial de Pôquer. Muitos viam Drache como o sétimo melhor jogador de pôquer do mundo. A piada da época era que ele só jogava contra os seis melhores! Apesar de seu talento, ele estava sempre falido. Deixe que ele seja seu exemplo de como *não* escolher um negócio.

Você deve escolher um caminho que lhe dê chances de ganhar. No pôquer, isso se chama seleção de jogo. O que determina se você ganha em qualquer jogo (ou negócio) não é o quão bom você é, e, sim, o quão bom você é *em relação aos seus competidores*. É por isso que é tão importante conhecer suas forças e fraquezas e encontrar um mercado no qual você tenha uma vantagem inerente.

Os primeiros dois capítulos deste livro são sobre autoconsciência. Agora que você já definiu quem quer ser e estudou o produto mais importante (você), é hora de ser mais específico sobre a carreira que se alinha com sua visão.

Não acho que todo mundo quer construir a próxima Apple. Não acho que todo mundo quer ser o próximo Elon Musk. Não acho que todo mundo quer ter uma vida em que se trabalha de oitenta a cem horas por semana por mais vinte anos para construir um império massivo. Algumas pessoas simplesmente querem construir um pequeno negócio que lhes dará controle sem ter de lidar com a política diária de trabalhar para uma empresa entre as quinhentas da Fortune. Outros querem construir uma empresa online que possam gerir enquanto viajam pelo mundo.

A autoconsciência é essencial para modelar seu caminho. Quando for honesto consigo mesmo, poderá compreender que ser um empreendedor talvez não seja o caminho certo para você. Se é esse o caso, ainda há muitas opções para viver uma vida lucrativa e plena de realizações, como você poderá ver neste capítulo.

Ganhe Controle Subindo Sua Própria Escada

Sempre que dou uma palestra, pergunto a todos os presentes: quem é a pessoa mais rica que você conhece?

A maior parte das pessoas consegue responder a essa pergunta em um piscar de olhos. Todos conhecemos aquele tio ou primo, aquele que recebe a família inteira para as festas em sua casa enorme, aquele que está sempre postando fotos de lugares exóticos.

Segunda pergunta para o público: essa pessoa acumulou toda sua riqueza como empregado ou como dono?

Quando faço essa segunda pergunta, a sala fica até mais leve com a compreensão. Posso ver em cada um dos rostos. "Caramba!"

Sim, desde que aprendemos a falar, somos treinados a acreditar em subir a escada dos outros. Primeiro você sobe os degraus da escola: tira boas notas, entra em uma boa faculdade e tenta um bom curso de Direito, Administração ou Medicina. Se você se sair bem nos degraus da escola, começará a subir a escada corporativa: trabalhar por um salário confortável, mas sem um sentido pessoal, de forma a subir para um gerenciamento médio. Então terá conquistado a "segurança".

Isso é mentira, como aqueles que subiram os degraus podem confirmar. Robert Kiyosaki, em seu livro *Pai Rico, Pai Pobre* (Alta Books, 2017), desmistificou o mito de que a educação é o caminho para os ricos. Riqueza e sucesso não estão nos esperando no topo da escada alheia. Uma vida mais rica — financeira, emocional e intelectualmente – é possível apenas quando nos responsabilizamos pelo nosso próprio sucesso.

Há mais de uma forma de se responsabilizar pelo próprio sucesso: você pode trabalhar por comissão para uma empresa, ou, como você verá, pode conquistar um cargo de intraempreendedor dentro de uma empresa.

O que posso dizer com certeza é que, para ser um empreendedor, sua motivação não pode ser apenas dinheiro. Sei que parece estranho dizê-lo, quando se está focado em se tornar um milionário ou bilionário, mas se o dinheiro é sua única motivação, você parará em algum ponto. Ficará preguiçoso e complacente. Seu motivo para ser um empreendedor tem de ir além da busca pela riqueza.

Os contras de se gerir um negócio são muito grandes para serem tolerados apenas por dinheiro. Não estou dizendo, de forma alguma, que a vaidade não seja uma motivação importante para muitos. Reconhecimento, poder, fama, prestígio e respeito (provar que seus críticos estão errados) frequentemente têm uma grande influência na escolha deste caminho. Mas aqueles que continuam lutando são movidos por algo muito maior do que o dinheiro.

Como discutimos, há várias formas de acumular riqueza e viver uma vida gratificante. O empreendedorismo pode ter grandes vantagens financeiras, mas também tem as maiores perdas. Estou mostrando a você diferentes pontos de vista e destacando diferentes caminhos para lhe oferecer um maior *insight*.

59,1 Bilhões de Razões para Ser um Intraempreendedor

Recebi uma mensagem no LinkedIn de um executivo da IBM, que dizia: "Pat, estou na IBM há um tempo e venho seguindo seu conteúdo há alguns anos. Ganho um bom dinheiro, mas quero muito ser um empreendedor. Entretanto, sou casado e tenho três filhos, e estou preocupado com eles. O que devo fazer?"

Trocamos e-mails por um tempo, e eu lhe fiz algumas perguntas sobre quem ele queria ser. Ele começou a perceber que o intraempreendedorismo era a escolha ideal para ele. No intraempreendedorismo, você é parte de uma empresa e cria uma unidade de negócio, conduz uma nova iniciativa ou desenvolve incentivos que compensarão a inovação e o crescimento promovidos. Em alguns casos, pode significar apenas que você é tão indispensável, que uma empresa precisa pagá-lo com *equity* de forma a mantê-lo.

O tempo médio tanto de um CFO como de um CTO é de menos de três anos. Normalmente, eles ficam o tempo suficiente até adquirir sua própria *equity*. Porém, alguns acabam permanecendo mais tempo na empresa devido a novas oportunidades. Eles não só recebem um salário ótimo e estável, como também desfrutam uma grande ascensão profissional — ou seja, o melhor dos dois mundos.

Em março de 2020, US$59,1 bilhões era o patrimônio líquido do intraempreendedor mais rico do mundo, Steve Balmer. Em 1980, Balmer abandonou o MBA em Stanford para se tornar o empreendedor número 30 na Microsoft. Depois de 20 anos pensando e atuando como intraempreendedor, ele se tornou CEO no ano 2000, permanecendo como tal até 2013. Entre bônus e ações, acumulou uma fortuna. Quando a NBA colocou os Los Angeles Clippers à venda, em 2014, sua oferta superou de longe a de outros interessados. Seu sucesso como intraempreendedor fez com que o valor de US$2 bilhões parecesse ínfimo.

Todos nos lembramos de que Steve Jobs fundou a Apple em 1976, mas algumas pessoas se esquecem de que ele foi afastado em 1985. Só depois de fundar a NeXT e o Pixar Animation Studios ele voltou à Apple, em

1997, como CEO. Em seu acordo com a empresa, negociou para receber 5,5 milhões de ações, que, claro, valiam bilhões de dólares. Qual é a moral da história? Até Steve Jobs se tornou um intraempreendedor.

Quais são as qualidades dos intraempreendedores? E como identificar uma empresa que os atrai e reproduz? Comecemos respondendo à primeira questão.

Cinco Qualidades de um Intraempreendedor de Sucesso

1. Um intraempreendedor pensa como um empreendedor.
2. Um intraempreendedor trabalha como um empreendedor.
3. Um intraempreendedor tem a urgência de um empreendedor.
4. Um intraempreendedor inova como um empreendedor.
5. Um intraempreendedor protege a marca (e o dinheiro) como um empreendedor.

A lista destaca o fato de que intraempreendedores não agem ou pensam como funcionários regulares; eles agem e pensam como donos. Não trabalham pelo salário; trabalham para construir algo que lhes dê orgulho e realização. Ao fazê-lo, querem reconhecimento, autonomia, recursos e propriedade.

Uma das diferenças entre intraempreendedores e empreendedores é que os primeiros respeitam a autoridade, enquanto os segundos tendem a desafiá-la. Intraempreendedores têm a humildade de dizer: "Olha, eu penso como você, trabalho como você, mas o dinheiro é seu. Você teve a visão inicial e correu todos os riscos." Os intraempreendedores trabalham dentro de um sistema, mas encontram formas de se aperfeiçoar enquanto aperfeiçoam a empresa. Se você não tem esse nível de respeito pelo fundador ou atual CEO, não está na posição certa para construir um negócio dentro de um negócio.

Como as Empresas Fabricam Intraempreendedores

O Google contrata pessoas criativas, e para alavancar as habilidades delas, criou uma política de fomento ao intraempreendedorismo. Na carta de oferta pública inicial, os fundadores, Larry Page e Sergey Brin, descreveram sua ideia de "20%":

> Encorajamos nossos funcionários a não focar só seus projetos regulares, mas a dedicar 20% do próprio tempo trabalhando no que acreditam que beneficiará mais o Google. Isso permite que eles se tornem mais criativos e inovadores. Muitos de nossos avanços mais significativos ocorreram dessa forma.

Produtos criados durante esse período de 20% incluem o Google News, o Gmail e o AdSense.

Empresas que atraem e fabricam intraempreendedores o fazem comunicando de forma apelativa para inovadores e estrelas que podem se sentir mais confortáveis trabalhando em um ambiente "corporativo". Essas empresas promovem uma visão de que qualquer empregado pode subir no *ranking* — sem ter de recorrer às suas economias, sem ter de arriscar a própria sanidade e noites em claro — e ainda ter a liberdade de inovar, executar e lucrar com as próprias ideias.

Quando tinha meus 20 anos, era bem remunerado para um funcionário de corretora de seguros. Minha ideia era aumentar minha riqueza ao me tornar CEO. Não pensei que teria de largar aquele emprego para ter impacto e ganhar uma grande fortuna. Um dia, em uma atitude à la Jerry Maguire, enviei uma carta de dezesseis páginas para a diretoria, explicando minha visão. Ninguém me respondeu. Em seguida, enviei-a para a matriz. Em trinta minutos, um homem chamado Jack respondeu, marcando uma reunião. Falei sobre várias ideias com os executivos, que tentaram implementar algumas delas, mas uma mulher chamada Katie pôs uma pedra sobre o assunto.

Era o oposto da cultura do Google. A empresa deixou claro que não queria que eu inovasse. Assim como a jornalista Laura Ingraham disse a LeBron James para "calar a boca e driblar mais", aquela empresa basicamente me disse para "calar a boca e vender".

Katie era um exemplo perfeito de uma aristocrata e burocrata. No livro *De Bárbaro a Burocrata: Estratégias para o Desenvolvimento de Empresas*,

Lawrence M. Miller descreveu como empresas passam por múltiplos estados — de profeta, bárbaro, construtor, explorador, administrador, burocrata e aristocrata — e, de vez em quando, um agente sinérgico aparece para salvar a empresa da falência. Na época, havia muitos processos contra aquela empresa de seguro, para não mencionar uma reputação de práticas antiéticas que prejudicavam sua marca.

Como Katie era teimosa e não estava disposta a mudar, acabou custando à empresa algumas centenas de milhões de dólares. Não é um número pequeno. Ela era arrogante. Era pomposa. Parecia Cersei Lannister de *Game of Thrones*, a vilã que acredita ser superior a todos. E o pior, a empresa tolerava o comportamento de Katie. Isso é muito comum quando o profeta original sai e os construtores e exploradores dão muito poder a alguém que não o merece.

Katie me pressionou. Ela me encurralou. Àquela altura, não via que meu próximo movimento seria investir todas minhas economias e me tornar um empreendedor.

Antes de tomar uma decisão, marquei uma reunião com Katie, a equipe executiva e seus advogados. Naquela sala, havia muitas pessoas que eu respeitava profundamente. Fui até lá partilhar minhas próximas cinco jogadas e ver o que me diriam.

Não disseram muito na época. Apenas mais tarde fiquei sabendo que acharam que aquilo tudo era uma espécie de plano. Pensaram que eu estava ameaçando ir embora para que me dessem dinheiro para ficar. O presidente da empresa àquela data era alguém que eu respeitava. Ele me disse: "Patrick, isso é muito comum nessa indústria. Um grande jogador como você surge fazendo demandas e querendo dinheiro para não ir embora. A empresa não vai cair no seu blefe."

Posso dizer que ninguém naquela mesa tem a chance de ganhar a Série Mundial de Pôquer. Eles analisaram a situação de forma totalmente errada. Eu estava sendo 100% sincero. Em vez de enxergarem minhas sugestões como uma oportunidade de crescimento, ficaram na defensiva e tentaram justificar o *status quo* dizendo que minha intenção era derrubá-los.

Tenha em mente que de maneira algum me vejo como vítima nessa história, nem penso neles como vingativos. Simplesmente penso que a cultura corporativa deles deu poder a alguém movido mais pelo ego e pela autoimagem do que pela rentabilidade e eficácia. Eu é que deveria fazer o próximo movimento.

Àquela altura de minha vida, não tinha qualquer desejo de ser processado, trabalhar mais de cem horas por semana durante dez anos, ou lidar com TI, RH, CRM e dezenas de outros acrônimos que ainda não compreendia. Se Katie tivesse sabido como falar com leões (mais sobre isto no Capítulo 9), eu teria ficado. Mas, uma vez que ela não sabia como fomentar os intraempreendedores, parti.

Vale a pena mencionar uma segunda vez que não me vejo como vítima nessa história. Há coisas que acontecem nos negócios que estão além do seu controle. A forma como opta por reagir determinará se você se tornará um mestre em seu ofício.

Às vezes, você é obrigado a fazer seu próximo lance antes do que tencionava. Fui claro quanto ao que era inegociável para mim, e uma vez que cedi, tive de voltar ao tabuleiro de xadrez de minha carreira e criar um novo plano de ataque.

Traços de Empresas que Atraem Intraempreendedores

1. Seus executivos estão à vontade para assumir riscos calculados e encorajar a criatividade.
2. Seu plano de compensação incentiva a inovação e excelente executores.
3. Seus executivos jogam no ataque (aperfeiçoam), em vez de apenas na defensiva.
4. Seus executivos elevam potenciais estrelas, em vez de as reter.
5. Seus executivos procuram ativamente ideias de todas as camadas da organização.
6. Seus executivos procuram ativamente jovens talentos para manter a empresa vibrante e inovadora.

Deixarei bem claro quem é o destinatário desta mensagem. Estou falando com você que ainda está decidindo seu caminho ou pensando em deixar um emprego para abrir um negócio. Quero que veja que, na empresa certa, tornar-se um intraempreendedor pode fazer muito sentido. Também estou falando para você que dirige uma empresa. Saber como atrair e recompensar os intraempreendedores terá um impacto enorme em sua capacidade de crescimento.

Uma última história sobre intraempreendedorismo. Recentemente estive negociando com uma companhia de seguros. Os funcionários não hesitaram em partilhar comigo a frustração em relação ao chefe deles. Uma vez que suas ideias eram constantemente rejeitadas, estavam sempre na defensiva. A cultura da empresa — começando por quem estava no topo, que era avesso a riscos — obrigou-os a permanecer no lugar e a manter o *status quo*. É muito estranho que as vendas estivessem estagnadas e os empregados mais ambiciosos estivessem de partida? Lembre-se de que não fazer um movimento é também um movimento. A perda de tempo no relógio voltará para assombrá-lo, quer esteja jogando xadrez ou o jogo dos negócios.

As empresas devem construir sua estrutura de compensação para recompensar ideias e inovação. Os intraempreendedores querem perceber se, caso funcionem, ajam e inovem, a empresa irá recompensá-los como empresários — com bônus, opções de compra de ações ou o que quer que se disponham a fazer. Se você é uma estrela em ascensão em uma organização e vê um caminho para riquezas ali dentro, é provável que fique. Caso contrário, a organização o perderá. Foi exatamente o que aconteceu comigo.

Tal como o executivo da IBM que me pediu conselhos, você pode ser ambicioso e talentoso e ainda ter boas razões para não abrir seu próprio negócio. Trabalhar com (não para) uma empresa que promove intraempreendedores é uma grande alternativa.

Não Julgue um Empresário pelo Produto Final

Não importa o quão perfeita a vida de alguém pareça ser, em algum momento, ele ou ela passou por dificuldades na carreira.

Este *tweet* é um exemplo perfeito do fosso entre a forma como os empresários são percebidos e sua verdadeira realidade.

> **Eric Diepeveen**
> @EricDiepeveen
>
> No Instagram, @elonmusk parece ter uma vida incrível. Por quais altos e baixos ele passou para ter uma vida assim?

> **Elon Musk**
> @ElonMusk
>
> @EricDiepeveen A realidade é de grandes altos, baixos terríveis e estresse incessante. Não pense que as pessoas querem ouvir sobre esses dois últimos.

Muitas pessoas julgam os empresários pelo que eles são agora, em vez de por quem eles eram antes. Também não conseguem ver (ou não querem) a pressão que acompanha o sucesso. Essa concepção errada é um ponto cego que pode enganá-lo, levando-o a um mal passo.

Quando me encontro com empresários de sucesso, quero saber sobre a época em que a vida deles parecia um inferno. Faço perguntas como estas: como era sua agenda quando não tinha a certeza se podia pagar a hipoteca? Chorou até adormecer ou ficou acordado a noite toda paralisado pelo medo? Fale sobre as coisas mais difíceis que teve que superar. Diga o que o aterrorizou. Diga o que o ajudou a ultrapassar todos seus medos e inseguranças.

É o mesmo quando entrevisto personalidades e celebridades no *Valuetainment*. Não faço as perguntas clichês que os outros fazem nem glorifico a notoriedade; principalmente, não quero destacar o lado glamoroso de ser um CEO. Quero aprofundar a conversa, porque é aí que reside o verdadeiro valor da história de alguém.

■ ■ ■ ■ ■

Levei alguns de meus colegas comigo em uma viagem a Dubai em 2015, incluindo Sheena e Matt Sapaula, na época recém-casados. Depois de chegarem, Sheena e Matt estavam em um elevador com alguns de meus amigos, que não os conheciam. Na viagem de elevador, Sheena e Matt tiveram uma discussão acalorada. Ambos sentiam o peso do enorme estresse, principalmente porque tinham menos de mil dólares em sua conta bancária.

Mais tarde, nessa noite, reuni todos para jantar e apresentei Sheena e Matt a algumas das outras pessoas à mesa. Disse: "Eles formam um casal tão poderoso! Serão um sucesso." Imediatamente, Sheena e Matt coraram, e algumas pessoas sorriram e riram, como se achassem graça. Eu não tinha ideia do que estava acontecendo.

Depois do jantar, estávamos em um iate; todos tinham bebido alguns drinks, e Matt disse: "Pat, eles [ou seja, os colegas com quem jantamos] viram Sheena e eu discutindo feio no elevador."

Ambos se sentiam constrangidos, mas enquanto falávamos, a conversa migrou para o casamento, e eles perguntaram sobre o meu.

"Vou dizer uma coisa a vocês: minha esposa e eu temos discussões horríveis. Tivemos uma na semana passada. Se tivessem ouvido, pensariam que estávamos a dez segundos de apresentar o pedido de divórcio. Mas depois resolvemos a questão e seguimos em frente. Essas discussões acaloradas têm ocorrido porque estamos lidando com muita coisa. Temos dois filhos pequenos (em 2015, meu filho mais novo ainda não havia nascido). Temos nossas próprias famílias de origem e toda a bagagem que vem com elas. Estamos gerindo um negócio. Estamos tentando fazer exercícios e ficar em forma. E eu poderia continuar com uma lista de questões e desafios que fariam suas cabeças rodar."

Minha esposa e eu podemos parecer viver um casamento perfeito, no qual somos sempre doces e amorosos um com o outro, mas o estresse do trabalho e da vida torna impossível a perfeição. Pergunte a qualquer casal que está junto há vinte ou trinta anos se em algum momento consideraram desistir. Aposto que a vasta maioria dirá que sim.

O mais interessante desta história é que Sheena e Matt tinham acabado de se juntar à empresa, em 2015. Quatro anos mais tarde, juntos, estavam ganhando mais de US$1,5 milhão por ano. Todos veem o sucesso deles, poucos testemunharam o que passaram para chegar lá.

Em vez de julgar um empresário pelo produto final, olhe para o produto em desenvolvimento. Aceite a realidade de toda a adversidade envolvida e seja honesto consigo mesmo sobre o quão difícil será o caminho. Se isso soa assustador, missão cumprida! Estou aqui para ser franco. E, mais uma vez, talvez perceba que o empreendedorismo não é para você, enquanto outros sentirão mais do que nunca que esse é o caminho a seguir.

Encontre Seu "Oceano Azul"

Não entrarei nos aspectos práticos necessários para iniciar um tipo de negócio específico. Há muitos livros e recursos online que podem lhe ensinar a abrir uma franquia de um restaurante ou a desenvolver um aplicativo. Em vez disso, quero que pense mais amplamente sobre descobrir um jogo que possa ganhar.

A Estratégia do Oceano Azul: Como Criar Novos Mercados e Tornar a Concorrência Irrelevante, de W. Chan Kim e Renée Mauborgne, foi publicado no INSEAD em Fontainebleau, França, em 2004. Esse livro foi o recurso-chave que me levou a encontrar um jogo em que eu poderia ganhar. A premissa do livro é a de que, em vez de competir em jogos nos quais somos azarões, é melhor descobrir mercados novos e inexplorados nos quais podemos vencer e, em última análise, tornar a concorrência irrelevante.

No final da década de 1950, quando a Companhia Haloid viu que não podia competir com concorrentes maiores, mudou seu foco para uma área onde viram um oceano azul: máquinas fotocopiadoras. A empresa até mudou seu nome para Haloid Xerox em 1958. Em 16 de setembro de 1959, a Xerox 914 foi anunciada na televisão. O produto se tornou tão bem-sucedido, que em 1961, a empresa alterou novamente seu nome, agora para Xerox Corporation.

As empresas precisam de uma proposta de venda única. Parte de encontrar um mercado no qual você pode ganhar é saber quem você é. Considere a paisagem competitiva: quem acredita poder se sair bem nesse lugar, tendo em conta quem seus concorrentes são? Tem os recursos necessários para competir? Precisa adquirir recursos específicos antes de poder competir?

No passado, eu competia contra empresas apoiadas pelo governo e estava sempre em desvantagem. Para ganhar esse jogo, era preciso estar lá dentro do governo, tendo acesso a informações privilegiadas. E, como aprendi da forma mais difícil, se você não está lá dentro, está fora. Como essas empresas tinham influência e outros recursos que me faltavam, por mais que eu trabalhasse arduamente, ainda perdia.

Já estudou sua concorrência? Seu concorrente tem alguma vantagem adicional impossível de superar, não importa o que você faça? Se assim for, você está no nicho errado. Não se queixe de que esse é um jogo viciado. Em vez disso, descubra um jogo em que você tenha uma vantagem diferencial.

Em *A estratégia do Oceano Azul*, os autores advertem contra a tentativa de vencer os pontos fortes dos concorrentes, insistem em que essa é uma posição perdedora e oferecem uma tonelada de provas para apoiar o que dizem. Eles acreditam em focar o marketing do oceano azul, indo para áreas que são relativamente frescas e abertas a um crescimento superior.

Voltemos ao ano de 2007. Barack Obama, um senador recém-eleito, estava utilizando as redes sociais para construir sua plataforma e tornar-se o candidato presidencial da vez. Enquanto isso, em 17 de dezembro de 2007, Ron Paul, aos 72 anos, angariou US$6,2 milhões (55 mil donativos, mais de 24 mil novos doadores) online em um só dia. A velha classe dirigente ignorou o fato. Como poderiam entender se não utilizavam as redes sociais?

Eu tinha 29 anos e não tinha um porta-cartão da Ivy League, muito menos um diploma universitário. Era um imigrante do Irã, um forasteiro em um setor em que o agente de seguros médio era um homem branco de 57 anos.

Se seu primeiro instinto é pensar que eu estava em desvantagem, você pode ter tendência a ver mais ameaças do que oportunidades. Talvez você esteja usando as lacunas em sua educação formal como desculpa para não avançar.

Quero que perceba como examinar seu conjunto de competências únicas e a paisagem competitiva irá levá-lo aos oceanos azuis.

Pense no que um homem branco de 57 anos dos EUA não tem. Para começar, poucos falam espanhol. Em segundo lugar, a maioria não está à vontade o suficiente com os meios de comunicação social para usá-los como instrumento de marketing. E por último, mas não menos importante, os *baby boomers* têm, muitas vezes, dificuldade de compreender como os *millennials* veem o mundo atual, o que torna difícil para eles se relacionar.

Em 2007, o corretor de seguros típico era, de fato, um homem branco entrando na terceira idade. Mas em 2007, os Estados Unidos já não se pareciam com a série *Os Pioneiros*. Os Estados Unidos eram Los Angeles, Chicago, Miami e Nova Iorque. Eram diversificados. Vi isso como uma oportunidade. Os *baby boomers* já não eram a maior geração de todos os tempos. Tinham sido substituídos pelos *millennials*, que levavam um computador (ou *smartphone*) com eles para todos os lados.

A abordagem de marketing do setor financeiro — como a dos políticos da velha guarda — estava ultrapassada. O setor ainda não tinha abraçado as redes sociais. Ao mesmo tempo, as políticas do setor foram alteradas. As pessoas faziam *cold-calls* para os *baby-boomers* para lhes vender serviços financeiros. Em 2003, a legislação norte-americana que criou o *National Do Not Call Registry* (Cadastro Nacional Não Perturbe) fez da *cold-call* um crime. Como resultado, a velha guarda não tinha como alcançar novos clientes.

Ao mesmo tempo, havia técnicos que acreditavam que o seguro de vida poderia ser vendido online. Mais uma vez, parecia que eu estava em desvantagem. Mal conseguia pronunciar "algoritmo", quanto mais construir uma plataforma para vender seguros por meio da internet. E mais uma vez, vi uma vantagem. Eu sabia que, ao contrário do seguro de automóvel, as pessoas não compram seguros de vida. Esse seguro deve ser vendido, e ser vendido presencialmente. Para virar as coisas ainda mais a nosso favor, o Google descobriu o quão valiosas eram as referências para seguro, por isso "seguro" era a palavra-chave mais cara (US$54,91) — bem mais cara do que as três seguintes: hipoteca (US$47,12), advogado (US$47,07) e empréstimo (US$44,28).

A mão de obra tinha mudado. Agora eram as mulheres que frequentemente tomavam as decisões financeiras de suas famílias. Em 2007, a população latina nos EUA ultrapassou 45 milhões, e era esperado um crescimento para mais de 90 milhões até 2025. Enquanto isso, a concorrência não estava tentando contratar nem mulheres e nem latinos.

Outra tendência era a de que as empresas de serviços financeiros tentassem fornecer tudo para todos. Houve um movimento de criação de um balcão único para vender de tudo, desde seguros de vida a fundos mútuos e empréstimos, e a lista continua. Como resultado, os trabalhadores tiveram de passar por mais testes e ser treinados por muito mais tempo até conseguirem ganhar dinheiro. A minha reação foi encontrar o oceano azul. Em vez de me expandir, reduzi. Assim, em vez de terem de arranjar quatro ou cinco licenças de investimento diferentes, os novos corretores tiveram de obter apenas uma. Ao fazê-lo, racionalizei o processo de formação e eliminei o escrutínio desnecessário por parte da SEC (Comissão de Valores Mobiliários e Câmbios dos EUA) e outros reguladores.

Em 2008, Barack Obama, um afro-americano, utilizando as redes sociais como componente-chave da sua estratégia de campanha, foi eleito presidente. Ele venceu os candidatos do *establishment* Hillary Clinton (nas primárias) e John McCain (nas eleições gerais). Enquanto isso, o negócio continuava o mesmo para a velha guarda do setor de seguros. Como resultado, encontrei meu oceano azul, o que me deu a confiança de que a estratégia de focar as mulheres e minorias, aliada a uma forte presença nas redes sociais, poderia nos dar uma vantagem.

Seguindo o exemplo que acabei de partilhar, quero que se concentre na utilização de seu talento único para encontrar seu nicho no negócio que ambiciona.

Quando você compete com pessoas cujos conhecimentos e capacidades são inferiores aos seus, é provável que ganhe. Nenhum negócio está livre de riscos, mas você pode diminuí-los escolhendo um jogo em que as probabilidades estão a seu favor. É ótimo ter audácia e crer que podemos vencer quaisquer concorrentes no nosso setor, mas é uma tolice crer que podemos ganhar o jogo de outra pessoa.

JOGADA 1

Domine o Autoconhecimento

QUEM VOCÊ QUER SER?

1. Seja por meio da solidão, ao falar com um mentor, ou usando as perguntas que discutimos no Capítulo 1, reserve um tempo para deixar claro quem você quer ser. Tocar em sua dor lhe ajudará. Crie uma imagem que esteja constantemente na sua frente para lembrá-lo de sua verdade futura.

ESTUDE O PRODUTO MAIS IMPORTANTE: VOCÊ

2. Não espere por uma crise para procurar pistas sobre a pessoa mais importante (você). Reserve agora o tempo para inspecionar a si próprio. Fique à vontade para fazer perguntas difíceis a si mesmo e entender claramente o que o motiva. A Auditoria de Identidade Pessoal é o local perfeito para começar.

SEU CAMINHO PARA CRIAR RIQUEZA: INTRAEMPREENDEDOR OU EMPREENDEDOR?

3. Encontre o caminho que lhe permita utilizar seus talentos únicos com as maiores probabilidades de um maior retorno possível, e que também o incendeie. Se quer ser um empresário ou intraempreendedor ou ocupar outra posição, seja estratégico sobre a forma como construirá sua riqueza. Identifique a vantagem competitiva que o diferenciará e lhe permitirá encontrar seu oceano azul.

JOGADA 2

DOMINE A CAPACIDADE DE RACIOCINAR

4

O Poder Incrível do Processamento de Questões

"Você tem controle sobre a sua mente — não sobre eventos externos. Perceba isto e encontrará força."
—*Meditações*, imperador romano Marco Aurélio

Todos os dias, o dia todo, somos confrontados com problemas. Seu melhor cliente ameaça se afastar se você não baixar seu preço. Sua melhor funcionária diz que vai embora se não lhe der *equity*. Uma pandemia faz com que o mercado caia 40% em um único mês. Um concorrente maior está a intimidá-lo e tentado acabar com seu negócio. Seu filho arruma uma briga na escola. Os problemas nunca acabam.

As pessoas sempre falam sobre as chaves do sucesso. Essa pode ser a pergunta mais comum que os *podcasters* amadores fazem, provavelmente porque é segura e simples. Você ouvirá respostas que vão desde "casar com a pessoa certa" até "concentrar-se na saúde", "trabalhar arduamente", "ter fé", e uma série de outras coisas.

Haverá momentos em que você sentirá que o mundo está acabando. Um amador entra em pânico, mas um grande mestre não.

Antes de fazer alguma coisa, ele deve primeiro "processar" o que está acontecendo. Deve fazê-lo enquanto se mantém em uma quilha equilibrada. É por isso que o estoicismo é tão importante e desafiador

— e porque Marco Aurélio e Sêneca são sábios que passaram no teste do tempo. A emoção pode nos tomar por inteiro e toldar nosso julgamento. Infelizmente, aprendi várias vezes essa lição, e da maneira mais dura. É por isso que minha resposta sobre a chave do sucesso para as pessoas em todos os níveis de negócio é "**Saiba como processar questões**". A vida está sempre acontecendo; a forma como você responde é reflexo do modo como processa as questões.

A maioria dos empresários não falha por causa de um modelo de negócio imperfeito ou de um investidor que se afasta. Falham porque se recusam a abandonar suas noções preconcebidas de trabalho e vida. Recusam-se a resolver (e aprender com) todo e qualquer tipo de problemas à medida que estes surgem.

Algumas pessoas dizem que o bom senso não pode ser ensinado. Posso dizer que *pode, sim*, ser ensinado, e pode ser aprendido — porque quando você aprende a se tornar um pensador mais estratégico, tomar decisões importantes parecerá natural. Há não muito tempo, eu era um CEO de alto gabarito com um temperamento horrível. Em 2013, um ataque de pânico me levou ao hospital — e se repetiu todos os dias durante dezoito meses. A causa principal dos ataques de pânico foi a indecisão! O que me mantinha acordado durante a noite e fazia meu coração acelerar não era a carga de trabalho, com a qual eu podia lidar. O problema era que eu não conseguia parar de pensar em certas questões. Repetia mentalmente todas as decisões e conversas, várias vezes. Era algo que estava me comendo vivo, e era prejudicial tanto para meus negócios como para minha vida pessoal.

Eu não tinha paz de espírito porque estava muito preocupado com a possibilidade de tomar uma decisão errada.

Sei o que é trabalhar dezoito horas por dia e sentir como se ainda estivesse engrenando. Como a maioria, passei o início de minha carreira perseguindo a certeza e tratando cada assunto como se fosse preto ou branco, como se houvesse uma solução certa para cada problema — se eu conseguisse descobri-la. Era tão improdutivo quanto cansativo.

Se aprendi como processar questões, você também aprenderá. Mostrarei como resolver qualquer problema de forma calma e eficaz, independente do que estiver em jogo. A construção de um negócio exige que se mate muitos dragões. Os problemas são inevitáveis, e é melhor controlar a resolução de cada um deles. Para fazê-lo, você deve estar constantemente processando problemas.

1. O processamento é a capacidade de tomar decisões eficazes com base no acesso à informação com as maiores probabilidades a seu favor.
2. O processamento consiste em submeter qualquer escolha difícil, problema ou oportunidade com que se depare a uma análise mental rigorosa.
3. O processamento está em executar estratégias, analisar as consequências ocultas e sequenciar uma série de movimentos para resolver permanentemente os problemas.

A Característica Mais Importante Para um Processamento Eficaz: Assumir a Responsabilidade

Os grandes processadores usam a palavra "Eu" e veem seu papel em qualquer problema ocorrido. Fazem perguntas como "Como é que *eu* contribuí para isto? O que foi que *eu* fiz para cocriar esta situação? Como *eu* poderei melhorar de forma a estar mais bem equipado para lidar com algo assim no futuro?"

Processadores fracos se fazem de vítima e jogam a culpa nos outros e nos acontecimentos externos, em vez de perceberem como contribuíram para o problema. Você sabe que está de frente para um mau processador quando não o ouve dizer "eu". Ele diz coisas como "Todos os *millennials* são preguiçosos. Esses garotos não têm ética de trabalho. São eles que estão prejudicando meu negócio".

Processadores especializados substituem a palavra "eles" (ou "você" ou "isto") pela palavra "eu".

Ao lidar com o mesmo assunto, o processador especializado dirá: "Estou fazendo um trabalho ruim ao gerir *millennials*. Preciso enxergar quais são meus pontos cegos. Preciso aprender a compreender melhor os *millennials* para saber o que os motiva. Ou preciso contratar pessoas de outra faixa etária. Aconteça o que acontecer, é a mim que cabe resolver este problema."

O que diferencia as pessoas medíocres das excepcionais é o quão profundamente elas processam. A maioria das pessoas é processadora superficial, mas o melhor dos melhores vai muito mais fundo. Pensamento em longo prazo *versus* pensamento em curto prazo é a diferença entre um grande mestre e um amador. Os processadores superficiais estão à procura de uma solução rápida. Pensam apenas um passo adiante, e seu objetivo é fazer com que a questão desapareça por ora. Processadores profundos olham por baixo da superfície, procurando as causas. Estão pensando vários passos adiante e planejando uma sequência de movimentos para garantir que a questão não volte a acontecer.

É importante que se veja como a maioria das pessoas processa os problemas. Culpa e fuga são as respostas mais comuns, e podem ser as suas reações iniciais também. Compreendo. Somos todos humanos. Consulte esta lista para ver qual escolha está fazendo.

Três Abordagens Para Lidar Com Um Problema

1. Encontre alguém a quem **culpar**. É muito mais fácil externalizar o problema do que lidar com ele. Se não conseguir identificar uma pessoa, envie um e-mail a todos seus contatos mandando-os para o inferno, e junte uma fila de *emojis* do dedo médio.
2. Encontre um espaço seguro para onde **fugir**. Encontre uma distração. Verifique o Instagram. Ligue as notícias, assista o canal de esportes ou de entretenimento. Finja que consegue fazer múltiplas tarefas simultâneas limpando a caixa de entrada do seu e-mail. Melhor ainda, encerre o dia e vá para casa, para sua cama quentinha.
3. Encontre uma maneira de **processar assumindo a responsabilidade**. Respire profundamente e lembre-se de que esses são os momentos que separam os vencedores dos vencidos.

Os Grandes se Apropriam do Próprio Papel

"A culpa é minha."

Essa é uma frase simples que todos os notáveis usam constantemente. Vencedores também usam frases como "Este erro foi meu" e "Não temos ninguém para culpar a não ser nós próprios".

O que as vítimas fazem? Culpam o software. Culpam o mercado. Culpam seus colegas de equipe. Culpam seus clientes. Culpam seus gerentes. Apontam o dedo para todos, menos para si mesmos. E o resultado é que continuam cometendo os mesmos erros. Continuam perdendo.

Aposto que você conhece pessoas assim. São aquelas que dizem sempre que a culpa é dos outros. Têm sempre uma história para contar que mostra o quanto são vítimas, e seu discurso é um mar infinito de reclamações. Culpar os outros os distrai de perceber a si mesmos como o fator comum em todas suas interações. O autor e coach de relacionamento Mark Manson disse: "Sempre digo aos homens, se cada garota com quem você sai é instável e louca, isso é um reflexo do *seu* nível de maturidade emocional. Um reflexo da *sua* confiança — ou falta dela. Um reflexo da *sua* carência."

Compare vítimas com vencedores. Estes são fáceis de identificar. Eles são os que se apropriam dos problemas.

As crianças dirão: "Quebrou." Os adultos maduros e responsáveis dirão: "Eu quebrei."

Joe Rogan é um exemplo perfeito de um líder que se responsabiliza por suas ações. Rogan fez sucesso na comédia stand-up, na atuação, nas artes marciais comentando o UFC e em seu próprio podcast. Na minha visão, a chave para seu sucesso é sua capacidade de processar questões e assumir responsabilidade. Ele não esconde suas opiniões e seus pensamentos. Ele simplesmente fala mostrando como sua mente funciona e, ao fazê-lo, deixa entrever o modo como processa as questões.

Em um de seus podcasts, ele desabafava sobre um cara com quem tinha feito uma parceria para vender café e que usou sua plataforma de um jeito que não lhe parecia certo. Dava para ouvir a frustração em sua voz. Antes de culpar o outro, Rogan assumiu a responsabilidade. Em vez de dizer que tinha sido injustiçado, ele se apropriou de seu papel no que aconteceu. Suas palavras exatas foram: "Eu comprei o café, caramba! Temos um problema cuja criação permitimos."

Ele tinha todo o direito de estar com raiva. A maioria das pessoas teria se concentrado no que a outra pessoa fez. Em vez de dizer que o café tinha sido vendido (e que ele era, portanto, uma vítima da qual tinham se aproveitado), Rogan se apropriou do fato de tê-lo comprado (e cocriado o problema por ser cúmplice). Quando você processa os problemas e assume a responsabilidade, deixa de culpar os outros. Claro, Rogan começou a parecer irritado, mas ao processar o assunto, disse: "Me sinto mal porque gosto do cara... Nem acho que seja intencional." Em outras palavras, não demorou muito para ele perceber que a raiz de sua frustração estava em suas próprias ações.

Um profissional que há décadas vem processando questões compreende que ninguém lhe faz nada sem que o permita. Em vez de ficarem ressentidos, os realizadores usam a adversidade como alavanca para melhorar. Neste caso, Rogan usou sua frustração como combustível para evitar cometer o mesmo erro novamente. Enquanto a maioria das pessoas estaria detonando o outro nas mídias sociais ou ameaçando-o com uma ação judicial, Rogan estava se educando. Ele disse: "Li mais sobre café nas últimas três semanas do que sempre quis ler ou pensei que alguma vez teria que ler."

Passos Para Processar Quando se Aborrecer com Alguém

1. Assuma a responsabilidade pelo seu papel no que aconteceu.
2. Diga especificamente o que você fez para criar o problema.
3. Canalize sua frustração para melhorar e prevenir futuros problemas.

Esse é o processamento vencedor em ação. Essa é uma abordagem eficaz, feita por alguém que criou o hábito de enfrentar os problemas e usá-los para a aprendizagem e o crescimento. Não é algo inato, mas também não é algo que se possa aprender de um dia para o outro. No entanto, é algo que definitivamente pode ser aprendido.

Também pode ser ensinado. Se você administra pessoas, precisa ir além do processar questões para si mesmo. Você precisa transferir essa habilidade para seus gerentes e funcionários. A melhor forma é pelo exemplo. Quando você se torna um processador de nível profundo, dá o exemplo de como resolver problemas. Isso é essencial para escalar seus negócios.

Enfatizo que o processamento de questões é a habilidade mais importante a dominar porque é algo que você terá de fazer várias vezes ao dia, pelo resto da vida. Para começar, transformar-se em alguém que assume as responsabilidades, em vez de culpar os outros, muda tudo.

Você passará de vítima das circunstâncias para alguém que cria sua própria realidade.

Como Lidar Com Uma Crise

Considero essencial assumir a própria responsabilidade e ser dono de seu papel em tudo que lhe acontece. Agir como vítima é o oposto de ser um grande mestre. Ao mesmo tempo, vamos reconhecer que há coisas que escapam ao nosso controle. Como aprendemos com a pandemia que surgiu no início de 2020, você lidará com forças externas que não têm nada a ver com suas escolhas.

A culpa de muitas coisas que acontecem não é sua.

Há eventos negativos que estão além de seu controle.

Dez Tipos de Crises

1. Saúde
2. Tecnologia/Cyber
3. Organizacional
4. Violência
5. Vingança de um ex-funcionário
6. Difamação de caráter
7. Financeira (pessoal ou uma correção de mercado)
8. Cisne negro
9. Pessoal
10. Natural

As crises têm diferentes tempos de vida. Algumas duram uma hora, outras podem duram um trimestre ou até um ano. O mercado de ações não aguenta incertezas, e as empresas também não as suportam. O que é desconhecido gera medo. Quando uma crise acontece, a responsabilidade de um líder aumenta dez vezes. Durante o aumento da incerteza, muitos líderes cometem o erro de permanecer quietos. Na ausência de um plano, sentem que dizer nada é melhor do que dizer algo errado.

Ficar em silêncio durante uma crise é um exemplo de uma escolha fácil, em detrimento de uma escolha eficaz. Na verdade, a importância da comunicação frequente e de qualidade se amplia durante uma crise. Quando todos estão em pânico, cabe a você, o líder, ser a calma na tempestade. Determinação, resiliência e tranquilidade no processamento são ainda mais críticos neste momento.

A forma como você reage encurta ou prolonga a crise. Vamos colocar cada crise em uma escala de 1 a 10

O que prolonga ou diminui o tempo de vida de uma crise:

1. Suas estratégias.
2. Seu nível de equilíbrio.
3. Seu exagero em relação à crise: transformar um 3 em um 9.
4. Sua desvalorização da crise: transformar um 9 em um 3.
5. Sua capacidade de ver cinco jogadas adiante.

Não há motivo para se culpar por um acidente ou uma pandemia.

Você não criou a crise. É a sua *reação* à crise que determinará a vida ou morte de seu negócio

Abrace a Matemática e Use o Retorno do Tempo de Investimento (ITR)

Se acha que exagerei um pouco ao enfatizar a necessidade de assumir responsabilidade, me declaro culpado. Muito do processamento é uma questão de perspectiva. Em vez de culpar eventos externos, você tem de passar a se ver tanto como o criador quanto como o solucionador de problemas. Esta não é nem de longe um *soft skill*, mas é uma habilidade que não consigo ressaltar o suficiente. Também não posso ressaltar o suficiente que processadores especializados têm tanto as ferramentas analíticas como as emocionais. Agora vamos colocar esses músculos analíticos para trabalhar.

A maioria das questões envolve tempo e dinheiro. Tomamos decisões ruins quando não consideramos ambos os fatores em nosso processamento. Os amadores reagem primeiro e pensam depois. Decidem emocionalmente e racionalizam de forma lógica: "Ah, não vou gastar dinheiro com novas contratações agora, quando está tudo tão incerto." Ou podem dizer: "Esse novo software é legal! Temos que instalá-lo amanhã."

O que você ouve nessas declarações é emoção. Um estoico aconselharia a adotar uma abordagem mais ponderada. O software pode ser legal, mas já calculou quanto tempo levará para pagar seu investimento? Já perdeu algum tempo tentando descobrir o verdadeiro custo de uma nova contratação (salário e benefícios são apenas parte da equação), bem como o aumento de receita que se espera que essa pessoa crie?

Você não pode tomar decisões sem analisar corretamente e pensar vários passos adiante. Eu provavelmente já disse "ITR" (Retorno do Tempo de Investimento) para minha equipe um milhão de vezes. Talvez eles estejam cansados de me ouvir dizer essas palavras, mas sabem o quanto elas são valiosas. Aqui está a Fórmula ITR:

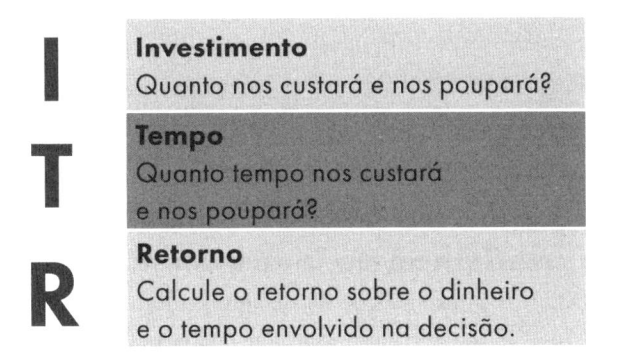

I — **Investimento**
Quanto nos custará e nos poupará?

T — **Tempo**
Quanto tempo nos custará e nos poupará?

R — **Retorno**
Calcule o retorno sobre o dinheiro e o tempo envolvido na decisão.

Antes de tomar uma decisão, comece com a "regra dos três", criando três propostas diferentes para lidar com um problema, cada uma com uma etiqueta de preço. Quando não sabem como eu trabalho, as pessoas me abordam com uma ideia dizendo: "Aqui está o quanto vai custar."

Quando eles me abordam dessa forma, peço-lhes duas outras propostas. Ter três diferentes propostas/estimativas de custo ajuda a economizar. Com três propostas, você tem opções para maximizar o valor de qualquer atitude que tomar. E não me diga que só há uma opção. Se você pensa assim, inflacionará, em vez de economizar seus dólares.

A seguir, descubra seu cronograma. Por exemplo, se você gastar US$100 mil, pode ter um projeto pronto em seis meses, mas se gastar US$200 mil, pode terminá-lo em três meses. Então pergunte a si mesmo: vale a pena gastar o dobro para fechar o projeto na metade do tempo?

Para determinar a resposta a essa questão, tudo depende de uma combinação de seu fluxo de caixa e da urgência do projeto. Se é urgente nível ataque cardíaco, é melhor gastar o dinheiro adicional. Então, se tiver de recorrer a um empréstimo para financiar o projeto, é melhor considerar o custo do capital na equação.

Depois de ter calculado o custo e o tempo, descubra o retorno. Digamos que um projeto que custa US$200 mil e levará um ano para terminar reduzirá em 8% seu risco de perder clientes. Você está atualmente registrando 30 mil pedidos por ano.

Trinta mil contratos vezes 8% equivale a 2.400 contratos.

Se cada contrato vale US$200, o retorno total é de US$480 mil.

APÓLICES	RETENÇÃO DE CLIENTES	VALOR CONTRATUAL		ECONOMIA
30.000	8%	US$200	=	US$480.000

Não é preciso ser um gênio da matemática para descobrir que esse investimento vale a pena. Mas é preciso ir um pouco mais a fundo nos números. Faça uma lista dos pontos cegos ou do que poderia dar errado com a decisão. É fácil pensar sobre o que pode dar certo, mas também é importante ver o lado negativo.

Pegue uma página do livro de Dale Carnegie *Como Evitar Preocupações e Começar a Viver* e olhe para o pior cenário possível. Nessa situação, o pior que pode acontecer é perder US$200 mil. Você pode viver com isso?

Será que isso te levará à falência? Sua decisão deve se basear no conhecimento total do seu risco, em vez de especular ou olhar apenas para o potencial positivo.

As pessoas tendem a justificar suas decisões operando com base nos cálculos mais favoráveis. Você precisa ser realista com suas suposições. Mesmo se o investimento tiver economizado apenas 4% das políticas (.04 × 30.000 × 200), você ainda está olhando para um aumento de receita de US$240 mil. Se você tiver que emprestar a 12% para financiar o projeto (aumentando suas despesas reais para US$224 mil), ainda vale a pena. Na verdade, é uma boa ideia imaginar o ponto de equilíbrio de qualquer projeto antes de se comprometer com ele.

APÓLICES	RETENÇÃO DE CLIENTES	VALOR CONTRATUAL		ECONOMIA
30.000	4%	US$200	=	US$240.000

Aqui não há matemática de alto nível. Você simplesmente precisa pensar através da fórmula de Retorno do Tempo de Investimento (ITR) e fazer projeções consistentes. Isso não significa que você precisa de um grau avançado em cálculo. Significa que não pode ter preguiça de calcular e que deve pensar em vários resultados diferentes, no que, aliás, deveria pensar sempre. O ITR é uma habilidade crítica que você usará várias vezes.

Grandes Processadores Raramente Repetem Erros

Há alguns anos, tive a oportunidade de investir em uma empresa de vestuário. Gosto de moda e fiquei impressionado tanto com o produto quanto com a personalidade do dono da empresa, Ray. Além disso, pensei ter visto uma oportunidade, já que Ray estava disposto a vender 60% de sua empresa por apenas US$100 mil.

Meu negócio estava de vento em popa na época, e eu me congratulava por ter liquidez suficiente para comprar uma grande participação societária no negócio. Se Ray era tão sincero e talentoso, por que eu deveria me preocupar em pesquisar mais?

Logo após o fechamento do negócio, minha popularidade cresceu. Meu telefone não parava de tocar. Assim que souberam que Ray tinha um investidor com recursos consideráveis, seus credores fizeram fila para obter o dinheiro deles de volta. Lutei contra eles. Fiquei teimoso. Acabei desperdiçando muitas horas — horas de meu próprio negócio — para lutar contra essas pessoas. Culpei os credores. Culpei Ray. Culpava todos que não se chamavam Patrick. E continuei cavando um buraco mais fundo do que aquele em que estava.

Há uma expressão sábia que faz todo o sentido: quando você está em um buraco, pare de cavar. O problema é que, quando a pessoa está em um buraco, ela geralmente está irritada e abalada demais para fazer algo além de lutar pela sua vida. Esses são os momentos em que é importante ter pessoas inteligentes ao seu redor, pessoas que não tenham medo de puxá-lo para fora do buraco. Felizmente, com um empurrão de meu círculo interno, finalmente me arrependi e joguei a toalha para o fundador daquela empresa, aceitando a perda e voltando ao meu negócio principal.

Fiquei mais chateado com meu *processo* de tomada de decisões do que com o dinheiro em si. Fui contra meus próprios inegociáveis — investindo em um setor do qual eu nada sabia, relevando as questões pessoais de um fundador carismático, tentando generalizar, em vez de me especializar —, e isso acabou me custando caro. Meu instinto me disse desde o início para não me envolver, mas não consegui pensar mais do que uma jogada adiante. Eu processava as questões em um nível superficial e paguei um preço por isso.

Quando finalmente assumi a responsabilidade, compreendi meu papel no fiasco. Refleti sobre todos os erros que havia cometido. Não tinha pesquisado adequadamente e nem feito uma diligência prévia. Havia investido em uma indústria fora de minha esfera de competência. Tinha sido ao mesmo tempo arrogante e ganancioso. Não tinha me lembrado de uma frase simples e sábia: se parece muito bom para ser verdade, provavelmente é.

Uma vez que assumi meus erros, fiquei com um armário cheio de roupas para me lembrar de um fracasso de US$100 mil, o que nem incluía o tempo desperdiçado. Se você vai perder, não perca a lição. Mais uma vez, você usará as experiências para se tornar alguém amargurado ou melhor. Para melhorar, você deve refletir sobre seus erros. Eu estava me lembrando de como Magnus Carlsen, após uma perda, analisaria cada uma de suas decisões para ver exatamente onde e como as coisas haviam dado errado. *Todo mestre, tanto no xadrez como nos negócios, aprende mais pelo estudo dos movimentos que levaram à derrota do que o daqueles que levaram à vitória.*

Os Oito Traços de um Grande Processador

Os processadores especializados que conheço têm diferentes personalidades e estratégias empresariais, mas compartilham as seguintes oito características:

1. Fazem muitas perguntas. Ter mais dados permite fazer melhores suposições. Qual foi a causa? Como podemos resolver? Como podemos evitar que aconteça novamente?
2. Não se importam se estão certos ou errados. Estão interessados somente na verdade. Os grandes processadores querem lidar com a situação e seguir em frente. Se outra pessoa tem uma ideia melhor, ótimo. O ego não se torna um obstáculo para tomar a decisão correta.
3. Não arranjam desculpas. Desperdiçar tempo e esforço pensando por que algo deu errado não faz o estilo deles.
4. Gostam de ser desafiados. A prioridade deles é lidar com uma situação rápida e eficazmente, e se outras pessoas tiverem uma solução — mesmo que diferente daquela deles próprios —, eles querem ouvir. Apreciam pessoas que os fazem pensar em alternativas ou que defendem suas próprias posições.
5. São curiosos. Não se pode resolver problemas sem conhecimento. Os processadores estão sempre aprendendo mais sobre seus negócios e sobre como estes funcionam. Adoram tanto os detalhes críticos quanto as grandes ideias.
6. Agem mais prevenindo problemas do que os resolvendo. As pessoas realmente boas em questões de processamento também são ótimas em detectar sinais de alerta.
7. São grandes negociadores. Solucionadores de problemas são curiosos e usam a lógica para descobrir vantagens para todas as partes envolvidas.

8. Estão mais interessados em resolver permanentemente um problema do que em colocar um band-aid nele.

Processadores Especialistas Procuram Confrontar Questões (Para Eles, É Como um Jogo)

Não é uma coincidência que grandes processadores que apresentam essas qualidades se tornem líderes. À medida que constroem um histórico de processamento de questões lógico-eficiente e que atendem às necessidades alheias, ganham a confiança de todos com que trabalham.

Os processadores especializados não temem problemas. Eles os acolhem e os tratam como se fossem um jogo. Se seu maior produtor de vendas ameaça sair, você começa assumindo a responsabilidade. Isto o leva a se apropriar do fato de que seu plano de compensação é péssimo e você não tem estratégia de retenção.

Além disso, seu treinamento de vendas não é o melhor, e você precisa encontrar maneiras de aprimorá-lo. Em vez de entrar em pânico, você abraça a situação. Você diz a si mesmo: "Não só conseguimos descobrir como retê-lo, também desenvolveremos uma estratégia para construir a equipe de vendas mais leal em todo o setor." Isso não significa que você deva ficar remoendo essa fraqueza. Em vez disso, é preciso processar e planejar seus próximos movimentos.

Sua mentalidade é tudo. Quando você começa a ver uma crise como uma oportunidade, já está ganhando o jogo.

危機

A palavra chinesa para crise apresenta um ideograma igual ao da palavra oportunidade.

機會

Fui mentor de alguns grandes jovens empreendedores durante minha carreira e tive o privilégio de vê-los se tornarem fenomenais em questões de processamento. Percebi como esse conjunto de habilidades os elevava acima de seus pares, e é por isso que o processamento está no topo de minha lista — tanto para os aspirantes a empreendedores como para meus próprios filhos.

Uma vez por mês, reúna-se em uma sala com sua equipe de liderança — ou simplesmente com um grupo de três a cinco pessoas de confiança e de mente aberta — e dedique uma hora para focar o próximo grande problema a ser resolvido. O que faço nessas reuniões é levantar questões e deixar a equipe ter um debate colaborativo sobre o tema. Quanto mais intenso o debate, mais nos aproximamos da melhor decisão. Ouça, em vez de discutir. Permaneça curioso.

Esta é a chave para o sucesso empresarial. Faça das melhores práticas de processamento parte da cultura de sua empresa, e essa capacidade se infiltrará na mente de sua equipe, que ficará cada vez melhor em usá-la. Isso certamente elevará seus lucros, mas também produzirá melhores líderes e seres humanos. Todos os problemas do mundo são questões para serem processadas, e embora você não tenha como resolver a fome mundial, pode resolver os problemas do mundo em que vive e trabalha.

A maioria de nós não processa os problemas naturalmente. É como o casamento. Pense nos casais que você conhece com problemas profundos, os quais não estão dispostos a abordar. Eles contornam certos assuntos — problemas no sexo, sogros, religião — até que o casamento explode. Talvez consigam ficar juntos por um tempo, geralmente por causa das crianças. Não são felizes; podem viver juntos, mas estão psicologicamente separados. E quando envelhecem, não suportam mais tudo isso e acabam se divorciando. Desperdiçaram anos sentindo raiva, e tudo porque nunca abordaram seus próprios problemas.

Quando se recusa a processar questões, você vive uma mentira e paga as consequências. Não perca seu tempo, seja ele pessoal ou profissional.

Se puder aprender como enfrentar a realidade e tomar decisões tendo como base sua própria bússola, você pode ter sucesso nos negócios. A propaganda exagerada que se lê na internet talvez o faça crer que alguns nascem com o "bicho", um apetite natural pelo risco, que leva diretamente ao sucesso. A verdade é muito mais básica. Durante uma vida inteira, sucesso nos negócios (seja como empresário, como intraempreendedor ou em qualquer escolha de carreira) requer uma mentalidade única, uma abordagem agressiva e inabalável para resolver problemas. A melhor estratégia é aprimorar sua capacidade para processar questões.

5

Como Resolver X: Metodologia para o Processo Decisório Eficaz

"Dentro de quarenta horas estarei em combate, com poucas informações, e terei que tomar as decisões mais cruciais sob o impulso do momento. Mas acredito que o espírito de cada um se amplia com a responsabilidade e que, com a ajuda de Deus, tomarei as decisões certas. Parece que toda minha vida serviu para chegar a este momento. Quando este trabalho estiver concluído, presumo que serei direcionado para o próximo passo na escada do destino. Se eu cumprir plenamente meu dever, o resto cuidará de si mesmo."

—General George S. Patton

As questões de processamento são um tópico tão importante, que desejo me expandir sobre o capítulo anterior e lhes dar uma metodologia específica para o processamento e a tomada de decisões.

Na minha opinião, uma das chaves para o sucesso é ter um sistema. Aqueles que têm um sistema para tomar melhores decisões ganham. Algumas decisões são rápidas, outras levam tempo. Você precisa de uma metodologia específica para lidar com qualquer problema, da mesma forma que, uma vez iniciada a partida, um mestre de xadrez sabe como jogar qualquer abertura ou defesa.

Eu precisava desenvolver um sistema de confiança para me ajudar a classificar exatamente o que precisava resolver e para me ajudar a ver todas minhas opções. Precisava desenvolver uma forma organizada de pensar que me permitisse fazer escolhas com as maiores probabilidades de sucesso, tanto em curto como em longo prazo. O sistema que acabei desenvolvendo nem sempre me deu a escolha perfeita, mas como eu era minucioso na forma de abordar e dissecar questões, isso me fez sentir realizado. O que finalmente me deu paz de espírito e pôs fim aos ataques de pânico foi ter uma metodologia. Pela primeira vez na vida, eu poderia realmente organizar minhas questões e seguir em frente, sem que o medo ou o arrependimento fluísse pelas minhas veias.

Para resolver os problemas de modo eficaz, é preciso ter a capacidade de pegar um obstáculo complexo e decompô-lo, em um passo a passo que ajude a atingir a raiz da questão. O que funciona na álgebra funciona também nos negócios. É por isso que muitos me ouvem repetir a expressão "Resolver o X".

Pense em X como a variável desconhecida. Em matemática, basta descobrir qual é o X para resolver o problema. Nos negócios e na vida, se você identificar X, também resolverá o problema.

Embora X seja desconhecido, não é incognoscível. Seu trabalho é descobrir exatamente o que você está resolvendo.

Encare a vida como uma grande lista de problemas matemáticos a resolver. Muitas das decisões que você toma em sua vida hoje são baseadas em uma lista de fórmulas reunidas em sua mente. O modo de cozinhar espaguete é uma fórmula. A forma de chegar ao trabalho o mais rápido possível é uma fórmula. Como aumentar sua renda é uma fórmula.

Se você não estiver satisfeito e feliz com os resultados atuais em diferentes áreas de sua vida, é mais provável que isso se deva à sua necessidade de fazer ajustes em algumas das fórmulas que tem usado. Sua maneira de pensar o levou até onde você está hoje. Para que as coisas mudem, sua maneira de pensar precisa mudar, e isso pode ser, de longe, o mais difícil a se fazer. Não é fácil admitir que muitas das decisões que temos tomado basearam-se em uma fórmula ruim.

Você precisa estar preparado para X — todas as incógnitas que surgirão durante a gestão de um negócio.

Chegar à Fonte Resolvendo X

Um colega chamado Charlie me disse recentemente: "Sabe de uma coisa? Simplesmente não sei mais se amo *isto*."

"*Isto* o quê?", eu perguntei.

Ele parecia confuso.

"Você disse que não sabe mais se ama *isto*. O que é *isto*?"

Charlie disse que se referia ao seu negócio de serviços financeiros.

"Bem, para mim não é bem assim, apesar de estarmos na mesma área. Pense um pouco. Se você está no ramo imobiliário, automaticamente adora tijolos? Se está em vendas farmacêuticas, adora pílulas? Redefina o que *isto* significa para você. Para mim, são as pessoas. Eu amo as pessoas, tenho curiosidade sobre elas. Todos os dias no trabalho, estou estudando pessoas, aprendendo suas tendências e fazendo movimentos para trazer à tona o melhor nelas."

"Nunca pensei nisso dessa forma."

Nossa conversa o motivou a pensar diferente. Ele processou o que *isto* era — o X que precisava resolver — e tentou chegar à raiz de sua frustração.

Resolver o X significa isolar seu problema. Não é suficiente dizer que o problema é seu chefe. Você precisa se aprofundar para determinar se o problema é uma falta de autonomia, uma remuneração baseada no mérito ou um desafio intelectual. Você não pode solucionar o problema culpando "seu chefe", a menos que seja uma questão específica e isolada.

Charlie teve de esclarecer para si mesmo qual era a verdadeira fonte de sua insatisfação. Se estava se sentindo esgotado, talvez precisasse de uma pausa para recarga. No caso, ele estava se sentindo esgotado por ter engordado. Ele percebeu que precisava começar a se levantar mais cedo e voltar à sua rotina de exercícios. Esse foi o primeiro passo.

Depois, teve de processar mais profundamente. Sua autoestima estava baixa, pois as vendas estavam em queda. Consequentemente, cada rejeição doía ainda mais. Ele estava em uma espiral descendente, com o *momentum* trabalhando contra ele. Depois de refletir mais, percebeu que não odiava vender serviços financeiros. O que odiava era se sentir exausto o tempo todo e ter um desempenho baixo na venda desses serviços. Ele prosperava com as conquistas e com o sentido de realização.

Processar profundamente significa ir além da superfície. É claro que haverá dias em que sua motivação vacila. É normal se sentir exausto às vezes. É seu trabalho sondar profundamente e isolar o *X* que está causando sua dor.

Charlie decidiu dar um passo adiante. Lembrou-se do motivo pelo qual havia escolhido se tornar um empresário. Pensou em como seu ex-chefe o havia feito se sentir quando deu para o filho subqualificado um posto sênior, em vez de dá-lo a quem trabalhou incansavelmente para ele por anos. Pensou no quanto tinha odiado aquele trabalho e visualizava todas as coisas que o tinham levado para essa vida louca.

Ao resolver o *X*, ele foi capaz de tomar decisões sobre seu trabalho que melhoraram tanto sua perspectiva quanto seu rendimento.

Como Resolver o X

Quando não temos uma metodologia, estamos propensos a andar em círculos, paralisados pelo medo. Já com alguma metodologia, temos uma abordagem para processamento de questões organizada. Uma metodologia permitirá que você processe qualquer questão de forma organizada.

COMO RESOLVER O X: METODOLOGIA PARA O PROCESSO DECISÓRIO EFICAZ 75

Planilha de Resolução do X

Questão:

INVESTIGAR	RESOLVER	IMPLEMENTAR
URGÊNCIA 0–10	QUEM É NECESSÁRIO?	O APOIO DE QUEM É NECESSÁRIO?
IMPACTO TOTAL GANHO POTENCIAL: PERDA POTENCIAL:	LISTA DE SOLUÇÕES	RESPONSABILIDADES ATRIBUÍDAS
CAUSA REAL DOS(S) PROBLEMA(S)	CONSEQUÊNCIAS NEGATIVAS POTENCIAIS	NOVOS PROTOCOLOS

Como Processar Quando Seu Negócio Está em Jogo

A questão mais crucial que enfrentei surgiu justamente quando pensei ter realizado meu sonho. Eu tinha apenas 30 anos e finalmente dera o salto para iniciar minha própria agência. Cinco semanas depois que fundei minha empresa, a companhia Aegon, um gigante da indústria de 400 bilhões de dólares, entrou com uma ação judicial contra mim. Tinha um objetivo simples: me tirar do negócio antes mesmo de eu começar.

Os líderes e advogados da Aegon não se importaram com o quão arduamente eu trabalhara economizando o suficiente para lançar meu negócio. Não se importaram que eu tivesse acabado de me casar. Certamente não se importaram que eu tivesse convencido 66 agentes leais a desistirem de suas carreiras em empresas consolidadas e se juntarem a este sonhador louco em uma missão. Para a Aegon, me processar era apenas um negócio (e anos depois, quando o CEO que me processara integrou meu conselho consultivo, também era apenas um negócio). Eu não levei o processo pelo lado pessoal, apesar de toda minha poupança estar em jogo.

Aquele processo foi o maior teste que eu já havia enfrentado. Em vez de fazer o que a maioria dos empreendedores faz quando as coisas dão errado — culpar alguém, reclamar, enfurecer-se e se contorcer em dúvida —, decidi que não lutaria mais contra o que não podia controlar.

Eu precisava entender claramente o que podia e o que não podia controlar. Assim, fiz duas listas:

O que Posso Controlar

- O planejamento de meus próximos movimentos.
- Meu esforço diário.
- Os advogados e outros recursos que escolho.
- Manter nossa força de vendas e nossos líderes focados em matar o próximo leão.

O que Não Posso Controlar

- Por que a Aegon optou por me processar.
- Se a ação judicial nos levaria à falência.
- Se outras seguradoras abandonariam nosso contrato.

Em vez de entrar em pânico ou reagir mal, elaborei uma estratégia para resistir à intempérie e alcançar minhas metas de longo prazo. Escolhi fazer um acordo; assinei um cheque polpudo e segui em frente. Ainda que golpeado por esses gastos, como eu havia pensado nos meus próximos cinco movimentos, continuamos no negócio. O importante não era me vingar da Aegon ou ganhar uma ação judicial; tomei uma decisão que nos liberou para nos concentrarmos no crescimento de nossa equipe de vendas licenciada e na manutenção do nosso *momentum*.

Uma coisa engraçada aconteceu depois que assinei aquele cheque: finalmente consegui dormir novamente. Alcançar a paz de espírito depois de uma perda tão grande não é comum, mas como eu havia processado o assunto minuciosamente e pensado em meus próximos lances, consegui deixar aquele tormento para trás, confiante de que analisei completamente a situação e tomei a decisão correta.

No passado, provavelmente teria permitido que o ego, a emoção e o medo me dominassem e teria lutado contra a ação judicial, mesmo que isso significasse perder a empresa e a falência de minha família. Teria me sentido bem... Por cerca de três minutos. Em vez disso, processei o assunto usando o passo a passo do meu método — como você pode ver no gráfico a seguir.

PLANILHA DE RESOLUÇÃO DO X

Questão: Processo pendente da Aegon

INVESTIGAR	RESOLVER	IMPLEMENTAR
URGÊNCIA 0–10	**QUEM É NECESSÁRIO?**	**O APOIO DE QUEM É NECESSÁRIO?**
10	- Advogado - Banqueiros - Equipe de gestão de crise	- Líder de vendas - Uma seguradora disposta a ser paciente
IMPACTO TOTAL GANHO POTENCIAL: PERDA POTENCIAL: Todas as economias	**LISTA DE SOLUÇÕES** 1. Fazer um acordo 2. Contraprocessar 3. Ganhar a causa	**RESPONSABILIDADES ATRIBUÍDAS** Advogado para resolver o caso o quanto antes
CAUSA REAL DOS(S) PROBLEMA(S) Por quê? Aegon está eliminando um concorrente Por quê? Por quê?	**CONSEQUÊNCIAS NEGATIVAS POTENCIAIS** - Seguradoras terminam contratos conosco - Empresa vai à falência	**NOVOS PROTOCOLOS** - Contratar Compliance Officer para evitar ações judiciais - Contratar 2 novos escritórios de advocacia 1. especialistas em seguros 2. especialistas em leis de organização de vendas

Identificando a Verdadeira Questão e o Porquê Mais Profundo

Os melhores empresários veem além dos sintomas e chegam ao âmago do problema. Para fazer isso, aprimoraremos uma parte crítica dessa metodologia — identificando o verdadeiro problema e o porquê mais profundo —, de modo a que você fique cada vez melhor na arte de resolver o X.

O X nem sempre é óbvio. Na verdade, a verdadeira questão pode estar escondida por trás de muita emoção e opiniões tendenciosas. É por isso que você tem de atravessar a bagunça em sua mente e ir direto ao ponto. O que é real e o que não é? Você está se concentrando em algo por conta da opinião dos outros ou devido a uma falsa suposição sua? Está fazendo tempestade em copo d'água por que seu ego está ferido? Está separando a emoção da lógica?

Uma vez eliminadas as questões "não problemáticas", concentre-se nas causas. Você está procurando identificar "plataformas urgentes" e "portões dourados".

Plataformas urgentes: Problemas graves com os quais você tem que lidar imediatamente.

Portões dourados: Oportunidades brilhantes que você precisa aproveitar rapidamente.

Depois de identificar os verdadeiros problemas, comece a perguntar "Por quê?" Continue a fazê-lo até chegar ao ponto em que não possa mais perguntar "Por quê?" — ou quando for forçado a repetir uma explicação que já tenha dado. *Esse* é seu motivo mais profundo e a verdadeira causa de seu problema. Por exemplo:

- Perdemos nosso principal cliente. Por quê?
- Um produto concorrente custa menos. Por quê?
- Porque o produto tem menos recursos. Por quê?
- Porque a maioria dos clientes não precisa de todos os recursos do nosso produto.
- Ahá!

Agora você identificou uma das principais razões pelas quais não bateu suas metas: porque seu produto não atende às necessidades de seu cliente. Resolver o problema, então, torna-se relativamente fácil: você precisa oferecer uma versão mais barata do produto e com menos recursos.

Use essa abordagem interativa e questionadora para qualquer questão. Digamos que seu principal vendedor deixou a empresa. Quando você pergunta por que, descobre que ele saiu porque seu plano de compensação foi projetado para vendedores medíocres, e não para estrelas; e foi projetado assim porque seu diretor de vendas e seu CFO não se comunicaram adequadamente. A primeira solução é revisitar seu plano de compensação dentro dos próximos dez dias. A segunda é fazer com que o diretor de vendas e o CFO chequem um ao outro trimestralmente, para garantir que cada um esteja ciente daquilo de que o outro necessita.

Se o transporte de seu produto novo atrasa, a maioria das pessoas procura alguém a quem culpar. Lembre-se, porém, de que grandes processadores procuram causas — porque as causas levam a soluções. Ao perguntar o motivo, você descobre que o atraso aconteceu porque sua melhor engenheira desistiu quando o gerente dela lhe negou o home office de uma vez na semana — sem uma boa razão. A solução: implementar um acordo de trabalho mais flexível que levará a uma melhor retenção de funcionários.

Cinco Perguntas Para Identificar a Verdadeira Questão

1. Sei qual é a verdadeira questão ou estou olhando para um sintoma?
2. A equipe tem informação a respeito do problema real?
3. A questão é real ou é uma suposição ou opinião de outra pessoa?
4. Existe uma questão tangível ou é simplesmente um caso de ego ferido?
5. Estou pensando emocionalmente ou logicamente?

Seja Profissional no Jogo de Ataque e Defesa

Como empreendedor, você sente que tem de enfrentar milhões de diferentes tipos de decisões, certo? Na verdade, apenas dois tipos de eventos exigirão que você tome decisões:

1. **Ataque.** A oportunidade de ganhar dinheiro ou alavancar seu negócio ou carreira. Essas escolhas muitas vezes giram em torno de crescimento, expansão, marketing e vendas.
2. **Defesa.** A oportunidade de resolver um problema, de parar de perder dinheiro ou de parar de andar para trás de alguma forma. Essas escolhas frequentemente envolvem questões legais como *compliance*, a proteção contra concorrentes ou correções de mercado.

Uma vez que o problema ou oportunidade enfrentado é categorizado como ataque ou defesa, ele se torna imediatamente menos intimidador. Você o rotulou como ataque ou defesa e, quer seja um ou outro, já lidou com ambos os tipos no passado. A tomada de decisão então passa de algo assustador e não familiar para algo manejável.

Jogar no ataque envolve a busca de oportunidades para ganhar dinheiro ou avançar no crescimento, expansão, marketing e vendas. Jogar na defesa envolve resolver um problema, evitar a perda de dinheiro e andar para trás. Questões tais como *compliance* e cobertura legal e financeira caem na categoria de defesa.

Fazer Cálculos É Mais Arte do que Ciência

Trouxe Alice Terlecky para ser nossa chefe de operações. Anteriormente ela estava na Pacific Life, uma grande companhia de seguros, na qual teve muito sucesso. Depois que se tornou nossa COO, notei que estava demorando um tempo incomum para processar as solicitações de apólices.

Eu estava frustrado e queria saber o que estava acontecendo. Sentei-me com Alice e lhe pedi que me explicasse detalhadamente o que acontecia quando uma solicitação era feita. Fiz muitas perguntas para me ajudar a determinar o fluxo: qual foi cada passo, quais foram as ações envolvidas e quanto tempo cada uma delas levou. Foi o mesmo tipo de análise que um consultor de fabricação conduziria em uma linha de montagem para identificar obstáculos.

Em seguida, fiz outra pergunta a Alice: qual dessas etapas exigia um método prático, e qual poderia ser executada automaticamente por meio de uma tecnologia que poderíamos comprar ou criar?

Conversamos sobre quais funções precisavam ser desempenhadas por humanos e quais poderiam ser executadas por computadores. Descobrimos que, se nossas seguradoras pudessem fazer determinado passo via software (apenas um pequeno número o fazia no momento), o tempo de processamento da solicitação seria reduzido significativamente. Alice acabou me ajudando a entender por que o processo havia desacelerado. Ela havia implementado um novo sistema para melhorar a qualidade de nossas apólices de seguro, o que reduziu muito nossos passivos. Por mais que estivesse satisfeito com a melhoria da qualidade, eu ainda queria acelerar o tempo de processamento.

Pedi a Alice para marcar uma reunião com todas as seguradoras que não estavam usando o software e tentar vendê-lo. Em seguida, falei sobre isso durante a reunião do conselho seguinte e perguntei quanto custaria cortar um período adicional de nosso processo interno. Determinamos que, no melhor dos cenários, para fazê-lo, precisaríamos empregar quatro pessoas de TI a US$150 mil por ano durante doze meses. Quando abordamos outras despesas, vimos que esse projeto custaria facilmente US$1 milhão.

Um milhão de dólares é um número de arregalar os olhos, mas não significa nada sem uma análise maior. É por isso que nos demoramos um pouco quebrando os números:

- Poderíamos economizar cinco minutos de tempo de processamento por apólice.
- Cinco minutos vezes 30 mil apólices por ano é 150 mil minutos (2.500 horas).
- 2.500 horas vezes US$20 por hora (nossa economia de custos de mão de obra) é US$50 mil.

O Retorno do Tempo de Investimento (ITR) é uma ferramenta que se torna mais valiosa a cada uso. Estou lhe dando este cenário para que, mais uma vez, você possa trabalhar seus músculos analíticos. Cada problema que você enfrenta terá seu próprio conjunto de desafios. Resolvê-los não é apenas uma questão de "fazer as contas", é refletir sobre uma questão de forma a saber que números conectar. O ITR é útil apenas quando as suposições corretas são feitas.

Neste caso, poderíamos ver que levaria vinte anos para obter um retorno sobre nosso investimento. Se parássemos por aí (como faria qualquer pensador amador), a matemática nos diria que não valeria a pena.

Investimento: US$1 milhão
Tempo: 18 meses para completar
Retorno: US$50 mil por ano (com base nas vendas atuais)

Isso foi em 2017. Naquele momento, eu havia projetado nosso crescimento para a próxima década.

Tomar decisões importantes e certas é mais arte do que ciência. Sim, ter uma metodologia ajuda. Você precisa ser metódico, precisa entender os números. Também tem de aprender como *analisar* os números. Resolver a questão de como processar as apólices mais rápido exigiu muitos mais do que apenas determinar o custo economizado com a mão de obra. Em alguns casos, resolver essa questão pode nos levar à vitória. Em outros, aumentar a produtividade pode melhorar a satisfação tanto de nossos clientes como dos agentes. Mas o fator que realmente faltou nesta análise foi a nossa taxa de crescimento.

Quando extrapolei nossa taxa de crescimento, os números eram estes:

Ano 1: 30 mil apólices; US$50 mil em economia
Ano 2: 60 mil apólices; US$100 mil em economia
Ano 3: 120 mil apólices; US$200 mil em economia
Ano 4: 180 mil apólices; US$300 mil em economia
Ano 5: 240 mil apólices; US$400 mil em economia

Quando consideramos nossa taxa de crescimento, verificamos que, em vez de levar vinte anos para pagar o investimento milionário, levaríamos menos de cinco anos. O que parecia ser um projeto inviável rapidamente se tornou um projeto promissor.

Também aprendi o seguinte: *os projetos de TI quase sempre levam mais tempo e custam mais do que se espera*. É melhor pecar por excesso de conservadorismo ao conjecturar sobre tempo e custo. Ao final, o custo do projeto foi maior do que o dobro do inicial. A razão, no entanto, foi mais positiva do que negativa. Em cada etapa do processo, continuamos a procurar mais a fundo outros processos que poderiam ser acelerados. A cada nova descoberta, o custo do projeto aumentava. A boa notícia era que nossa velocidade de processamento tinha mais do que triplicado, e a economia em longo prazo excedeu e muito o custo final.

Com o benefício dessa visão *a posteriori*, investir em nosso fluxo de processo parecia ser a escolha óbvia. Mas volte e pense sobre os potenciais pontos cegos. Eu poderia ter acabado de aceitar que Alice, dado sua vasta experiência, estava avançando as solicitações o mais rapidamente possível. Poderia ter presumido que, para que ela fosse minuciosa o bastante, levaria mais tempo. Poderia ter concluído que o retorno não valia o custo de acelerar o processo.

Está vendo o que é preciso para ser alguém que toma grandes decisões? Tomar decisões é tanto arte quanto ciência. A metodologia lhe dá estrutura. A fórmula ITR é específica e pode ajudar. Suas projeções lhe dão os números para se conectar à fórmula. Manter a curiosidade significa tentar sempre melhorar e ajustar suas projeções. Sua mente lhe dá a capacidade de juntar tudo isso e tomar a decisão correta. Todas essas habilidades, e mais, foram necessárias para que eu passasse em meu maior teste e sobrevivesse ao que poderia ter sido uma ação judicial paralisante.

■ ■ ■ ■ ■

A raiz da palavra "decisão" em latim significa "cortar". Quando você toma uma decisão, está impedido de tomar algum outro curso de ação. Isso pode parecer limitador, mas não é; é libertador. Além disso, a alternativa é a indecisão e a estagnação.

É da natureza humana ter pontos cegos. Preguiça, medo e avareza nos levam a aceitar as informações que nos são dadas e não investigar mais a fundo. Por consequência, muitas vezes perdemos uma peça crítica do quebra-cabeça e fazemos escolhas erradas — ou não tomamos as melhores decisões.

A utilização dessa metodologia junto com o ITR leva tempo, e também exige prática. Não espere se tornar um processador mestre e ser capaz de resolver X instantaneamente. E escute: se quer estar sempre certo ou tem medo de estar sempre errado, você terá problemas com o processamento. O certo ou errado absoluto age como barricada no processamento. Não há problema em cometer erros. É a vontade de examinar seus erros que o prevenirá de cometê-los novamente.

Seja paciente. Se continuar trabalhando para se tornar um processador melhor, o resultado será mais do que valioso — fará uma enorme diferença em seus negócios e em sua vida.

JOGADA 2

Domine a capacidade de raciocínio

O INCRÍVEL PODER DO PROCESSAMENTO DE QUESTÕES

1. Seguindo em frente, assuma 100% de responsabilidade por tudo que não funciona. Veja seu papel como o daquele que criou o problema e tem o poder de resolvê-lo. Aplique a fórmula Retorno do Tempo de Investimento (ITR) para tomar decisões melhores e fazer render seus recursos. Reflita sobre quaisquer possíveis erros ou fraquezas e faça seu próximo movimento de acordo com eles.

COMO RESOLVER X: UMA METODOLOGIA PARA O PROCESSO DECISÓRIO EFICAZ

2. Compartilhe a metodologia Resolver X com sua liderança e a utilize para processar três problemas que você enfrenta no momento. A planilha Resolva X pode ser encontrada no Apêndice B. Certifique-se de identificar as verdadeiras causas dos problemas e as razões pelas quais aconteceram.

JOGADA 3
■ ■ ■ ■ ■

DOMINE A CONSTRUÇÃO DA EQUIPE CERTA

6

Mito do Empreendedor Solo: Como Construir Sua Equipe

"Não importa quão brilhante seja sua mente ou estratégia, se estiver jogando sozinho, você sempre perderá para um time."
—Reid Hoffman, cofundador do LinkedIn

Não importa qual seja sua linha de trabalho, ser bem-sucedido significa trabalhar bem com os outros, sejam eles clientes, funcionários, investidores, parceiros ou fornecedores externos.

Quando você pensa cinco lances adiante, evita que seu ego lhe diga que pode fazer tudo sozinho. Se no passado você conquistou muitas coisas sozinho, não presuma que no futuro será capaz de conquistar ainda mais sem ninguém. Aos 27 anos, eu era um vendedor brilhante e um gerente de vendas medíocre. Tive de aprender, da maneira mais difícil, como administrar as pessoas. Com o tempo, melhorei. Aos 30 anos, tinha me tornado um gerente de vendas estabelecido, mas ainda era um fundador razoável. Mesmo após cinco anos administrando a empresa, ainda me via como um CEO mediano. Então percebi que pensar grande sozinho não seria suficiente. Eu precisava da equipe certa para que o crescimento de meu negócio se tornasse realidade.

Meu objetivo é poupá-lo de boa parte do sofrimento que vivi mostrando como construir sua equipe. Trabalhar com os outros de forma eficaz fará a diferença entre aproveitar o processo e procurar desesperadamente um emprego diurno enquanto se esconde debaixo da mesa. Neste capítulo, lhe darei um conjunto de ferramentas para cada um dos seguintes pontos:

1. Como escolher seus parceiros comerciais e *consigliere*.
2. Como melhorar a retenção de funcionários (criar "algemas de ouro").
3. Como fazer com que seu pessoal tenha capacidade máxima de desempenho.
4. Como contratar e demitir membros da equipe sem criar inimigos.

Que Programa de Benefícios Você Oferece?

Para que o empreendedor solo ou o empreendedor de meio período dê o próximo passo, é melhor ter uma boa resposta a esta pergunta:

> **QUAL É A VANTAGEM DE TRABALHAR COM VOCÊ?**

Esta pergunta é igualmente relevante se você já é um CEO.

Antes da sua empresa crescer, você não recruta pessoas para ela, mas para si mesmo. No início, como as pessoas estão comprando você — que provavelmente não tem os recursos para oferecer um amplo programa de previdência privada, como o 401(k) dos EUA —, é melhor oferecer um programa de benefícios atraente. Mais tarde, você recrutará pessoas para seu negócio. Mesmo assim, deve continuar aprimorando o programa de benefícios, ou então as estrelas de sua equipe partirão para uma empresa com um programa melhor.

Faça a si mesmo esta pergunta: se as pessoas se aproximarem de você, elas vencerão? Elas se sairão melhor na vida? Você tem um currículo — uma lista de histórias de sucesso de pessoas cuja vida foi enriquecida por estarem ao seu redor? Em outras palavras, pense em que programa de benefícios oferece aos futuros funcionários. Se vai atrair pessoas de qualidade, elas precisam acreditar que você tem algo a lhes oferecer.

Em vez de ser egoísta e procurar o que poderia tirar dos outros, aprendi a me concentrar no que poderia lhes dar — e, no processo, melhorei meu próprio valor. Essa mudança de paradigma — aquela decisão — mudou minha vida para melhor. Parei de perguntar como outras pessoas poderiam melhorar minha vida e, em vez disso, passei a perguntar: como tornar a vida dos outros melhor só com os benefícios que ofereço?

Você saberá que está tendo sucesso na vida quando outros ganharem simplesmente por se associaram a você. Seja pelo exemplo que dá, pelos seus contatos, seus treinamentos, seus conhecimentos ou seu amor exigente. Reflita sobre estas três perguntas:

1. Que benefícios você oferece atualmente aos outros?
2. De que forma as pessoas melhoram ao se associarem a você?
3. Quantas vidas você mudou positivamente no último ano?

Quando tiver um histórico de pessoas que você tenha enriquecido, pode começar a atrair pessoas para sua equipe. Pense em de quem você precisa para ajudá-lo, não apenas para se sair bem hoje, mas também para alcançar seus objetivos mais profundos, aqueles de longo prazo. Cuide dessas pessoas, e elas o apoiarão.

Este conselho não serve apenas para os aspirantes a CEOs; é igualmente relevante para executivos consolidados na carreira.

Alguns CEOs cometem o erro de pensar que o recrutamento termina quando a pessoa ingressa na empresa. A realidade é que, quando se recruta um talento de primeira linha, é preciso recrutá-lo várias vezes.

É ingênuo pensar que os membros de sua equipe não estão constantemente recebendo ofertas de diferentes empresas. Há uma razão pela qual há tantos *headhunters* por aí. O trabalho deles é recrutar seus melhores funcionários e enviá-los para outras empresas, que precisam exatamente de funcionários como os seus. Os *headhunters* são bem pagos para roubar seus melhores funcionários; então é melhor ter certeza de que sabe mantê-los, pois os *headhunters* estão atrás deles. Dependendo do tamanho do negócio, um *headhunter* ganha entre US$30 mil e US$60 mil para selecionar um CFO. A taxa para encontrar um CEO começa em cerca de US$80 mil e pode chegar a US$500 mil.

As pessoas que você recruta também estão de olho em você. Elas estão constantemente reavaliando o programa de benefícios, e se ele não acompanhar suas expectativas, elas começarão a olhar para os lados. Seus melhores funcionários, especialmente, estão de olho para ver se você está em constante desenvolvimento, encontrando formas de conduzir a empresa ao próximo nível. Eles querem ver se você está trazendo outros talentos de ponta para continuar elevando o valor da empresa. Mostrar que está fazendo tudo isso faz parte de recrutar constantemente o seu melhor pessoal. É algo que não pode parar nunca.

Perguntas que as Pessoas Farão (e que Você Deve Responder) Quando Estão Decidindo Trabalhar Para Você

1. O que diferencia sua empresa de sua concorrência?
2. O que separa sua liderança das outras?
3. Você tem um código de honra? Vive de acordo com ele?
4. Que programa de benefícios elas terão ao se associar a você?
5. As pessoas o veem constantemente crescendo? Elas podem ver que você está evoluindo?

Todos Precisam de um *Consigliere*: Encontrando Conselheiros de Confiança

Mesmo os maiores empreendedores não agem sozinhos. Por muitas razões, eles precisam de ajuda. Eles só têm algumas horas disponíveis por dia, seu conhecimento é limitado a certas áreas, e precisam de outras perspectivas para ajudar a moldar as suas.

Em uma família mafiosa, há uma posição projetada para especificamente o aconselhamento sábio: o *consigliere*. O mesmo se aplica ao mundo dos negócios. Warren Buffett pode virar manchete, mas Charlie Munger é indispensável para seu sucesso. Steve Jobs teve Steve Wozniak. Bill Gates teve Paul Allen. Mark Zuckerberg teve Sean Parker para desafiá-lo a expandir sua visão, e depois, Sheryl Sandberg, para executar essa visão.

Patty McCord passou quatorze anos na Netflix e é a autora de *Powerful: Como Construir uma Cultura Corporativa de Liberdade e Responsabilidade*. Sua *expertise* era gestão de recursos humanos; seu cargo na Netflix era o de diretora de Talentos. Na minha opinião, seu maior valor era desafiar o CEO Reed Hastings. Quando a entrevistei, ela contou uma história sobre quando Hastings tinha de fazer um discurso importante no dia seguinte. Patty McCord notou um olhar encabulado no rosto de Hastings, que martelava o teclado do computador.

Ela suspeitava que Hastings estava fazendo o que lhe tornou um indivíduo bem-sucedido, em vez daquilo que precisava fazer como líder. Aproximou-se de seu rosto e disse: "Você está corrigindo erros. Pare de ser um engenheiro nerd e seja um líder." Tenha em mente que Hastings tinha autoridade para demiti-la. Ele não só a manteve por catorze anos, como eles também costumavam trabalhar em conjunto. Por quê? Porque ela não temia desafiá-lo nem apontar seus pontos cegos.

Líderes inseguros se rodeiam de bajuladores. Líderes eficazes se rodeiam de pessoas que os desafiam. Também encontram e contratam pessoas muito mais inteligentes do que eles — especialmente nas áreas em que são fracos.

Em meus vídeos, você me ouve constantemente falar de Mario. Ele é uma das pessoas das quais mais dependo. Quando comecei a fazer vídeos, tive dificuldade na frente da câmera. Mario tinha essa incrível forma de extrair o meu melhor desempenho sem me deixar inibido. Mesmo que tecnicamente trabalhe para mim, ele não hesitaria em me puxar para o padrão mais alto que tínhamos estabelecido para o conteúdo e a marca.

Seu futuro *consigliere* é provavelmente alguém que você já conhece. O mais importante é ter valores semelhantes, mas temperamentos diferentes. Se você é impaciente e cabeça quente, precisa de alguém calmo e ponderado. Se é introvertido, encontre um extrovertido. Se sua inclinação é ser julgador e implacável, encontre alguém empático e acolhedor. Independentemente do temperamento, é importante que ele ou ela seja calmo(a) e tenha controle de suas emoções.

Tanto nos negócios quanto na vida, sou muito seletivo em relação a quem permito em meu círculo interno. Uma das razões pelas quais me casei com minha esposa, Jennifer Bet-David, é o fato de ela ser a única pessoa capaz de acalmar meus nervos. Para cada diferente faceta da vida, cultivei um pequeno grupo a quem posso pedir aconselhamento sobre diferentes tópicos.

Coloco tanta importância no equilíbrio, que quando estou no meio de uma grande decisão, muitas vezes convido duas personalidades diferentes para me ajudar a processar uma questão. É mais eficaz quando as duas pessoas estão em polos opostos. Depois de lhes apresentar a questão, simplesmente me sento e assisto à discussão. Ocasionalmente, lanço uma pergunta para atear fogo. Quero ter certeza de ouvir os argumentos mais convincentes para todos os lados da questão. O choque entre duas opiniões me leva para mais perto da verdade.

Tenho um amigo criador de conteúdo escrito. Ele é impaciente, e sua principal crença é a de que a perfeição é a inimiga da realização. Seu parceiro é paciente ao extremo e acredita que a urgência é a inimiga do profissionalismo. A abordagem *yin-yang* dessa dupla cria o perfeito equilíbrio. Mario e eu temos uma dinâmica semelhante. Não precisamos *fingir* ser um bom policial/mau policial. Como temos valores semelhantes, mas temperamentos diferentes, ele naturalmente me equilibra e evita que eu seja o meu pior inimigo. Ele lhe diria que eu também o salvei em várias ocasiões, e rimos sobre essas histórias enquanto trabalhamos e viajamos juntos. Por mais que goste de números, ter alguém com quem posso refletir e recordar tem um valor maior do que eu poderia quantificar.

Um Conselheiro de Confiança

1. É hábil em questões de processamento, capaz de pensar muitas jogadas adiante.
2. Tem valores similares aos seus, mas um temperamento diferente (é forte no que você é fraco).
3. Mantém a calma quando sob pressão.
4. Não tem medo de desafiá-lo e apontar seus pontos cegos.
5. É leal, sem uma agenda própria.

Deixe Donnie Brasco Fora do Seu Negócio

Um dos piores erros que os empreendedores cometem é não fazer uma diligência prévia antes de uma contratação-chave. Você contrata alguém que foi altamente recomendado. O trabalho dele é ótimo, e todos o apreciam. Você o promove até que ele esteja em uma posição de influência dentro de sua empresa. Confia totalmente nele, compartilhando informações sem reservas. É inconcebível que ele quebre sua confiança.

Até que ele a quebra.

Você pode ter visto o filme ou lido o livro sobre Donnie Brasco, o nome usado pelo agente disfarçado do FBI Joe Pistone quando se infiltrou na máfia. Ele trabalhou por seis anos disfarçado como parte da família Bonanno, ganhando a confiança das principais pessoas, incluindo o senhor do crime, Dominick Napolitano, também conhecido como Sonny Black. Devido ao trabalho de Pistone, o FBI prendeu 212 mafiosos.

Após seis anos, o FBI quis retirar Pistone, que insistiu em ficar mais tempo até se tornar um "iniciado". Então os agentes do FBI foram até Sonny Black e lhe disseram que o Donnie Brasco que ele conhecia era, na verdade, um agente do FBI. Sonny respondeu: "Não acredito em vocês."

Eventualmente, Sonny Black foi assassinado, e seu corpo foi descoberto com as mãos cortadas. Os mafiosos ficaram furiosos com Sonny por ter deixado um traidor entrar na operação. O fato de que o traidor havia apertado as mãos de todos foi o insulto maior.

Provavelmente não existe um grupo mais desconfiado que a máfia, mas seus membros confiaram em que conheciam como Donnie Brasco. Essa é a lição que você deve absorver: a diligência prévia é necessária, não importa quão confiáveis as pessoas pareçam ser. Isso é especialmente verdade se você lhes dará acesso a informações sensíveis que não quer que seus concorrentes acessem. Passe um tempo com eles. Faça-lhes perguntas. Pergunte a outros sobre eles. Observe como se comportam. Você nunca poderá ter certeza de que as pessoas são de confiança, mas pode ter uma ideia de quem são. Isso pode ser suficiente para que confie neles, pelo menos em certas circunstâncias e em certas áreas do negócio.

Perguntei a Michael McGowan — um agente infiltrado do FBI de 30 anos que trabalhou de perto com a máfia russa, com três famílias da Cosa Nostra e com o Cartel de Sinaloa (um sindicato internacional do crime) — por que a família Bonanno permitiu que Brasco se entranhasse na família. Sua resposta foi simples: ganância. A história de Donnie Brasco é perfeita para servir de alerta e lembrá-lo de investigar antes de permitir que alguém tenha acesso a informações privilegiadas sobre sua empresa.

Os empreendedores gostam de pensar que conhecem seus funcionários melhor do que seus terapeutas ou cônjuges, o que não é verdade. Você não sabe se seu braço direito tem uma compulsão secreta por jogo. Não sabe se seu CFO fica vulnerável e toma decisões ruins quando um evento traumático ocorre na vida dele. Em vez de pensar que pode enxergar o interior da alma das pessoas, comece a usar dados e uma abordagem sistemática para pesquisar suas novas contratações.

Cinco Perguntas para Responder Antes de Qualquer Grande Contratação

1. Para quantas e para que tipo de referências você telefonou? Você conversou sobre que tipo de pessoa o contratado é com outras pessoas que trabalharam com ele?
2. O contratado é alguém agradável (motivo pelo qual o contratou), mas carece de um conjunto significativo de habilidades?
3. Você verificou os antecedentes dele para determinar se há algo em seu passado que poderia ser um sinal de alerta?
4. Se havia algo incerto no currículo dele, você questionou? Por exemplo, se a pessoa esteve em licença sabática por dois anos, você investigou mais a fundo para descobrir por quê?
5. O contrato que você ofereceu inclui um período probatório de 90 a 120 dias? Esse período lhe dará tempo suficiente para avaliar o desempenho da nova contratação. Também dará ao novo contratado tempo para aprender o que precisa melhorar e se esforçar para isso.

Não consigo enfatizar o suficiente a importância de ser minucioso ao contratar. Faça uma má contratação e pagará por ela todos os dias. Em um artigo de janeiro de 2014 na *Harvard Business Review*, Patty McCord explicou o porquê:

> Se você tiver o cuidado de contratar pessoas que coloquem os interesses da empresa primeiro, que entendem e apoiam o desejo de um alto desempenho no local de trabalho, 97% de seus funcionários agirão corretamente. A maioria das empresas perde tempo e dinheiro criando e aplicando políticas de RH para lidar com problemas que os outros 3% podem causar. Em vez disso, tentamos arduamente não contratar essas pessoas, e as deixamos ir caso a contratação se revele um erro.

Dê-me um Pedaço: Concedendo *Equity* para Construir uma Equipe

Por que os Estados Unidos da América são os líderes da imigração? Por que têm mais de 44 milhões de imigrantes, muito mais do que o país logo abaixo no ranking? Os EUA não têm a maior população nem o maior território, mas têm algo que poucos países podem oferecer: a chance de obter equidade e construir riqueza. As pessoas podem vir para esse país, começar um negócio e ser dono dele; podem comprar um terreno ou um edifício e ser proprietário. Esse é o sonho norte-americano — a chance de possuir um pedaço do país.

Como resultado, os EUA atraem as pessoas que trabalham melhor e mais arduamente. Quer atrair para sua empresa aqueles que trabalham melhor e mais arduamente? Dê-lhes um pedaço dela.

No início de minha carreira, trabalhei para uma empresa na qual era um dos principais vendedores. Não estava satisfeito com a forma como a empresa era administrada, e, como mencionei anteriormente, escrevi uma carta de dezesseis páginas para a gerência.

Um de meus pedidos foi que dessem aos funcionários-chave uma possibilidade de participação no capital ou nos lucros.

Sem propriedade ou participação nos lucros, eu me via como apenas um empregado. Não me ofereceram ações; por ser o vendedor mais brilhante da empresa, eu era um adversário, e não um parceiro. Se a empresa me perdesse, sua receita seria reduzida em vários milhões de dólares. Tudo que era preciso para me manter era me dar um mínimo de incentivo, para que eu me sentisse como um proprietário.

A gerência disse que não. Além disso, estavam convencidos de que eu nunca iria embora, já que perderia minhas renovações e comissões residuais lucrativas sobre os milhares de clientes em minha carteira. Meus planos eram ajudar a empresa a crescer e se tornar a maior corretora de seguros e, um dia, tornar-me o CEO da empresa.

Eu disse: "Você acha que minhas renovações são suficientes para me fazer desistir de ir embora? Acha que eu penso tão pequeno assim? Você está fora de si."

Fui embora. Mas a necessidade de *equity* não era uma verdade só minha. É verdade para qualquer um que seja ambicioso, que sonhe grande e que tenha talento. Sempre dou este conselho àqueles que trabalham para empreendedores: vá até seu superior e pergunte o que você pode fazer para adquirir uma parte da empresa. Se lhe responderem com um simples "nada", vá embora. Se disserem "alguma coisa", fique por perto e atinja os objetivos que vocês estabeleceram juntos como condição de propriedade.

Você não conseguirá algo em troca de nada. Não diga "Sou incrivelmente talentoso e bem-sucedido, então me dê uma parte da empresa". Você tem de conquistar o que deseja, e desde que seja algo justo, é um bom negócio tanto para o empreendedor como para seus funcionários de alto desempenho. Também não é eficaz usar a possibilidade de ir embora como ameaça. O segredo é perguntar que conquistas específicas são necessárias para que você adquira patrimônio.

Se você é dono de um negócio, pode ter reservas sobre a concessão de *equity*. Você pode estar pensando: "Bem, Pat pode fazer isso porque tem uma grande empresa com faturamento alto, mas não sou tão grande, então não posso oferecer o mesmo tipo de acordo." Você está pensando apenas uma jogada adiante.

Contraste esse nível de pensamento com o de um grande mestre, que enxerga as jogadas adiante necessárias para identificar as vantagens. Olhe, não estou lhe dizendo para começar a distribuir ações em sua empresa. O que estou dizendo é que conceder algumas ações é suficiente para que as pessoas sintam que têm muito em jogo e são parceiros de longa data.

Se você tem uma mentalidade de escassez, está sempre pensando que não tem o suficiente ou que algum desastre está lhe esperando ao virar a esquina, e quando ele ocorrer, você não terá o suficiente.

Se você tem 100% de convicção sobre sua verdade futura, terá de pensar de modo diferente. Se a convicção não for suficiente, faça as contas. Digamos que sua empresa teve uma receita média de US$10 milhões nos últimos cinco anos, com uma margem de lucro de 15%. Isso soma US$1,5 milhão em lucro líquido. Você decide que quer contratar Johnny para ajudá-lo a expandir o negócio, mas ele insiste em uma participação societária ou bônus. No início, você reluta. Johnny diz que, se ajudar a expandir o negócio de US$10 milhões para US$15 milhões, quer um bônus de US$250 mil. Sua resposta inicial é que não pode arcar com um pagamento tão grande.

Você faz as contas. Sua renda líquida passará de US$1,5 milhão para US$2,25 milhões. Como negar US$250 mil a Johnny, tendo em vista o aumento do lucro obtido pela empresa? É basicamente um negócio do tipo "leve dois por um", em que você terá muita vantagem. O trabalho duro de Johnny colocará US$500 mil nos cofres da empresa (este exemplo pressupõe que sua empresa ainda não estava crescendo. Se já estava, você estruturaria o incentivo com base em sua capacidade de superar o crescimento atual. Por exemplo, se a empresa estivesse crescendo a 20% nos últimos três anos e Johnny foi capaz de aumentar isso para 50%, os 30% adicionais seriam atribuídos a ele).

A única justificativa para dizer não é o fato de você ser um pensador de curto prazo ou os obstáculos burocráticos. Se você ainda estiver protestando, pensando que todos na empresa irão querer o mesmo, seu pensamento de curto prazo o está afundando em um pesadelo lógico. Pense nisso: o que poderia ser melhor do que todos na empresa desejando gerar mais lucro para aumentar tanto a riqueza deles quanto a sua?

Você acha que Bill Gates nega toda a riqueza criada por quem trabalhou na Microsoft? Gates não deu *equity* às pessoas. Como pensava vários lances adiante, ele concedeu *equity* àqueles que a conquistaram. Eu li uma estimativa de que a Microsoft criou 3 bilionários (não esqueçamos de Steve Ballmer) e 12 mil milionários.

■ ■ ■ ■ ■

Você está começando a entender que, para construir riqueza, é preciso dar oportunidade aos outros de construí-la ao seu lado?

Algumas pessoas são motivadas por *equity*, outras, pela participação nos lucros; umas, por grandes salários, outras, por bônus, e outras, ainda, pela segurança em longo prazo. Não há duas pessoas iguais. A chave é criar o plano de compensação certo, que atrairá e reterá o tipo de talento que você procura.

Pessoalmente, sou a favor de *equity* e da participação nos lucros, em vez de bônus, uma vez que aumentam as chances de que as pessoas certas estarão com você em longo prazo (o assunto será desenvolvido na próxima seção). Além disso, assim como proprietários tratam melhor de suas casas do que os locatários, uma vez que você dá às pessoas a propriedade de uma empresa, a mentalidade delas muda. De repente, estão trabalhando por si mesmas e têm um incentivo para aumentar não apenas sua própria renda, mas também o valor da empresa.

Tudo isso pode parecer senso comum, mas nem sempre é fácil perceber que o barato sai caro. Pegue uma empresa europeia, uma das maiores fabricantes de células de bateria do continente. Ela me procurou porque estava crescendo apenas 2% ao ano. Quando me encontrei com o CEO, a primeira pergunta que fiz foi: "Quanto você paga aos seus vendedores?"

"Dois mil e quinhentos dólares mensais."

"Está bem, mas quanto mais eles podem receber?", perguntei.

"Não entendi", disse ele.

"Quanto eles recebem além do salário por desempenho?"

"Nada."

"Nada?"

Eu não podia acreditar. Quão duro você trabalharia se tudo o que pudesse esperar fossem US$2.500 a cada mês, independentemente de seu desempenho?

Ele mudou o plano de remuneração, concentrando-se na implementação de um plano de participação nos lucros. Pouco tempo depois de ter colocado esse plano em prática, a taxa de crescimento aumentou em 25%. Algumas vezes, a chave para o crescimento está na sua frente. Altere seu plano de remuneração de modo que as pessoas se sintam como se tivessem "ganhado um pedaço", e elas trabalharão mais arduamente, por mais tempo e com mais criatividade.

Não Desista no Primeiro Encontro: Como Criar Algemas de Ouro

Esta é a estratégia: conceda *equity* às suas pessoas-chave, mas não o faça imediatamente. Espere que elas a mereçam.

Você pode ser inteligente e perceptivo, mas ninguém consegue ler mentes. Os candidatos a funcionários podem parecer ótimos à primeira vista, mas você precisa conhecê-los antes de investir neles. Se você estipular um período de espera até lhes conceder equidade, eles terão tempo para convencê-lo de que nasceram para estar ali. Estou sempre comprando minha equipe. Reengajá-los continuamente em nossa missão e visão faz parte do meu trabalho. Compro-os com o dinheiro que podem ganhar, com o futuro que podem ter. Compro-os com a cultura. Acredito na empresa que criei e quero ter certeza de que eles também acreditam nela.

Quando são contratadas, muitas vezes as pessoas não se deixam mais comprar. Acham que já estão dentro e, portanto, podem apenas se concentrar em suas tarefas. Não. Preciso sentir que minha equipe quer estar lá, que está entusiasmada, que acreditam que são capazes, de uma forma única, de nos ajudar a atingir nossos objetivos. Estou prestando atenção ao que eles dizem e fazem. Se suas palavras e ações se alinharem com o que a empresa precisa, eles me convenceram.

Não faça julgamentos rápidos sobre as pessoas que contrata. Em vez disso, espere para ver. Eles podem parecer perfeitos, ter muito talento, mas podem não se encaixar bem na cultura que você está criando. Durante a entrevista de recrutamento e quando começam a trabalhar, o comportamento é o melhor possível. Não compre isso. Faça com que eles o convençam.

Conceder *equity* à sua equipe é mais arte do que ciência. Quando isso for feito corretamente, você conquistará três objetivos:

1. Transformará o pensamento dos membros de sua equipe, que passarão de uma mentalidade de funcionário para uma mentalidade de proprietário.
2. Incentivará sua equipe a trabalhar mais e de forma mais inteligente para aumentar o valor de sua empresa.
3. Aumentará a retenção de funcionários ao estruturar a remuneração de forma inteligente.

Apenas dois anos depois de fundar minha empresa, criei um plano de *equity*. Lembre-se de que a natureza dos serviços financeiros, que inclui valores residuais das renovações, gera automaticamente um alto nível de retenção. Eu não estava satisfeito em ser o melhor da turma; queria um plano de compensação que redefinisse o setor.

Abordei a questão como um compositor ou coreógrafo faria. Criar o plano de compensação certo é como criar a melodia certa. O que faz de Hans Zimmer, compositor premiado com o Oscar, um músico especial é a forma como ele pega diferentes melodias e as reúne harmoniosamente, de modo a que funcionem perfeitamente em um filme inteiro. O mesmo vale para um plano de compensação eficaz: todas as peças precisam se encaixar para criar o melhor pacote geral. Você pode achar dramático, mas algo tão importante requer esse grau de detalhe. Aqui estão as chaves para criar a estrutura mais eficaz de compensação:

1. Decida qual comportamento ou resultado final você quer reconhecer.
2. Estude a atual estrutura de compensação dentro de sua indústria. Mesmo que você vá perturbar o *status quo*, primeiro precisa saber qual é o *status quo*.
3. Encontre maneiras de criar três níveis de incentivos pelos quais lutar. Isso é muito mais eficaz do que criar um incentivo único pelo qual competir.

Criei um plano que permite aos agentes começar a ganhar *equity* dois anos após o início do contrato. O cronograma de aquisição de direitos é complexo. Quando você está pronto para fazer o mesmo em sua empresa, precisará de um CFO especialista ou um consultor externo para tratar dos detalhes.

O panorama geral é o de que sua equipe ganhará ações da empresa e adquirirá propriedade ao longo do tempo. Como resultado, eles se sentirão como proprietários, receberão como proprietários (simultaneamente enriquecendo-o) e saberão que, para maximizar seus ganhos, faz sentido ficar na sua empresa. Cunhada em 1976, a expressão *algemas de ouro* significa que, enquanto as pessoas permanecerem em sua empresa, continuarão a ganhar em ouro.

Acima de tudo, lembre-se: trate bem sua equipe, ou outra pessoa o fará.

O que Você Deve Reconhecer para Reter o Talento

- Todos querem ser compensados adequadamente por seus esforços.
- Funcionários com desempenho incrível querem participar do sucesso da empresa.
- Todos querem saber que fazem parte de uma organização que causa impacto.
- Todos querem ser reconhecidos na frente dos colegas pelo trabalho que fazem.
- Todos querem saber que há oportunidade de crescer dentro da empresa.
- Todos querem ser julgados com base em um conjunto claro de expectativas que lhes é dado, sem que as metas mudem constantemente.

Comunique Suas Expectativas Claramente, Antecipadamente e Com Frequência

Muitas vezes acreditamos, erroneamente, que o caráter das pessoas é fixo. Assim, quando vemos uma nova contratação exibir maus hábitos, pensamos que erramos ao contratá-la. Na realidade, podemos treinar essa pessoa para ter sucesso. A chave é monitorar seu desempenho e fornecer *feedback* e melhor comunicação. Deixar as pessoas saberem em que posição se encontram permite alcançar três objetivos importantes:

1. As pessoas aprendem as ações específicas que devem realizar para manter o emprego.
2. Se não realizarem essas ações específicas, deixá-las ir embora parece justo e objetivo.
3. Você pode iniciar o processo de encontrar outra pessoa para completar as tarefas dela. O melhor cenário possível é que ela melhorará e você terá cultivado talentos. Se isso não acontecer e a pessoa se for, outra pode intervir e assumir o trabalho sem problemas.

■ ■ ■ ■ ■

Estabeleça expectativas claras como esta: "Bob, você me disse que era pontual, mas nas últimas duas semanas se atrasou três vezes."

Bob responde: "Mas atrasei apenas oito minutos."

"Oito minutos são oito minutos a mais, e você nos disse que era confiável. Esperamos que as pessoas sejam pontuais. Só quero que saiba que, se isso continuar, será um problema para nós."

Quando cede em alguns padrões, você cria um ambiente em que baixos padrões são aceitos. A partir daí, é tudo ladeira abaixo.

Essa abordagem direta dá a Bob a opção de se demitir antes que você o demita — um caminho pelo qual muitos optarão. Você não alcançará a perfeição em novas contratações. Quando perceber que as pessoas não se encaixam bem, deixe bem claro quais são seus padrões e diga-lhes como estão ficando aquém das expectativas. Muitas vezes, eles o surpreenderão com seu esforço a mais.

Digamos que o comportamento de Bob continua a ser um problema. Quando chega a hora de mandá-lo embora, ele não ficará surpreso, porque você disse o que era necessário para que ele melhorasse. Você fala: "Bob, não acho que essa seja uma surpresa, porque você chegou atrasado três vezes em duas semanas, e eu lhe disse que isso era um problema. Mesmo assim, você continuou a chegar atrasado. Receio que não tenhamos outra escolha senão demiti-lo."

Direto ao ponto.

Para aqueles que dirigem um negócio de sucesso que não depende da pontualidade dos funcionários, a história é totalmente diferente. Você pode estar no campo criativo e não se incomodar que seus editores e desenvolvedores apareçam quando quiserem — desde que o trabalho seja feito. Se isso funciona no seu setor, tudo bem. Entretanto, se for necessário que seus funcionários sejam pontuais, você não pode ceder, ou o mau comportamento se propagará.

Conto esta história para enfatizar que, tanto o modo como você contrata quanto como gerencia novos funcionários reduzirá a frequência com que demite, e isso diminuirá os ressentimentos quando tiver de mandar alguém embora. Agora nos aprofundaremos em estratégias específicas de demissão eficaz.

Seja Gentil ao Demitir. Mais uma Vez: Seja Gentil ao Demitir

Uma das coisas mais difíceis para os empresários é demitir pessoas da forma certa, e fazê-lo da forma errada pode envenenar a cultura da empresa. Uma vez que você aceita alguma responsabilidade pelo fato de um funcionário não ter dado certo, abordará a desagradável tarefa de demiti-lo com uma mentalidade mais empática. Não desconte em seu funcionário. Em vez disso, aprenda a demitir bem.

Como você está prestes a descobrir, esta é uma habilidade empreendedora importante, mas muito negligenciada. Mostre-me alguém que quebra vínculos cada vez que demite, e eu lhe mostrarei alguém que, na melhor das hipóteses, carece de empatia, ou, na pior, é um sádico ou valentão. O mesmo é válido para empresários que não conseguem puxar o gatilho — que alertam constantemente seus funcionários problemáticos, mas não têm iniciativa para mandá-los embora. As atitudes e ações de um mau funcionário podem afetar outros funcionários de forma negativa.

■ ■ ■ ■ ■

Vamos traçar um paralelo entre despedir alguém e romper um relacionamento. Para evitar o incômodo de uma separação, talvez você tenha feito uso dessas frases clássicas:

"Não é você, sou eu."

"Dada a direção do nosso relacionamento, ambos sabíamos que este dia estava chegando."

"Eu sou o problema."

Você tentou ser amigável a fim de minimizar a raiva, a tristeza, a vergonha e outras emoções fortes que podem surgir em tal situação. Como um empresário que demite alguém, você pode recorrer a frases semelhantes: "Tenho certeza de que você se sairá bem em outro lugar; apenas temos diferenças filosóficas" ou "Você tem muito talento; tenho certeza de que conseguirá outro emprego em breve, e terei prazer em lhe dar uma boa referência".

Porém, confiar nas frases clássicas de separação geralmente não funciona. As pessoas não são estúpidas. Elas são humanas, e isso significa que você precisa tratá-las com respeito. Não apenas por ser o mais digno. Não é só você que lhes dará uma referência. Essas pessoas podem mencioná-lo nas mídias sociais, e você não quer ninguém ferindo sua reputação.

Não arraste a demissão, mas também não perca a linha. O tempo não cura todas as feridas e nem faz com que alguém incompetente se torne, de repente, magicamente competente. Se você alertou essa pessoa e ela não se emendou, pare de dar a ela chances repetidas de melhorar. Há mais chances de que não melhore. Faça uma reunião final e a despeça com transparência. Ao mesmo tempo, devo alertá-lo contra o emprego da tática da "terra arrasada". Se você perder as estribeiras e decidir se livrar de todos que já erraram ou que o desagradaram de alguma forma, ficará com apenas um funcionário no escritório. Lembre-se, também, de que talvez você os esteja demitindo porque nunca nem deveria tê-los contratado.

Isso me faz lembrar Houtan Sarraf, mais conhecido como Hoot. Eu amo Hoot; ele era um de meus assistentes favoritos, mas não por ser bom em seu trabalho. Na verdade, ele provavelmente era o pior na história mundial dos assistentes. Era desorganizado e falhou no cumprimento das tarefas. Mas era um cara ótimo, e eu adorava conviver com ele.

Cheguei a um ponto em que não podia mais tolerar sua ineficácia, e por isso o chamei ao meu escritório. "Hoot", eu disse, "tenho boas e más notícias. O que você quer ouvir primeiro?" Ele escolheu a má notícia. "Certo. Você é um péssimo assistente, e é por isso que estou te mandando embora."

"E a boa notícia?", perguntou.

"Confio em você. Você é um ser humano gentil, maravilhoso, que se sairá bem, mas não em uma posição de assistente." Conversamos sobre o que ele queria fazer em sua vida — quem ele realmente queria ser —, e ele confessou que sempre quis surfar as melhores ondas pelo mundo. Eu o encorajei a seguir seu sonho, e foi o que ele fez pelos dez anos seguintes. Ensinando surf nas praias que frequentava e trabalhando em restaurantes, ele financiou sua aventura, viajando à China, Nova Zelândia e Austrália, em busca de grandes ondas. Quando voltou de sua viagem, ouvi histórias intermináveis sobre suas aventuras. Eu o considero como um irmão mais novo. Também estou certo de que ele nunca mais se candidatará a um emprego de assistente.

Patty McCord resumiu perfeitamente minha filosofia: "Se quiséssemos ter apenas jogadores nível 'A' em nossa equipe, teríamos que estar dispostos a deixar aqueles cujas habilidades não se encaixam mais irem embora, por mais valiosas tenham sido suas contribuições."

Seis Técnicas para Demitir com Eficácia

Compilei esta lista a partir de muita experiência. Por favor, entenda que você pode estar sujeito a ação legal quando despedir alguém. Portanto, antes de qualquer rescisão contratual, você deve consultar o advogado da empresa ou o departamento de RH.

1. **Demita com gentiliza.** Quando chegar a hora de dizer às pessoas que o tempo delas ali acabou, é melhor fazê-lo sem dramas. Você não tem de culpar ninguém. Não tem de retaliar quando seu funcionário culpá-lo. Se você esmagar o funcionário, ninguém vai querer trabalhar para você, e se o funcionário esmagá-lo, você não lhe dará uma boa referência para que ele consiga outro emprego.

2. **Vá direto ao ponto.** Quando estiver demitindo alguém, não se alongue. Embora as pessoas, ao serem demitidas, possam ficar em choque e queiram discutir, não deixe o processo se prolongar. Não perca tempo tentando justificar suas ações ou provando que elas merecem ser demitidas. Não vale a pena, e você acabará perdendo tempo e energia emocional.

3. **Seja firme, porém gentil.** Sim, estou lembrando-lhe de ser gentil novamente porque não quero que se torne tão firme a ponto de começar a maltratar as pessoas. Ser firme significa ir ao ponto rapidamente e não vacilar. Lembre-se de que a rescisão não é um debate, mas uma decisão. Não deu certo. Ambos têm de seguir em frente. Ponto final.

4. **Reconhecer os sentimentos do outro.** Diga algo como "Entendo que esse pode ser um momento um pouco frustrante e decepcionante para você. Eu já fui mandado embora antes e sei que é perturbador. Entretanto, só quero que tenha certeza de que entendo totalmente seus sentimentos e sei o que está pensando". Ouça o que a outra pessoa diz e depois comunique que você "entende" a emoção que ele ou ela está expressando: "Sei que você está zangado..."

5. **Tenha uma boa estratégia de desligamento.** Um exemplo de má estratégia de desligamento é quando alguém da equipe demite o funcionário que você contratou pessoalmente. Esse é um método garantido para ter um ex-empregado chateado. Mas e se você contratou John e ele trabalhou para a Sue? Então você e Sue deveriam estar na sala juntos quando você dá a má notícia ao John. E faça do desligamento uma entrevista, em vez de uma demissão sumária. Não expulse a pessoa porta afora, mas o tranquilize com informação e compaixão. Se estiver demitindo um fornecedor que trabalha fora de seu escritório, a história é diferente, e você pode fazê-lo por telefone. Mas se a pessoa tiver trabalhado em seu escritório, você precisa fazer uma entrevista presencial antes que ele ou ela vá embora.

6. **Mencione os pontos fortes.** Esse ponto se relaciona com o anterior. Inclua sugestões de como ele ou ela pode alavancar seus pontos fortes para ter sucesso no próximo trabalho: "Você é realmente bom em X, o que significa que seria perfeito para fazer Y." Transforme-se em um treinador empático, que quer ajudar a pessoa a encontrar o próximo

emprego tendo em conta o que ele ou ela faz bem. Se assumir essa abordagem, até seus ex-empregados serão fãs de sua empresa.

■ ■ ■ ■ ■

Contrate devagar; demita rapidamente. Leve seu tempo para ter certeza de que contrata as pessoas certas, mas quando estiver convencido de que alguém é a pessoa errada, não deixe que o indivíduo se demore e prejudique a produtividade e a motivação.

Espero que agora você já esteja pensando no que está para além de ser um empreendedor solo.

Uma empresa de um só tem um impacto limitado. Ninguém constrói uma empresa de um bilhão de dólares por conta própria.

7

Crie uma Cultura Baseada em Princípios

"Liderança é fazer com que os outros sejam melhores com a sua presença e garantir que esse impacto dure na sua ausência."
—Sheryl Sandberg, COO do Facebook
e fundador da LeanIn.org

Não importa se você é ateu ou agnóstico, os elementos religiosos têm um lugar em seu negócio. Antes de descartar esta ideia, vamos analisá-la mais detalhadamente. Na verdade, acredito que há muito a ser aprendido com o estudo das religiões. Quais são as duas coisas que todas as religiões têm em comum? Pessoas que creem e rituais.

Que negócio pode ser bem-sucedido se as pessoas não acreditam nele? E que negócio não tem símbolos, ditos e credos particulares que fazem parte de sua cultura?

O Google é uma religião. Assim como a Apple. Assim como a Southwest Airlines e o Walmart. Seus CEOs não o reconhecem, mas cada empresa segue "mandamentos", evangeliza por meio de mídias sociais e outras mídias e acredita apaixonadamente em sua estratégia de negócios e normas culturais.

Eu acredito nas mesmas coisas, e esta crença energiza minha empresa. Ela nos ajuda a nos manter de pé quando as coisas estão difíceis, e nos encoraja quando as coisas estão indo bem. Os verdadeiros crentes são ótimos, portanto, seja qual for o empreendimento empresarial que você crie, certifique-se de que você e sua equipe estão unidos por uma crença comum.

Ter uma grande ideia de negócios e rodear-se de talentos não é o suficiente. Se você for um empresário que conhece a importância da estratégia e do talento, pode discordar. No entanto, eu lhe garanto que se sua equipe não partilha dos mesmos princípios e valores, nunca chegará perto de alcançar seu pleno potencial. Não importa se você inventou a roda ou se emprega os melhores e mais brilhantes. Sem valores compartilhados, não se pode sustentar o que se construiu.

Uma coisa é saber quem você quer ser, outra é moldar uma organização inteira em um conjunto de crenças fundamentais que permanecerão no lugar, com ou sem você. Neste capítulo, você aprenderá a dar esse passo.

Construir os Princípios

Logo que abri minha empresa, estava no Havaí com minha então namorada e agora esposa, e subimos para nosso quarto. Havaí é um lugar romântico, portanto, naturalmente, fizemos o que casais jovens costumam fazer. Você sabe o que quero dizer, certo? Enquanto colocava o sinal de NÃO PERTURBE na porta, não pude deixar de pensar naquele sucesso dos anos 1980 da banda The System, e comecei a cantar: "Pendure uma placa na porta. Diga: não perturbe esse ritmo." Tranquei a porta e imediatamente deitei mãos à obra. E com "mãos à obra" quero dizer que peguei uma caneta e um pedaço de papel e disse: "Vamos fazer uma lista de valores e princípios sob os quais queremos viver. Vejamos em quantos conseguimos pensar."

Conseguimos pensar em 43 logo de cara. Depois, reduzimos a lista a 10.

Você pode pensar que isso é algo estranho a fazer quando se está no Havaí com a namorada, mas como todos que me conhecem lhe dirão, sou obcecado por princípios. Quando decidimos ter filhos, eu e Jennifer, minha esposa, pegamos outro pedaço de papel e fizemos o mesmo exercício. O resultado é que a nossa família tem uma cultura. Lutamos por algo. Temos princípios e valores transparentes que não cansamos de enunciar.

O que Representamos como Família

- Lidere — porque será necessário em todas as situações que enfrentar.
- Respeite — porque todos têm algo a lhe ensinar.
- Melhore — porque só assim saberá que tudo dará certo.
- Ame — porque todos estão lidando com um desafio na vida.

O que Não Toleramos

- Fazer ou sofrer *bullying*.

Nossos Valores Fundamentais

- **Coragem.** Não ter medo de desafiar os outros.
- **Sabedoria.** Fazer as escolhas certas.
- **Tolerância.** Ter consciência de que estamos lidando com seres humanos, que mudam o tempo todo.
- **Compreensão.** Apreciar e respeitar o fato de que todos têm ideias e valores diferentes.

Repetimos isso várias vezes. Meus filhos estão cansados de ouvi-lo. Na nossa empresa, minha equipe está sempre rindo de mim por repetir essas crenças tantas vezes. Do meu ponto de vista, se sua equipe não está rindo de você, é porque não repetiu sua mensagem o suficiente.

Por que sou tão implacável, tanto em minha família quanto nos negócios, sobre a repetição de nossos princípios? Porque acredito no poder de lembrar e relembrar. Quero que esses valores e princípios estejam sempre frescos na mente de minha equipe e de minha família.

Tenho observado outros empresários com problemas em suas empresas: pessoas navegando em sites pornográficos em horário de trabalho, tendo atitudes pouco éticas para fechar negócios e trabalhando arduamente apenas para sobreviver, mas não o suficiente para se sobressair. Alguns deles falharam ao não esclarecer o que valorizam. E alguns podem até ter deixado claras suas crenças, mas não as repetiram o suficiente — nem as *demonstraram* o suficiente — para que criassem raízes.

Prove Seus Valores

Estava fazendo compras na Nordstrom com meu filho Dylan, que tem 6 anos. Ele pulava e subia em minhas costas, quando uma senhora o olhou e abriu um sorriso. Ela disse que agora seus filhos são mais velhos, mas que se lembra dessa fase. Eu lhe perguntei o que sempre pergunto a pais mais velhos que eu: "Quais foram suas três ações mais eficazes na criação dos filhos?"

As duas primeiras respostas dela foram as comuns: amar os filhos e dar-lhes muita atenção. A última foi sobre a credibilidade. Ela disse: "Se você ameaçar puni-los ou tirar algo deles, faça-o, do contrário, sua palavra perde valor."

Em 2010, apenas um ano após abrir minha empresa, contratei alguns agentes "desonestos". Como eu logo soube, eles estavam dispostos a pegar atalhos e se envolver em práticas antiéticas a fim de conseguir negócios. Obviamente, eu não sabia que eram desonestos quando os contratei. Na verdade, pareciam ótimas contratações, porque o desempenho deles era excelente — cada um fazendo mais de US$100 mil nos primeiros três meses conosco.

Mais tarde, comecei a ouvir falar de seus métodos questionáveis. Naquela fase do negócio, eu não poderia justificar os custos de contratar um Compliance Officer em tempo integral, mas logo percebi que, para equilibrar nosso ataque explosivo (crescimento rápido), também precisávamos jogar na defesa. A razão pela qual contratei Amour Noubarentz — que tinha sido meu gerente de sucursal em 2002 — era saber que ele partilhava meus princípios. Pedi-lhe que investigasse as alegações sobre essas novas contratações. Amour me alertou de que eu deveria deixá-lo fazer seu trabalho e talvez não gostasse do que ouviria.

Havia uma chance de que aqueles grandes vencedores pudessem ter tido comportamentos que não estavam alinhados aos princípios que eu imprimia na cultura da empresa. Prometi a Amour rédea solta.

Três meses depois, ele me apresentou provas de que nosso produtor número um tinha feito negócios de forma não apenas antiética, mas possivelmente ilegal.

"Você tem que demiti-lo", disse Amour.

Apesar de nossa conversa anterior, eu estava relutante em fazê-lo. Como muitos empreendedores, valorizo as pessoas que podem produzir, e esse agente vilão estava produzindo como louco. Quando Amour compartilhou suas evidências, que incluíam um histórico de problemas com o FBI (eu não disse que o que hoje sei sobre contratações aprendi da maneira mais difícil?), não tive escolha. Demitir pessoas é sempre difícil, e nesse caso, quando me encontrei com o agente e sua sócia/esposa, ela estava chorando e me dizendo que não sabiam como poderiam sustentar seus filhos. Acabei cuidando deles o melhor que pude, mas ainda assim tive de mandá-lo embora. Você simplesmente não pode tolerar pessoas que violam seus princípios.

Após esse incidente, comecei o clube do livro do mês de nossa empresa. Inicialmente escolhi dois livros para que os funcionários lessem: *Os Vencedores Jogam Limpo: Os Valores Morais que Aprendemos na Infância (Será Que Esquecemos?)*, de Jon Huntsman, e *O Poder da Administração Ética*, de Ken Blanchard e Norman Vincent Peale's. Queria comunicar a todos que tínhamos tolerância zero para comportamentos antiéticos.

Todos começaram a falar sobre os princípios e valores presentes nos livros. Algumas pessoas deixaram a empresa por não querer trabalhar em um lugar onde as regras não pudessem ser dobradas. Apesar de toda minha conversa sobre princípios, eu precisava provar, pelas minhas ações, que estava comprometido com eles. Demitir nosso maior produtor e jogar milhões de dólares de receita pela janela era toda a evidência de que minha equipe precisava para crer em meu posicionamento.

Como Papai e Dalio Dizem, Nunca Tema a Verdade

Por falar em livros, aquele que realmente espelhava minha filosofia sobre negócios e a vida era o *Princípios*, de Ray Dalio. (Sim, estou ciente de que é a terceira vez que o menciono. Já começou a perceber como minha natureza repetitiva enlouquece as pessoas?) Dalio, fundador da Bridgewater Associates, o maior fundo especulativo do mundo, escreveu esse livro para compartilhar os princípios orientadores que foram úteis para sua vida pessoal e profissional. Tornei a leitura obrigatória para todos em minha empresa. Eu estava tão impressionado com o livro, que entrei em contato com Dalio para convidá-lo a participar do *Valuetainment*, e tivemos uma extensa conversa sobre a cultura e abordagem de seus negócios em sua sede em Connecticut.

Como eu esperava, algumas pessoas se sentiram desconfortáveis com os conceitos do livro, especialmente o princípio de "transparência radical". Como parte desse princípio, as pessoas são obrigadas a alertar umas às outras quando acreditam que alguém está cometendo um erro ou ultrapassando um limite. Embora nossa empresa também tenha sido fundada com base nesse princípio, nem todos se sentiam à vontade com ele. Finalmente, o livro teve o efeito pretendido: criar discussões produtivas (e muitas vezes acaloradas) sobre as ideias de Dalio e nossa cultura.

Até mesmo Alice, nossa COO, me confrontou: "Isto é muito radical. Não se pode administrar o home office como se administra a força de vendas".

Quando alguém que respeito fala, eu ouço. Mas quando processamos a questão, não havia dados ou provas reais que me convencessem a não ser radicalmente transparente. Alice apoiou-se totalmente no fato de que essa transparência era algo muito diferente. Mesmo assim, compreendi sua perspectiva. Como ela estava na Pacific Life há 22 anos, tinha desenvolvido uma ideia de como um agente de seguros *deve* ser. A transparência radical era muito diferente do que ela imaginava.

Ser radicalmente transparente era algo inegociável para mim. Disse a Alice que queria ser diferente. Estou extremamente confortável sendo radicalmente transparente; não consigo suportar ser normal. Alice e Ian Benedict, nosso diretor Financeiro, reuniram-se e criaram uma estratégia com toda a equipe. Eles trouxeram à tona as preocupações da equipe e compartilharam um plano de jogo comigo. Finalmente, decidimos que precisávamos encontrar o equilíbrio entre respeito e honestidade, ao mesmo tempo em que manteríamos o compromisso de ser radicalmente transparentes.

■ ■ ■ ■ ■

Quando eu estava crescendo, não sei dizer quantas vezes meu pai disse: "Nunca tenha medo da verdade." Foi algo que ficou em mim, e eu incuti esse valor em nossa empresa. Eu havia estudado muitas outras organizações e sentia que ser direto e dolorosamente verdadeiro era importante.

Um dos estudos de caso mais famosos da Harvard Business é sobre Morgan Stanley e Rob Parson. Quando John Mack se tornou presidente da Morgan Stanley, em 1993, quis mudar a cultura da empresa e abraçar o trabalho em equipe para ampliar o alcance da empresa, fazer venda cruzada e diminuir conflitos internos. O mantra que expressou sua visão era *One-firm firm*. Empregados seriam julgados por superiores, colegas e subordinados com base em uma avaliação de desempenho de 360 graus.

Parson foi o exemplo clássico de um produtor incrível e de um colega de equipe ríspido. Ele ampliou a participação de mercado da Morgan Stanley em sua linha de negócios de 2% a 12,5% em pouco tempo e levou a empresa do 10º para o 2º lugar em seu mercado. Seus colegas o achavam arrogante e pisavam em ovos perto dele — o que era uma grande questão, dada a diretiva de Mack para mudar a cultura da empresa.

Ao ler esse estudo de caso, muitos pensaram que seria fácil demitir Parson. Se Morgan Stanley fosse fiel a sua cultura, precisava colocar aqueles que trabalhavam em equipe em primeiro lugar. Embora Parson fosse um grande produtor, seu comportamento não era consistente com a nova missão da organização.

A minha perspectiva era outra. O que vi foi um gerente com medo de se comunicar diretamente. O estudo de caso descreveu como o gerente "sugeria" coisas e esperava que Parson entendesse a dica. O que o chefe de Parson não conseguiu fazer foi declarar direta e especificamente o que ele tinha feito de errado e o que precisava mudar de forma a manter seu emprego. O problema não era a cultura da Morgan Stanley, era a falta de comunicação direta de um de seus líderes seniores.

Muitas vezes os gerentes têm medo de dizer honestamente às pessoas como se sentem. Ter medo de ferir os sentimentos de um vendedor brilhante é algo que posso entender, mas é melhor do que a alternativa. Sem *feedback* direto e transparência radical, Parson continuou sendo desagradável com seus colegas de trabalho.

Na minha visão, a justiça acabou sendo feita quando seu gerente, e não Parson, foi demitido.

Meus Princípios Empresariais

- Nunca ceder naquilo que é inegociável.
- Microgerenciar até que haja confiança.
- O que nos trouxe até aqui não nos levará ao próximo nível.
- Ninguém tem 100% de segurança no emprego, nem o fundador ou o CEO.
- Criar uma pressão positiva entre os colegas ao desafiar uns aos outros.
- Superar o seu melhor.
- Tratar o dinheiro da empresa como se fosse seu próprio dinheiro.
- Ter uma mente radicalmente aberta, mas não que seja facilmente persuadida.
- Combater qualquer tentação de diminuir as expectativas e os padrões.
- Criar um ambiente em que a equipe seja cuidada financeira e profissionalmente.

Além desses princípios, compartilho com meus funcionários coisas me desagradam: sentir-se com direito a privilégios, reclamar, ser negativo, ser pessimista, vazar segredos, não cuidar da própria saúde, fofocar e aceitar conselhos de pessoas erradas.

Estabeleça um Código da Empresa

O estabelecimento do código de uma empresa é crucial se você quiser administrar um negócio próspero. Fala-se muito sobre a construção de uma grande rede de contatos. Como resultado, podemos esquecer que nossa rede mais importante está dentro de nosso próprio negócio. As pessoas precisam de limites; precisam saber que linhas não podem ser cruzadas. Parte do código pode incluir a proibição de invadir o território de negócios de outros colegas, ou a proibição de desrespeitar seu chefe quando ele faz um pedido.

Ou, no caso de nossa empresa e da Bridgewater Associates, de Dalio, pode incluir que você alerte as pessoas — mesmo aquelas acima de você em título e senioridade — quando elas violam os princípios fundamentais da empresa.

Quando administrei meu primeiro escritório de vendas, aos 25 anos de idade, todos nós lá trabalhávamos muito, arduamente e até tarde. Você sabe o que acontece em um escritório de vendas cheio de energia e testosterona. Foi bom, mas estabelecemos um código: se você saísse com o parente de alguém, tinha de avisá-lo diretamente, ou se o fato de sair com alguém ferisse sensibilidades, você deveria conversar primeiro com o indivíduo afetado. Isso não significava abordar um colega e dizer: "Ei, vou dormir com sua irmã hoje à noite." Mas, sim, ter a cortesia de pedir permissão aos colegas para namorar alguém significativo para eles. Quando aderirmos a esse código, evitamos a criação de inimigos e o tipo de animosidade que envenenaria o ambiente de trabalho.

Sou um homem com bastante testosterona. Sou extremamente entusiasmado, por isso não posso dizer que eu era um anjo. Fui muito festeiro dos 18 aos 25 anos, mas tinha um código: minha vida privada era privada, e minhas escolhas não tiveram um impacto negativo sobre o negócio. Eu não era perfeito, mas fiz meu melhor para me ater a esse código.

Compartilho esta história de um período de minha vida em que nosso maior desafio era festejar com a equipe nos fins de semana sem perder a linha. Quinze anos depois, agora que sou o fundador e CEO de minha própria empresa, o código se tornou mais profundo e técnico. Quando as pessoas têm filhos e cônjuges que dependem de sua renda, a necessidade de integridade se torna ainda maior.

Se você vai estabelecer uma cultura, tem de deixar as pessoas saberem aquilo em que acredita. Tenha um código claro, um conjunto de princípios orientadores, e certifique-se de que todos saibam, sem qualquer ambiguidade, quais serão as consequências ao violá-lo.

Criar um Plano de Jogo de Substituição

Uma das razões pelas quais você cria uma cultura é que ela engrandece a todos e permite um crescimento mais rápido.

Quanto menos sua empresa depende de você, mais valiosa ela é. Quanto mais seu negócio depende de você, menos valioso ele é. Não há oportunidade de saída se o negócio depender de sua personalidade.

A Microsoft é uma empresa que raramente é manchete. No entanto, em setembro de 2019, era a única empresa de capital aberto com valor de mercado de mais de US$1 trilhão (em vários momentos, a Apple, a Amazon e o Google tiveram avaliações superiores a US$1 trilhão). Consegue notar uma tendência? Se você não pensou imediatamente em cultivar intraempreendedores e lhes oferecer *equity*, não está lendo com atenção. Agora, considere que 13 anos antes de a empresa atingir uma avaliação de US$1 trilhão, em 15 de junho de 2006, Bill Gates anunciou sua decisão de deixar o cargo em tempo integral, a fim de focar mais na filantropia.

Na época, a Microsoft estava negociando a US$23 por ação, colocando seu valor de mercado em US$176 bilhões. Em outras palavras, o valor da Microsoft aumentou em *mais de US$1 trilhão* desde que Gates foi embora! Ainda pensa que as organizações não podem criar uma cultura mais poderosa do que um líder visionário? Como destacado na matéria de 31 de dezembro de 2019 da *Barron's*, desde que Satya Nadella assumiu o cargo de CEO, em 4 de fevereiro de 2014, a avaliação da Microsoft aumentou em US$930 milhões. Para não ficar para trás, desde que Tim Cook substituiu Steve Jobs como CEO da Apple, em 24 de agosto de 2011, o estoque da empresa aumentou em mais de US$1 trilhão.

(Lembre-se das datas ao processar estes exemplos. Como essas empresas têm capital aberto, suas valorizações flutuam constantemente).

O planejamento de contingência soa simples, certo? Mas muitos empresários não o fazem. Eles muitas vezes estão superconfiantes, convencidos de que são insubstituíveis. Muitos são tão egocêntricos, que não conseguem nem imaginar que outra pessoa dirija a empresa. Se você tiver essa mentalidade, ela o controlará e o impedirá de expandir o negócio.

Outra armadilha é pensar que as pessoas-chave nunca irão embora. Ou acreditar que, se alguém sair, outra pessoa pode simplesmente se encaixar no papel. Nenhuma das duas crenças é verdadeira. Idealmente, seus funcionários atuais treinarão seus potenciais substitutos. Se não o fizerem, você mesmo precisará ter olho para achar possíveis substitutos nas áreas certas de competência, seja dentro ou fora da empresa.

Se tiver um plano para substituir cada membro-chave de sua equipe, poderá lidar com uma saída inesperada sem hesitar. Além disso, sabendo que seus próximos movimentos já estão planejados, você dormirá bem melhor à noite.

Seis Estratégias para Substituição e Transferência de Habilidades

1. **Liste suas tarefas e habilidades.** Faça uma lista de todas suas tarefas e habilidades e determine aquelas em que você é bom e aquelas em que não é. Concentre-se em seus pontos fortes e encontre substitutos para todas as outras tarefas.
2. **Identifique quem é sazonal e quem não é.** Não é possível presumir que todos trabalharão para você para sempre. Você precisa identificar quem está lá para desempenhar um papel de seis anos e quem tem um papel de seis meses. Se definir isso agora, não ficará surpreso quando alguém precisar ser substituído.
3. **Conheça os diferentes idiomas falados por suas vendas, suporte, equipes técnicas e executivas.** Os líderes de vendas geram receita e, com seus esforços, constroem uma empresa. Funcionários são contratados para apoiar esses esforços. Você precisa saber a diferença entre eles. Os executivos exigem uma linguagem mais forte que faça com que se sintam autônomos e respeitados.
4. **Saiba quem pode manter a cultura da empresa.** É muito importante que quem o substituir se encaixe na cultura que você estabeleceu, para que o negócio possa continuar crescendo após sua saída.
5. **Conheça as práticas e os procedimentos de sua empresa.** Você precisa pegar papel e caneta e anotar as práticas e os procedimentos de cada departamento. Os substitutos terão então, independentemente de seu nível, um manual a seguir, tornando a transferência de habilidades algo rápido e indolor.
6. **Desenvolva líderes para ajudar a difundir a mentalidade correta.** Tenha conversas individuais com cada um de seus futuros líderes para instigar neles a mentalidade da empresa agora, antes que precisem

substituir alguém. Uma mentalidade de desenvolvimento de lideranças aumentará o valor de sua empresa.

Os empreendedores precisam jogar um jogo contínuo de substituição, substituindo partes de si mesmos. No início do negócio, você fez toda a papelada; agora pode contratar alguém para assumir essa tarefa. Você tratou de todas as questões financeiras; agora pode contratar um CFO para fazê-lo. Isto lhe dará tempo para se dedicar às tarefas que interessam mais ao negócio.

O fundador da Media.net, Divyank Turakhia, com 38 anos e patrimônio líquido de US$1,76 bilhão, disse certa vez: "Continue procurando como ser bem substituído, pois seu tempo é muito valioso nesse processo. Assim que descobrir sua paixão, dedique-se a ela e terá sucesso; continue dobrando a aposta ao aprender mais."

O Atrito Faz Bem

Há um conceito errado de que nas melhores culturas empresariais todos cantam "Kumbaya" de mãos dadas, se dão bem e não discutem nunca, nem ficam chateados.

Voltando às relações pessoais: mostre-me um casamento em que o casal nunca discute, e eu lhe mostrarei um casamento que explodirá. Se você e seu cônjuge não discutirem, um de vocês provavelmente encontrou outra pessoa com quem discutir.

Precisamos de atrito em todas as áreas de nossa vida. É saudável e estimula o crescimento, a criatividade e a aprendizagem.

É por isso que crio atrito quando não há nenhum, e o encorajo a fazer o mesmo. Quando ainda trabalhava como gerente de vendas, antes de fundar minha empresa, implementei uma política de chamar a atenção das pessoas. Fiz um discurso em que dizia: "Alguns de vocês vão me dizer que estão chateados com alguém, que não gostam do que ele fez, que não gostam do que ela disse. Pare com isso! Estes são os valores e princípios que estabelecemos. Este é o nosso código. Se alguém violar estes valores e princípios, chame a atenção deles. Mas não me procure. Estou lhe dando permissão para chamar a atenção deles, mesmo que sejam mais velhos. Valores e princípios transcendem os títulos e a senioridade."

Sabe o que aconteceu depois que fiz aquele discurso? Imediatamente, o escritório começou a crescer, e o atrito entre as pessoas estimulou o crescimento. O escritório se transformou em um ambiente de pressão positiva entre colegas. Todos os funcionários se pressionavam uns aos outros para darem o melhor de si e se tornarem melhores jogadores de equipe. Todos nós responsabilizávamos uns aos outros.

Não estou dizendo que as pessoas começaram a repreender umas às outras de forma vingativa ou cruel. Não é nada disso. Era mais semelhante à forma como irmãos discutem em um tom mais alto e com palavras cortantes, mas com amor no coração. Assim como às vezes um filho ou uma filha pode alertar os pais sobre uma decisão ruim, o mesmo precisa acontecer no ambiente de uma empresa.

A palavra-chave na expressão "amor exigente" é "amor". É preciso amar demais para aguentar o desconforto de tais conversas.

■ ■ ■ ■ ■

Há dois livros que o ajudarão a encontrar tanto a coragem como a técnica para navegar esses tipos de discussão: *Os Cinco Desafios das Equipes*, de Patrick Lencioni, e *Conversas Difíceis*, de Douglas Stone, Bruce Patton e Sheila Heen. O livro de Patrick Lencioni foca como as políticas de organização podem levar ao fracasso da equipe. Já *Conversas Difíceis* é um guia para lidar com conflitos e oferece estratégias específicas de como enfrentar disputas e conversar sobre questões desafiadoras.

Se quiser ver um exemplo de amor exigente em ação, veja o vídeo do YouTube "Joe Rogan derruba Brendan Schaub". Schaub, um grande lutador da UFC que é amigo íntimo de Rogan, estava criticando seu próprio desempenho em uma luta recente. Havia algumas intervenções: dois especialistas falavam sobre os fundamentos da luta. Rogan disse: "Muitas coisas pareciam ruins na luta... Você parecia muito rígido. Você não parecia fluido... Você não parecia estar bem preparado... Seus movimentos simplesmente não se pareciam com os de um lutador de elite."

Dá para perceber que, naquele momento da conversa, nada era pessoal. Era mais uma crítica sobre a mecânica da luta, e foi por isso que Schaub pareceu surpreso com o próximo comentário de Rogan: "Preocupo-me com seu compromisso em lutar, e me preocupo com sua posição."

Schaub tentou interromper. "Sério?"

Rogan continuou dizendo que achava que Schaub estava com um pé fora dos ringues.

"Discordo", disse Schaub.

"Olhando para a realidade do seu conjunto de habilidades, para a posição em que você está agora", disse Rogan, "não te vejo vencendo os caras da elite."

Rogan perguntou ao amigo: "Se você tivesse uma partida de luta livre com Cain Velasquez, quão bem acha que se sairia?"

"Acho que as pessoas ficariam surpresas."

"Acho que você ficaria surpreso. Realmente acho. Acho que ele te destruiria… há uma ponte entre você e os melhores caras do mundo. E não sei se você pode atravessar essa ponte. Essa é a realidade da vida."

Por mais áspero que tenha sido seu *feedback*, acredito que Rogan tinha a melhor das intenções. É preciso coragem para olhar um amigo nos olhos e confrontá-lo com a fria verdade. A conversa continuou, e então Rogan disse: "Preocupo-me mais com você do que com eles… O que eu digo, digo com amor. Cem por cento. Não o faço para ferir seus sentimentos. Essa é a última coisa que desejo. Se eu não te amasse, não estaria disposto a isto. Não ia querer fazê-lo."

Tais conversas são difíceis. Ninguém nunca disse que a transparência radical é fácil. Ninguém nunca disse que ser direto é confortável. Mas qual é a alternativa quando não se quer esconder a verdade? Ver um ente querido se autodestruir sem fazer nada para impedi-lo, ou, no caso de Rogan, ver seu amigo se arriscar a sofrer ferimentos terríveis, e se sentir cada vez mais culpado com o desenrolar dos fatos?

Não posso dizer como Brendan Schaub processou essas informações. Pelo seu olhar, ele provavelmente teria preferido arrancar um dente sem anestesia a ouvir essa crítica. Mas como eu disse anteriormente, há a escolha fácil e há a escolha eficaz. Rogan escolheu a última opção. A forma como Schaub decidiu reagir estava além do controle de Rogan.

Seja na vida ou nos negócios, é preciso tanto coragem quanto habilidade para ser direto com as pessoas. Você está disposto a ser assim em sua vida? Se não estiver disposto a ser assim em suas relações pessoais, ou em seus negócios, você observará seus empregados mais brilhantes tratarem mal os próprios colegas de trabalho (pense em Rob Parson) e rezar para que captem telepaticamente a sua reprovação?

Se quer amor sem conflito, arranje um cachorro. Quero tanto esse tipo de amor que tenho dois adoráveis shih tzus: Jimbo e Kucci. Mas se quiser construir uma cultura eficaz, baseada em princípios, aprenda não apenas a abraçar o atrito, mas também a criá-lo.

Fale Pelas Costas

Seus pais provavelmente lhe disseram: "Não fale pelas costas de seus amigos. Isso não é legal." Seus pais estavam certos. Não é legal. Mas se você quer produzir resultados, essa pode ser uma tática vencedora.

Em *Como Fazer Amigos e Influenciar Pessoas*, Dale Carnegie falou sobre dar às pessoas uma reputação a ser respeitada. Outros a chamam de construção da identidade. Se você elogia constantemente uma determinada habilidade ou traço de caráter, a pessoa o manifestará com mais frequência. Ou seja, aquele atributo elogiado será repetido por aquele indivíduo e se tornará parte de seu caráter.

Digamos que tenho um funcionário chamado Garrett. Digo a outra funcionária, Lois, que Garrett é brilhante no acompanhamento de pedidos, que ele nunca deixa as coisas correrem soltas e é sempre responsável pelas próprias tarefas. Invariavelmente, Lois partilha com a alguém meu comentário sobre Garrett, e outra pessoa conta a outro funcionário, até que o comentário chegue em Garrett.

Quando Garrett ouve o que eu disse a Lois, fica entusiasmado com o reconhecimento. Gosto de pensar nisso como um atrito positivo. Você pode elogiar alguém como Garrett diretamente, o que é bom, mas quando o *feedback* positivo chega a ele por meio de outros funcionários, tem muito mais peso. Garrett sabe que os outros estão cientes das observações lisonjeiras do chefe sobre sua habilidade, e isso solidifica a conexão entre Garrett e mim, e entre ele e a empresa. Ele ficará mais confiante e motivado a seguir em frente.

Processe esta questão em relação a seus próprios funcionários. Quem tem talento, mas carece de agressividade ou confiança? Já tentou encorajar essa pessoa a ser um negociador mais forte e falhou? E se você mencionasse algo positivo sobre essa pessoa a outro empregado — o que você diria, e como o diria? Espere alguns dias e veja o que acontece. Você tem tentado descobrir como e quando motivar esse funcionário de uma forma impactante e duradoura, agora sabe exatamente o que tem de fazer.

Faça com que falar coisas positivas pelas costas dos colegas de equipe seja um hábito, não apenas um comportamento ocasional. Se você não o faz, seu local de trabalho não terá o atrito que produz a solução criativa de problemas e a pressão positiva entre colegas. Não deixe o atrito ao acaso. Crie uma cultura na qual você espalha elogios sobre as pessoas.

■ ■ ■ ■ ■

Iniciamos este capítulo comparando a cultura corporativa com a religião. Aprendemos que grandes ideias e pessoas talentosas não são suficientes, assim como, em uma família, o amor não é suficiente. Você precisa de princípios. Você deve escrevê-los, repeti-los com frequência e mostrar, pelo exemplo, como está comprometido em honrá-los.

Espero que o estudo sobre a Microsoft tenha lhe proporcionado um *trilhão* de razões para fazer da cultura uma prioridade. Essa é a chave para a expansão e a chave para que seu negócio se torne cada vez menos dependente de você. Se seu principal objetivo é ser amado por todos, você está no lugar errado. É preciso coragem para ter conversas difíceis. Se você acredita intensamente em seus princípios, encontrará a coragem necessária para ser radicalmente transparente e, como resultado, incrivelmente eficaz.

8

Confiança = Velocidade: O Poder da Credibilidade

> "Quanto mais vocês se conhecerem, melhor saberão o que cada um está pensando e mais rapidamente poderão ganhar confiança e segurança uns nos outros quando entrarem em campo."
> —Tom Brady

Estou no setor da antecipação. Não estou no ramo de seguros de vida porque as pessoas morrerão amanhã, mas porque, quando acontecer, suas famílias sofrerão devido à falta de preparação. Contratos têm tudo a ver com antecipação. Depois de ter sido enganado e prejudicado várias vezes, aprendi a importância de antecipar questões e colocar documentos e controles no lugar para me proteger contra o desconhecido.

Não sou pessimista em relação à natureza humana. Sou, no entanto, realista quanto aos detalhes de uma negociação de contrato. John McAfee, o excêntrico empreendedor de software, disse que, quando um soldado é capturado, revela quaisquer segredos que lhe foram confiados — que ele entregaria sua própria mãe sob tortura. Isso pode não ser verdade para todos, mas acredito que os empresários precisam ser cautelosos ao confiar em qualquer membro da equipe, especialmente no caso de informações que possam prejudicar ou mesmo destruir o negócio.

A confiança é multidimensional, não unidimensional.

Você pode confiar em um de seus funcionários para lidar com as vendas, mas não com os recursos humanos. Pode confiar informações sobre seus planos atuais a alguém, mas não sua estratégia futura. A confiança tem nuances. Por exemplo, confio em meus inimigos; tenho certeza de que eles contarão uma história com a intenção de tentar me tirar do negócio.

Como a confiança é tão crítica para a velocidade, também precisamos perguntar: por que a velocidade é tão importante? Parece quase óbvio demais para responder. Dizer que a velocidade é tudo parece exagero. Se você vende um produto ou um serviço, é necessário velocidade para fabricá-lo, para entregá-lo e para passar da venda para um depósito em sua conta bancária. Tempo é dinheiro. A rapidez com que você faz tudo afeta cada parte de seu negócio.

Para que um Boeing 747 a jato deixe o solo, ele precisa atingir uma velocidade de 160 nós (295 quilômetros por hora). Assim como um avião deve atingir uma certa velocidade para decolar, um empresário deve fazer o mesmo. Se um avião não cria impulso e se sustenta por um longo período, ele cai. Ele precisa de velocidade, de combustível e do piloto certo para guiá-lo até seu destino. Eis o equivalente nos negócios.

> Velocidade = impulso
> Combustível = dinheiro/capital
> Piloto = fundador, empresário, CEO

Quando entender por que a velocidade é tão crítica, verá por que a confiança é tão importante para a velocidade. Imagine se, antes de se sentar à mesa de um restaurante e fazer seu pedido, você tivesse de preencher um longo pedido de crédito. Imagine ter de tirar uma foto 3x4 e suas impressões digitais antes de comprar um refresco em uma loja de conveniência. Hoje, até a ideia de ter de entrar no posto e interagir com alguém antes de comprar combustível parece incômoda. Em suma, a razão para desenvolver a confiança é acelerar cada elemento da condução dos negócios.

Eu Te Amo, Mas, Por Favor, Assine o Acordo Pré-nupcial

Já vi muita gente se casar. No início, tudo era lindo. Você olhava para esses casais e jura que se amarão para sempre. Nunca adivinharia que um dia eles se odiariam e decidiriam se divorciar.

Nesse momento, cada pessoa entra em contato com um advogado, e o que era uma situação ruim se torna imensamente pior — pelo menos se medirmos em termos de raiva, estresse e dólares gastos. Os advogados muitas vezes colocam marido contra esposa, aumentando a tensão a fim de aumentar seus honorários; uma luta judicial amarga significa mais dinheiro para eles. No final, o casal é drenado tanto emocional quanto financeiramente.

Não tem que ser assim. Antes de se casar, você pode dizer para seu futuro cônjuge: "Eu te amo, mas não sabemos onde vamos estar daqui a cinco, dez, quinze anos. Vamos planejar o pior, mas esperemos o melhor. Vamos descobrir agora mesmo o que aconteceria no pior cenário possível — o divórcio — em termos de dinheiro, crianças, e tudo o mais." Em outras palavras, vamos planejar pelo menos cinco jogadas adiante.

Depois de alguns encontros com Jennifer, a mulher que se tornaria minha esposa (isso foi muito antes da nossa viagem ao Havaí), fomos a uma livraria na Third Street Promenade, em Santa Monica, e compramos um livro intitulado *101 Perguntas a Fazer Antes de Casar*, de H. Norman Wright. Uma das perguntas era: quantos filhos você quer ter? Eu respondi cinco; minha esposa respondeu três. Acabamos tendo três filhos, o que agora parece o ideal. Fizemos um acordo sobre essa e outras questões; minha esposa cedeu um pouco, eu também.

Conversamos antecipadamente sobre todas as principais questões conjugais e fechamos um acordo. Os acordos pré-nupciais são ótimos para divórcios, mas também têm seu valor nos casamentos. Ao discutir questões-chave em avanço, você pode navegar pelos momentos atribulados que surgem em toda relação de longo prazo.

Alguns empresários dizem com orgulho: "Não preciso de um contrato; temos um compromisso verbal, apertamos as mãos, e minha palavra é meu vínculo." Isso é ótimo, quando se presume que o outro é igualmente honesto e franco. Infelizmente, nem sempre é o caso.

Os românticos podem argumentar que, ao assinar um contrato, você está se planejando para falhar. Já os realistas veem o contrato como algo que todo proprietário de negócios inteligente entende: planejamento de contingência. Nos negócios, você terá relacionamentos com funcionários, parceiros, investidores, fornecedores e conselheiros. Você pode amar cada um deles, mas se não tiver um acordo formal, está pedindo pelo tipo de estresse e perda financeira provenientes dos divórcios mais conflituosos.

Quando contratar alguém, documente tudo: código de conduta, participação acionária, salário, período de aquisição de direitos, período probatório. Se não for documentado, não haverá nenhum plano em andamento quando tiver um conflito. Antes de concordar com qualquer acordo comercial importante, você quer que o seguinte seja acordado:

1. Limite de responsabilidade máxima: qual é o máximo que podemos perder?
2. Indenização: você não pode me processar.
3. Termo finito: uma vez terminado, está terminado.

Vamos voltar à nossa analogia matrimonial: as pessoas se casam pela emoção e se divorciam pela lógica. Mais especificamente, elas se apaixonam e pensam que o amor vencerá todos os problemas latentes abaixo da superfície; não pesam logicamente sobre os prós e os contras de se casar com alguém. Quando se divorciam, embora obviamente haja emoção envolvida, o processo é muito mais lógico: discute-se sobre o que se quer e o que se está disposto a dar. Os advogados insistem em colocar uma moldura cognitiva em torno de questões emocionais. É tudo uma questão de números: quantos fins de semana seus filhos passarão com você e quantos passarão com seu cônjuge? Quanto de pensão você oferecerá? O que é uma divisão lógica de propriedade?

Nos negócios, funciona da mesma forma: você se apaixona por um candidato a funcionário, ou por um investidor, ou fornecedor, ou cliente, e pensa: "Será para sempre." Nem sei dizer quantas vezes fiquei entusiasmado com uma contratação, para, meses ou anos mais tarde, perceber que havia estragado tudo. Em todos os casos, quando o acordo de relacionamento não estava documentado, a separação foi confusa e estressante.

Um de nossos investidores me disse: "Acabamos de colocar US$10 milhões nas suas mãos. O que acontece se você morrer? Gostaríamos de contratar uma apólice de seguro da sua vida de US$10 milhões."

Não me aborreci e nem reclamei dizendo que estava em grande forma e não planejava morrer. Em vez disso, fiquei feliz quando percebi o que me dizia: "Eu te amo, mas por favor, assine o acordo pré-nupcial."

Faça Perguntas que Vão Além da Superfície

Dizem que sou exigente. Quando me descrevem, a frase "amor exigente" vem muito à tona. Antes que você possa cuidar de alguém, tem de conhecê-lo. Acredito que o que me diferencia como líder é meu desejo de compreender verdadeiramente as pessoas. Para fazê-lo, faço as perguntas certas e responsabilizo os outros pelas suas próprias respostas.

Recentemente recebi uma ligação de um antigo colega chamado Danny. Ele disse: "Você não tem ideia de como relutei para lhe telefonar. Já se passou uma década." Eu estava curioso para saber o rumo da conversa. Quando era gerente de vendas, tinha sido especialmente duro com Danny. Ele era um daqueles caras que tinha tantos talentos em estado bruto — cérebro, carisma, esperteza — e que também era tão agradável, que sempre se safava de qualquer problema com os outros. Consequentemente, era um doce de pessoa, com um desempenho constantemente inferior ao esperado.

Perguntei a Danny, como faço a todos: "Quem você quer ser?"

Danny tinha grandes aspirações. Sempre falava que queria "aposentar" seus pais, sustentando-os financeiramente. Ele pode ter sido a alma da festa no passado, mas quando se abriu de verdade, falou que queria uma vida grandiosa.

Danny não só queria uma vida grandiosa, mas sabia que tinha o que era preciso para vivê-la. E eu aceitei nada menos que o seu melhor. Se, a seus olhos, isso fazia de mim um cara rígido, que assim fosse.

Conversamos e colocamos nossas vidas em dia, e senti que ele estava ficando emotivo. Danny disse: "Eu me lembro de você dizendo: 'Você vai me odiar por um tempo, mas vai me amar para sempre… porque ninguém vai impulsioná-lo como eu'."

"Claro que me lembro", disse. "E eu não só o disse, como o repeti milhares de vezes."

Danny e eu nos lembramos de como eu tinha sido duro com ele e o quanto ele não me suportava naquela época. Ele confessou que até imprimiu uma foto minha e colocou como alvo de seu jogo de dardos.

Recordo-me de tudo relacionado às pessoas que trabalharam para mim. Recordo-me de suas histórias porque me preocupo com elas.

Danny disse: "Pat, tenho que te contar uma coisa." Ficou quieto; eu podia ouvi-lo chorar. Ele continuou: "Agora sou o presidente do banco. Sou casado. Estou tão feliz que nem tenho palavras. Minha renda é de seis dígitos por ano. E estou aqui para dizer que tudo o que aplico nesta posição de liderança é o que aprendi quando trabalhava com você."

Ele não era o único com lágrimas nos olhos. Esse foi um daqueles momentos difíceis de descrever, embora, agora que sou pai, comece a reconhecer o sentimento.

Imagine a minha gratificação tardia! Demorei dez anos para descobrir que impulsionar Danny, e não aceitar nada além de seu melhor, teve bons resultados. Isso me lembrou de por que estou disposto a ser odiado por um tempo — mesmo que o ódio dure uma década.

Pacotes inteligentes de compensação e viagens de incentivo só vão até determinado ponto. Quando você toca o coração das pessoas, elas movem montanhas por você. E para tocar o coração delas, você tem de dedicar seu tempo para entender e conhecer suas mais profundas crenças e desejos.

Isso significa ir além do conhecimento superficial: seu funcionário Joe gosta de pescar; sua cliente Becky é obcecada por *Game of Thrones*. Você precisa saber o que os motiva. Faço tudo que posso para conhecer os membros de minha equipe. Faço principalmente muitas perguntas para chegar ao âmago de quem eles são. Dessa forma, evito tirar conclusões falsas sobre eles e posso entender o que os move, quais são seus objetivos e como gostam de trabalhar.

Quando você impulsiona as pessoas com perguntas, pode tocar um nervo sensível. Tudo bem. É assim que se conhece as pessoas. Quando elas se tornam emotivas, revelam as partes de si mesmas que talvez escondam.

Não posso liderar pessoas se não souber quem elas são. Preciso saber mais sobre sua criação e sobre o que as influenciou durante seu crescimento. Da mesma forma, minha equipe precisa saber quem eu sou. Quero que as pessoas saibam minha verdadeira história, que sou um cara do Irã que passou por muita coisa, que minha motivação vem de todas aquelas pessoas que me mandaram para o inferno e que ainda ouço em minha mente.

Tudo se resume à vontade de fazer perguntas — não apenas as esperadas, como "você gostava do seu último emprego?", mas aquelas que cutucam, ferem, sondam e encorajam as pessoas a revelarem partes de si mesmas. Suas perguntas devem ajudar o outro a descobrir quem ele realmente é. Esse conhecimento é ouro, porque permitirá que você pense vários lances adiante em termos de como a pessoa se encaixa em seu plano de jogo. É o que o ajudará a formar um relacionamento produtivo e duradouro. Ao fazê-lo, a confiança desenvolvida cresce mais forte, e em seguida vem a velocidade.

A Confiança é um Pêndulo

Normalmente, os empresários passam da confiança para a desconfiança, e vice-versa, em um padrão previsível. Vale a pena estar atento a esse padrão, pois é ele que determinará a margem de manobra que você dá à sua equipe.

Quando você contrata funcionários, sua disposição para confiar neles é baixa e seu desejo de microgerenciar o trabalho deles é alto. Depois de algum tempo de trabalho e de um bom desempenho, sua confiança sobe, e é menos provável que você os microgerencie.

Até certo ponto, esse padrão de pêndulo faz sentido, mas você precisa estar ciente da direção em que está balançando. Se não estiver, pode provocar a seguinte reação de um funcionário que se sente sufocado: "Se você não confia em mim para fazer o trabalho, por que não contrata outra pessoa?" Ou você pode confiar erroneamente em um funcionário veterano que falhe nos prazos com frequência e não bate as próprias metas. Mais tarde, você ficará chateado com ele, mas, na verdade, deveria ficar chateado consigo mesmo. Por quê? Porque não conseguiu contratar a pessoa certa ou não a responsabilizou adequadamente.

Confiabilidade é a chave para a confiança. Depois de um tempo, as pessoas estabelecem um histórico. Uma vez que esse histórico demonstre que eles executam com consistência o que prometem, você pode deixá-los em paz. Você estabeleceu a confiança.

Quatro Níveis de Confiança

Normalmente, os empresários se sentem vitimizados quando as pessoas traem sua confiança. Quando pensam que podem confiar em alguém, alguma coisa acontece: a grande encomenda que um cliente insistiu que viria não chega, ou um parceiro de negócios viola um acordo. Os empreendedores culpam essas pessoas por mentirem ou enganá-los, dizendo coisas como "É por isso que não crescemos tão rápido quanto deveríamos" ou "Estamos lá no fundo porque Joe não fez o que disse que faria".

Não. Não se faça de vítima. O mundo dos negócios é duro. Nem sempre as pessoas jogam limpo. Alguns são vigaristas. Outros não têm pudores em lhe dizer o que quer ouvir, enquanto fazem o contrário.

A responsabilidade é sua por se permitir ser enganado. Você é mais inteligente do que isso. Na verdade, você deve ser capaz de descobrir o nível de confiança que deve ter em relação a qualquer pessoa, seja cliente, funcionário, empresa parceira ou fornecedor.

Veja como fazê-lo. Primeiro, reconheça que você pode categorizar as pessoas de acordo com os quatro níveis de confiança a seguir:

- Estranho
- Validado
- Confiável
- Companheiro de chapa

Categorize as pessoas como **Estranhos** quando você não tem experiência com elas. Elas podem *parecer* confiáveis; são charmosas, amigáveis e falam bonito. Instintivamente, você pode apreciá-las e confiar nelas. Lembre-se, porém, de que mesmo sociopatas homicidas podem ganhar a confiança dos outros. A experiência é o melhor professor. Se não tem experiência pessoal com alguém, nem conhece ninguém com quem ele tenha trabalhado, coloque-o na categoria de Estranho e não confie nele até ter mais informações.

A categoria **Validado** é para aqueles que chegam com um histórico de sucesso. Eles são recomendados por pessoas em quem você confia ou apresentam um currículo que demonstra capacidade de cumprir o que prometem. Você ainda precisa ser cauteloso, pois currículos podem ser fraudulentos e as recomendações podem refletir parcialidade ou não serem completamente honestas. Ainda assim, esta categoria deve indicar uma possibilidade um pouco maior de que o indivíduo seja digno de sua confiança.

Os indivíduos **Confiáveis** são aqueles com quem você tem experiência pessoal. De uma forma ou de outra, eles têm demonstrado sua lealdade, honestidade e confiabilidade. São mais confiáveis do que aqueles na categoria Validado porque você testemunhou seus traços positivos, e não apenas ouviu falar deles por outra pessoa.

A quarta categoria, **Companheiro de chapa**, é a categoria mais alta, e é pouco provável que mais de um indivíduo se encaixe nesta descrição. Este é o equivalente profissional de seu melhor amigo. É alguém a quem você pode ligar quando aparece um problema ou uma oportunidade e que perguntará imediatamente: "O que posso fazer?" Se você precisar de alguém para ajudá-lo a sair de uma enrascada, ele ou ela moverá montanhas para ajudar.

Antes que você se desespere por não ter um companheiro de chapa ou comece a procurar por um, reconheça que encontrá-lo pode levar tempo e exigir experiência. Demorei muitas batalhas para encontrar o meu. Tive de aprender da maneira mais difícil em quem poderia confiar — e em quem confiar totalmente. Minha confiança teve de ser traída antes que eu desenvolvesse um sistema de medição mental.

Reconheça também que, quanto mais bem-sucedido se tornar, menos gente em quem confiar você terá. Se já leu livros motivacionais ou ouviu palestrantes do gênero, já absorveu muita propaganda sobre o desenvolvimento de grandes redes de contatos de confiança. Caso seja um consultor, talvez isso se aplique, mas se administra um negócio, aprenderá da maneira mais difícil, como eu aprendi, que não se pode confiar em todos e que não se pode ter a mesma proporção de confiança em todos aqueles em que se confia. Qualquer empresário experiente lhe contará histórias sobre líderes de confiança que os traíram, sobre empregados que consideravam como família e que pularam fora assim que receberam uma boa oferta. Lembra-se de Donnie Brasco?

Não espere construir grandes círculos de confiança. Esqueça a ideia de trabalhar com várias pessoas às quais você confiaria sua vida. Em vez disso, atenha suas expectativas a colocar cada pessoa em um dos quatro níveis. Uma vez que o faça, é muito menos provável que se queime, e terá uma boa ideia de quem é confiável e do quanto pode confiar neles.

Aprenda a Linguagem do Amor de Cada Indivíduo

Um homem está ansioso para mostrar à sua esposa o quanto a ama e aprecia. É o décimo aniversário de casamento deles, e ele economiza cada centavo para comprar um par de brincos de diamantes. Ela começa a abrir a caixa que ele embalou elegantemente; ele está ansioso esperando que ela o agradeça por sua generosidade e carinho. Quando finalmente abre a caixa, ela mal reage.

Não era essa a reação esperada. A resposta apática reflete ingratidão e desprezo. Como ela pode ser tão pouco agradecida? Quando ele finalmente pergunta o que há de errado, ela diz: "Não sei quantas vezes mais terei de lhe dizer que não ligo para *coisas*. Por que nunca fazemos um piquenique?"

Para dar mais sentido a essa interação, recomendo a leitura de *As 5 Linguagens do Amor: Como Expressar um Compromisso de Amor a Seu Cônjuge*, de Gary Chapman. É fenomenal. As cinco línguas do amor são as formas pelas quais damos e recebemos amor. Elas são: Tempo de Qualidade, Palavras de Afirmação, Presentes, Atos de Serviço e Toque Físico. No exemplo anterior, o homem falava a língua dos presentes, enquanto sua esposa tinha lhe dito, várias vezes, que preferia tempo de qualidade.

Nos relacionamentos, esqueça a Regra de Ouro. Substitua "Trate os outros como quer ser tratado" por "Trate os outros da forma como *eles* querem ser tratados". Essa regra é aplicável aos negócios, à família e aos amigos. Uma das razões pelas quais escolhi Greg Dinkin como colaborador de meu livro é que, ao entrevistá-lo, ele não parava de falar sobre como, em uma oficina que ministrou para executivos de bancos, tinha exigido que fizessem o teste de linguagem amorosa. Na verdade, recomendo que você faça o teste gratuito online e peça para aqueles próximos a você para fazerem o mesmo.

Você precisa parar de perguntar o que motiva *as pessoas* e, em vez disso, perguntar: o que motiva *essa pessoa*? Independente de escolher olhar pelo prisma dos pontos fracos ou das linguagens do amor, é melhor que dedique algum tempo para entender o que funciona para cada indivíduo. Cada um de nós é motivado por coisas diferentes.

É preciso saber o que faz as pessoas vibrar. Se estiver prestando atenção, descobrirá. Conheço um CEO cujo melhor vendedor faz US$825 mil por ano. No seu melhor mês, ele disse ao chefe: "Você nem sequer me ligou." Essa afirmação deixa óbvio que ele queria ser apreciado. Ela também informa *como* ele queria ser apreciado. A linguagem amorosa dele são as palavras de afirmação. Se ele tivesse dito: "Você nem me levou para almoçar", estaria indicando desejar um tempo de qualidade. Se tivesse pedido um Rolex, estaria indicando que queria presentes.

Você quer se destacar como líder? Mostre às pessoas que você dedica tempo e cuidado necessários para entender o que querem. O erro que a maioria de nós comete é dar amor e apreço do jeito que gostaríamos de recebê-lo. Se você gosta de receber elogios, provavelmente elogia muito bem os outros. Se, para você, o dinheiro é o mais importante, provavelmente tem um ótimo plano de compensação. A verdade que descobrirá é que todos na sua equipe são motivados por coisas diferentes.

Pessoas que fazem afirmações amplas, tais como "Todos gostam de ser apreciados" ou "A validação é uma necessidade humana importante" estão no caminho certo. Você precisa ir para o próximo nível, sendo específico sobre a forma *como* demonstra apreciação e validação. Como CEO, sei quem precisa de uma conversa individual e quem precisa de elogios em público. Como pai, sei qual de meus filhos progride com afeto, elogios e tempo de qualidade.

Embora eu saiba que esse é o certo a fazer, nem sempre me lembro de fazê-lo. Não é fácil atender às exigências e falar as linguagens específicas de todos seus entes queridos — especialmente se você já administra um negócio de bom porte e tem uma família para cuidar. Pode parecer esmagador às vezes — afinal de contas, somos humanos.

Li um livro intitulado *Thank God It's Monday: How to Prevent Success from Ruining Your Marriage* (Graças a Deus É Segunda-Feira: Como Evitar que o Sucesso Destrua Seu Casamento, em tradução livre) que fez muito sentido para mim. O autor, Pierre Mornell, foi conselheiro matrimonial, e depois de vinte anos, finalmente encontrou a melhor solução para ele e para as famílias que aconselhava: dê a cada uma das pessoas mais próximas de cinco a quinze minutos de atenção todos os dias. Não estou sugerindo que você faça isso com todos, mas seus principais líderes e estrelas ascendentes precisam de mais tempo com você do que imagina. É fácil tentar desenvolver líderes apenas por teleconferências ou por Zoom, mas nada é mais eficaz do que lhes dar sua atenção.

Perguntas para Fazer a Si Mesmo de Modo a Alcançar Cada Indivíduo

1. O que motiva essa pessoa?
2. De que forma essa pessoa quer ser amada?
3. O que faz essa pessoa se sentir apreciada?
4. Qual é a maneira mais eficaz de mostrar que me importo com ela?
5. Que tipo de ação essa pessoa apreciará mais?

As Nove Linguagens do Amor dos Empreendedores

Lembre-se de que a confiança é igual à velocidade. Quanto maior o nível de confiança, maior e mais rápida é a velocidade. Mostrar às pessoas que se importa traz o melhor delas à tona. Consequentemente, elas se tornam mais confiáveis, e todos os elementos do negócio se movem mais rapidamente.

Assim como há cinco linguagens do amor em um relacionamento, há nove linguagens do amor com as quais os grandes empreendedores aprendem a falar com seus companheiros de equipe.

1. PRECISAMOS DE VOCÊ

Dar responsabilidade às pessoas é uma maneira de mostrar que precisa delas. Há pessoas que precisam se sentir necessárias. Nos esportes, um treinador pode ir até um jogador que não está jogando e dizer: "Não podemos ganhar um campeonato sem você. Precisamos que nos acompanhe. *Precisamos* de você."

Há também pessoas que não fazem questão de ser necessárias. Quanto mais se sentirem necessárias, mais abusam da relação. Elas dizem coisas como: "Ah, você precisa de mim. Sem mim, você não pode fazer nada."

Quando Steve Kerr assumiu o cargo de treinador dos Golden State Warriors, Andre Iguodala havia começado 758 jogos consecutivos. Kerr queria que Iguodala, um jogador de calibre All-Star, iniciasse os jogos estando no banco. A maioria dos jogadores veria isso como um rebaixamento, mas Kerr convenceu Iguodala do quanto aquilo era necessário: havia a *necessidade* de alguém que chegasse com gás mais tarde, a *necessidade* de liderar a segunda unidade (reservas), a *necessidade* de ter alguém com pernas revigoradas para defender o time dos ataques do melhor jogador da outra equipe. Os Warriors não apenas venceram o campeonato da NBA na primeira temporada de Kerr como treinador, como Iguodala tornou-se o primeiro jogador da história da NBA a ser nomeado MVP (Jogador Mais Valioso) das finais da NBA sem iniciar cada jogo. Isso demonstra o que dissemos anteriormente: quando você dá às pessoas uma reputação a ser respeitada, elas muitas vezes respondem com comprometimento.

2. RECONHECIMENTO

Se você olhar para empresas que estão estagnadas, descobrirá que a cultura delas não inclui o reconhecimento. Tudo funciona à base de pressão, pressão, pressão. Dan Ariely, professor de economia comportamental e psicologia na Universidade Duke, tem pesquisas significativas para mostrar que empresas supervalorizam o dinheiro como motivador. Não se pode confiar em bônus monetário para motivar as pessoas, pois ele faz com que elas se sintam quase subornadas para trabalhar. De acordo com Ariely, "a mensagem que o bônus dá é a seguinte: 'você sabe o que deve fazer, mas não está interessado, e eu sei disso'." Dar um bônus é o contrário de ser específico ao motivar alguém.

Você pode se divertir muito com os membros da equipe, principalmente com os intraempreendedores que prosperam com o reconhecimento. Quando reconhecer um deles, adicione seu toque pessoal. Por exemplo, dei uma tocha das Olimpíadas de 1984 para um de nossos vice-presidentes seniores. Dei um capacete do Ayrton Senna para um vice-presidente, em uma época em que nossa empresa estava estudando a mentalidade de Ayrton Senna. Poderia ser um tênis do Michael Jordan autografado. Poderia ser uma bolsa personalizada da Louis Vuitton. Às vezes, é uma plaquinha para colocar na parede. Se eles gostarem de frases e afirmações, o mais importante será a mensagem da placa.

Algumas pessoas podem dizer: "Não preciso de nenhum reconhecimento." Aqueles que dizem que não precisam normalmente precisam em dobro. O fato de negarem a própria necessidade de reconhecimento é, na verdade, um disfarce. Eles têm medo de se esforçar muito e não obter o reconhecimento que esperam. Não importa o quão confiante uma pessoa pode parecer, todos precisam ser reconhecidos.

3. ELOGIOS: TRÊS TIPOS DIFERENTES

Há três maneiras diferentes de elogiar alguém. Para saber qual escolher, é necessário conhecer o indivíduo. Continuarei lembrando-lhe que cada um tem vulnerabilidades diferentes.

1. **Particular:** O primeiro tipo de elogio é dado em particular. Pode ser feito durante uma refeição ou em uma interação casual. Também pode ser feito por mensagem de texto, e-mail ou Slack. Pode ser algo do gênero: "Só quero que saiba que cresceu muito e quero que tenha reconhecimento. Vejo o trabalho que está realizando e como tem progredido. Nada disso passa despercebido. Obrigado."
2. **Público:** O próximo elogio é o público. Esse tipo de elogio joga com o reconhecimento e funciona melhor com aqueles que gostam de estar no centro das atenções. Nas reuniões, dê um destaque especial às contribuições deles nas reuniões.
3. **Pelas costas:** O último tipo de elogio é dado pelas costas. Você dá reconhecimento às pessoas pelas costas quando as elogia na ausência delas. Já mencionei anteriormente sobre o poder de falar bem dos

outros pelas costas. Mais uma vez, conheça o indivíduo para fazer esse elogio com eficácia.

4. DIREÇÃO CLARA

Sua equipe precisa de uma orientação clara de sua parte. Dizer coisas como "Você consegue fazer isso. Vá em frente" não é eficaz. É necessário que diga: "Preciso que você faça isto, isto e isto agora. Você pode fazê-lo?" Normalmente, não se deve dar às pessoas mais do que uma lista de três coisas para fazer de cada vez, ou ficarão sobrecarregadas, mas a questão é que há pessoas que gostam que outros lhes digam o que fazer.

Para esses trabalhadores, você precisa determinar o que devem executar e o cronograma exato. Faça um acordo verbal: "John, ficou claro que você deve me enviar uma mensagem de texto às 16h45 de hoje com o nome e telefone de três vendedores diferentes?" Isso é muito mais eficaz do que "Faça uma pesquisa e me dê um retorno."

5. VISÃO

A maioria das pessoas não é visionária. Não é natural pensar adiante quando se está ocupado apagando incêndios. Mas as pessoas precisam ouvir você falar sobre visão e futuro. Grandes líderes estão sempre vendendo o futuro da equipe, indicando para onde a equipe está indo e o que acontecerá. Grandes líderes falam sobre o que está por vir. Dizem coisas como "nossos melhores dias ainda virão". Funcionários precisam saber que seu líder é como um grande mestre que os guia na direção certa.

Você precisa dar às pessoas visões do futuro. Precisa mexer com seus sentidos e criar uma imagem daquilo pelo qual estão trabalhando — principalmente quando eles estão imersos na luta diária.

6. SONHOS

As pessoas querem saber como seus sonhos se tornarão realidade. Precisam ver como o trabalho que fazem hoje lhes permitirá realizar seus sonhos. Se você quer inspirar as pessoas, deve falar a linguagem dos sonhos com frequência para aqueles que precisam ouvi-la.

Estas três últimas são diretrizes e não se pautam pela linguagem do amor de uma pessoa específica. Eu as incluí nesta lista porque ainda se enquadram na categoria de entender as pessoas e falar com elas de forma a destacar o que têm de melhor, e, por fim, criar confiança.

7. ENVOLVIMENTO

Peça sempre a opinião dos outros e solicite *feedback*. Pergunte constantemente às pessoas o que acham que você precisa fazer a seguir. Elas querem estar envolvidas no que você está fazendo, querem ser ouvidas. Se você pedir para darem suas ideias e nunca as implementar, elas dirão (muito provavelmente para si mesmas): "Por que eu ainda dou minha opinião a você? Você nunca faz o que proponho. Você está perdendo seu tempo e o meu." É perigoso perguntar se não for realmente escutar.

8. DESAFIO

Grandes líderes desafiam as pessoas o tempo todo: em particular, publicamente e pelas costas. Se vejo alguém que está progredindo após algum tropeço, o puxarei para o lado e direi: "Olha, quero que saiba que estou vendo. Você está fazendo um grande progresso. Estou entusiasmado por você. Mas espero que não tropece novamente. Espero que fique focado."

Os desafios que faço publicamente são para balançar a falsa sensação de segurança da pessoa: "Tinha a impressão de que seus sonhos eram maiores. Pensei que você queria algo muito maior. Se você pode ganhar US$20 mil em um mês, por que não pode ganhar US$40 mil? Você está ficando confortável? Seu estômago está cheio? Você já alcançou a liberdade financeira? Desde quando já chegamos lá? Por que estamos nos comportando dessa maneira? Por que estamos agindo assim? Por que estamos fazendo isso?"

9. ESCUTA

A última linguagem, na verdade, não é uma linguagem. Ela consiste simplesmente em fechar a boca e ouvir, já que muitos gostam de falar sobre si mesmos ou sobre o que estão vivendo. Fechar a boca e ouvir nem sempre é fácil, especialmente para um CEO impaciente, mas a escuta é uma habilidade essencial. Às vezes significa apenas se sentar ao lado de alguém e ouvi-lo. Alguns dos líderes que oriento querem me telefonar e falar por quarenta minutos. Eu deixo. Ouço, ouço, ouço e tomo notas. Dou-lhes *feedback*. Não entro na chamada e fico fazendo outras coisas enquanto aperto o botão "silenciar". Fico ouvindo e digo: "Sabe aquele comentário que você fez quinze minutos atrás? Depois de ouvir o restante da equipe, você ainda acha que aquilo é verdade?"

Você precisa ouvir e demonstrar interesse genuíno. De fato, você precisa ser genuíno em todas essas linguagens do amor para empresários. As pessoas percebem quando você está forçando a barra. Dá para sentir quando não é genuíno. Quando você fala as linguagens do amor das pessoas, elas se sentem apreciadas.

■ ■ ■ ■ ■

Nos esportes, ouvimos com frequência a seguinte expressão: não se pode ensinar velocidade. Você pode ensinar como explorá-la, claro, mas velocidade é algo que ou você tem ou não tem. Ela só pode ser incrementada paulatinamente. Nos negócios, no entanto, a velocidade pode, sim, ser melhorada. E você não pode descansar até melhorá-la. Cada parte dos negócios — desde a identificação de tendências até a abordagem do cliente, passando pela entrega do produto — baseia-se na velocidade.

Você pode usar os níveis de confiança para filtrar suas avaliações e entender as nuances de determinada pessoa ou situação. Seu objetivo deve ser agilizar todos os aspectos de seu negócio.

Pense bem e reflita sobre em quem pode confiar e por quê. John está no nível de confiança de um Estranho ou de um Companheiro de Chapa? Sabendo isso, você está disposto a confiar a ele uma maior responsabilidade sobre o negócio, ou precisa mantê-lo na rédea curta quando lhe dá uma tarefa com alguma relevância? Aborde essas e outras questões e perceberá que pode descobrir com precisão em quem pode confiar — e em quem não pode.

O objetivo de criar confiança é aumentar a velocidade. Pessoas analíticas muitas vezes deixam passar esse detalhe. Também deixam passar o fato de que a chave para construir a confiança é explorar a humanidade das pessoas. Uma vez que elas saibam que você as vê como seres humanos, e não apenas como empregados, a confiança cresce e a velocidade aumenta. Compreender suas linguagens do amor e o que os motiva são as chaves para mostrar que se importa com elas.

JOGADA 3

Domine a construção da Equipe Certa

O MITO DO EMPRESÁRIO SOLO: COMO CONSTRUIR SUA EQUIPE

1. Identifique os tipos de membros da equipe que deseja atrair. Crie a proposta de valor correta (programa de benefícios) para atrair e reter os membros da equipe certos. Seja ainda mais seletivo com quem permite entrar em seu círculo interno.

CRIE UMA CULTURA BASEADA EM PRINCÍPIOS

2. Estabeleça e comunique seus valores e princípios — tanto em sua empresa quanto como indivíduo. Não ceda em seus itens inegociáveis, sob o risco de vê-los se tornar meras palavras em um pedaço de papel.

CONFIANÇA = VELOCIDADE: O PODER DA CONFIABILIDADE

3. Inspecione todas as habilidades necessárias em cada departamento, para que elas possam ser transferidas para qualquer nova contratação, a fim de desenvolver novos líderes. Inspecione a linguagem que usa para se comunicar com seus colegas de equipe e líderes. Essa linguagem cria dúvida ou confiança? Faça perguntas para entender aquilo com que as pessoas mais se preocupam, e fale a linguagem que as motiva. Faça uma lista dos cinco melhores membros de sua equipe e identifique o que os motiva mais.

JOGADA 4

DOMINE A ESTRATÉGIA DE ESCALAGEM

9

Escalagem para Crescimento Exponencial

"Não tenho medo de um exército de leões liderado por uma ovelha; tenho medo de um exército de ovelhas liderado por um leão."

—Alexandre, o Grande

Nos EUA, você pode registrar qualquer negócio por menos de US$200, e então pode autointular-se CEO. Você pode até mesmo encomendar cartões de visita com as letras "CEO" em letras grandes e em negrito. Pode chamar a si mesmo do que quiser. Mas só quando centenas de pessoas o chamam de CEO é que você ganha o título.

Em outubro de 2009, lancei um negócio com 66 agentes. Em nosso primeiro ano civil completo, a receita foi de menos de US$2 milhões. Havia um pequeno problema: como CEO, eu não tinha a menor ideia do que estava fazendo. Eu ainda não tinha aprendido o que era preciso para escalar.

Durante toda minha carreira, fui ou vendedor ou gerente de vendas. Nunca havia sido diretor executivo de uma empresa. Não sabia nada de visão ou de estratégia, muito menos de toda a logística e papelada necessárias para transformar uma venda em contrato. No início, basicamente só fingia, enquanto tentava entender tudo. Comecei a procurar e pensar em quais deveriam ser meus movimentos para ter êxito como CEO. O primeiro passo foi ingressar no Vistage, uma organização para empresários que se torna essencialmente um conselho de administração pessoal, fornecendo-nos conselhos. Também participei de um programa em Harvard para proprietários/presidentes de empresas, que me permitiu interagir com outros CEOs e aprender sobre gestão.

Localizei todos os recursos que poderiam me ajudar, incluindo todos os estudos de caso a que pude ter acesso. Encomendei todos os livros que poderiam dar uma luz para o dia a dia da administração de uma empresa. Além de comprar todos os livros de Patrick Lencioni, comprei:

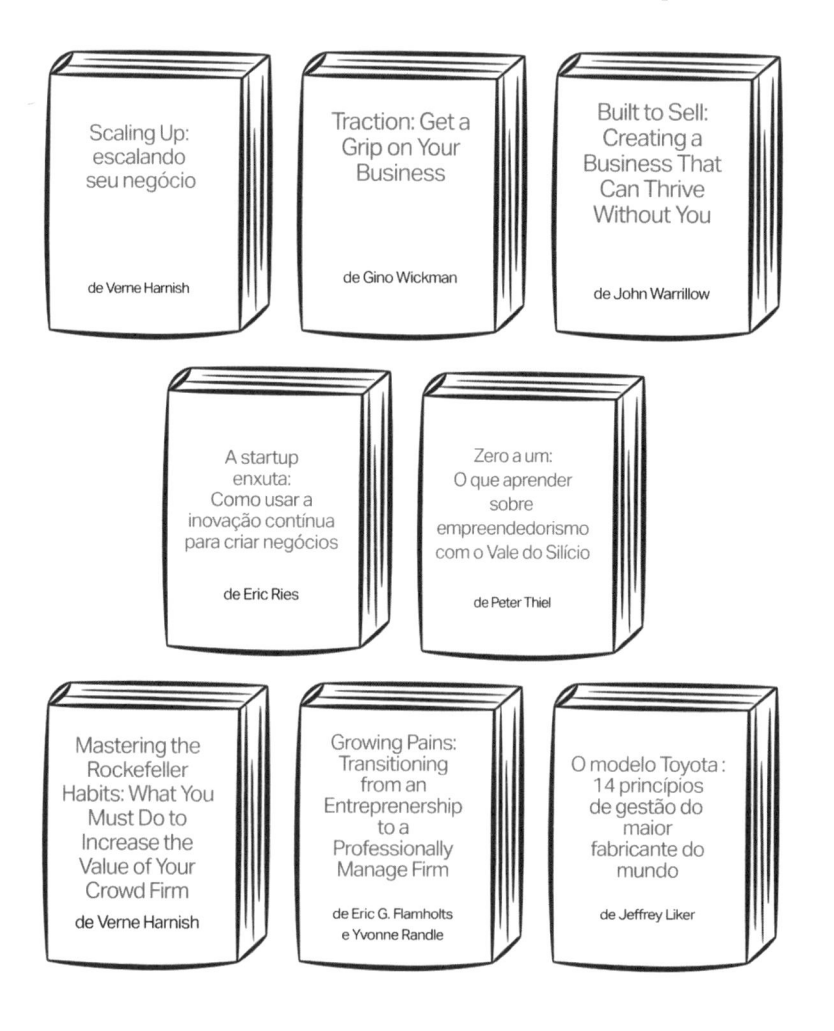

- Scaling Up: escalando seu negócio — de Verne Harnish
- Traction: Get a Grip on Your Business — de Gino Wickman
- Built to Sell: Creating a Business That Can Thrive Without You — de John Warrillow
- A startup enxuta: Como usar a inovação contínua para criar negócios — de Eric Ries
- Zero a um: O que aprender sobre empreendedorismo com o Vale do Silício — de Peter Thiel
- Mastering the Rockefeller Habits: What You Must Do to Increase the Value of Your Crowd Firm — de Verne Harnish
- Growing Pains: Transitioning from an Entreprenership to a Professionally Manage Firm — de Eric G. Flamholts e Yvonne Randle
- O modelo Toyota: 14 princípios de gestão do maior fabricante do mundo — de Jeffrey Liker

Na época, assumi um compromisso sério comigo mesmo: ou decidia que tinha tudo para ser um CEO em quem confiaria a direção de uma empresa da Fortune 500, ou pediria minha demissão.

Quando fiz a transição para líder de empresa, quase fui esmagado. No final das contas, tanto o conhecimento como a coragem e determinação eram necessários para sobreviver. Eventualmente, percebi não apenas os movimentos cotidianos de um CEO, mas, o que é mais importante, quais movimentos eram essenciais para produzir o tipo de empresa que eu visualizava.

Talvez esta seja a parte do livro que você mais esperava. Tudo o que vimos até este ponto foi fundamental: conhecer a si mesmo, aprender a raciocinar e a construir sua equipe — tudo isso o preparou para os rigores de administrar uma empresa. É agora que você dá o salto para se tornar um CEO que age como um grande mestre. Vamos falar sobre as quatro áreas estratégicas as quais todo CEO precisa focar. Ao longo dos próximos parágrafos, você terá uma imagem clara de como criar crescimento exponencial para seu negócio. Em última análise, responderemos à pergunta: como um CEO pode atingir o crescimento e mantê-lo?

As Quatro Fases de Toda Startup

1. Formulação
2. Sobrevivência
3. *Momentum*
4. Platô

Ao ler isto, você precisa se perguntar em que fase está. Fase de formulação? Fase de sobrevivência? Se ainda não atingiu a fase do *momentum*, é porque ainda precisa descobrir como chegar ao crescimento exponencial. Logo você descobrirá as duas coisas que aquecerão seu negócio.

Capitalizando seu Negócio

Não importa em que estágio seu negócio está, você precisa de um plano para capitalizá-lo. Quando estiver começando, pedirá dinheiro emprestado à família? Deve encontrar um investidor anjo e desistir do capital próprio?

Quando você começar a dar certo, deve pensar em sair ou em alavancar seu sucesso para levantar fundos e crescer ainda mais rápido?

Este tópico em si daria um livro. Nele, há coisas específicas para cada setor. Se você está construindo uma empresa de tecnologia que não tem um método mensurável de fazer dinheiro, mas pode atrair milhões de olhares — como Twitter, Instagram e outros —, precisa levantar o máximo de capital possível antecipadamente. Em outros setores, é melhor crescer organicamente.

Em abril de 1999, Jack Ma fundou o Alibaba em seu apartamento. Foi só em janeiro de 2000 que a empresa recebeu um investimento de US$20 milhões de um grupo de investidores liderado pela Softbank Corporation. O *Wall Street Journal* noticiou que a reunião de Jack Ma com o CEO Masayoshi Son era atípica na maioria dos *pitches* de investimento. Jack Ma disse: "Não conversamos sobre receita; não falamos sequer de um modelo de negócios. Só conversamos sobre uma visão compartilhada. Nós dois somos rápidos ao tomar decisões."

Em uma entrevista com Charlie Rose que foi ao ar no *60 Minutes Segment Extra*, Jeff Bezos falou do ano de 1995, quando estava criando capital semente para fundar a Amazon. "Muitas pessoas se deram muito bem com esse negócio [risos]. Mas também assumiram um risco, por isso merecem se dar muito bem. Tive que fazer 60 reuniões para arrecadar US$1 milhão de dólares de 22 pessoas, aproximadamente US$50 mil por pessoa. Era impossível ter certeza de que seria capaz de arrecadar esse dinheiro. Portanto, tudo poderia ter terminado antes mesmo de começar. Isso foi em 1995; na época, a primeira pergunta que os investidores me faziam era: 'O que é a internet?'"

Durante uma entrevista no Fórum sobre Liderança do Centro Presidencial George W. Bush, em 2018, Bezos também falou sobre como arrecadou dinheiro para fundar a Amazon. Ele disse: "Isso foi em 1995. Dois anos mais tarde, alguém com um MBA em Stanford, mas nenhuma experiência comercial, poderia arrecadar US$25 milhões com um único telefonema, caso tivesse um plano de negócios de internet."

Há muitos caminhos para a criação de uma empresa bem capitalizada. Mostrarei dez perguntas para você fazer a si mesmo antes de começar a arrecadar dinheiro. Se quiser levar esse assunto a sério, não basta ler as perguntas, é preciso respondê-las.

Dez Perguntas a Fazer Antes de Arrecadar Dinheiro

1. Será que você deve arrecadar dinheiro?
Sua empresa está em um momento em que você deve mesmo considerar coletar dinheiro? Se sua ideia for pequena, você pode iniciar com capital próprio e começar hoje mesmo.

2. Se você não fosse capaz de arrecadar dinheiro, como faria sua ideia de negócio funcionar?
Se puder responder a esta pergunta, anjos e capitalistas de risco estarão mais interessados em seus negócios. Ao demonstrar que você não *precisa* de capital e está ganhando *momentum* antes de tentar coletar valores, você se tornará um investimento mais atraente.

3. Como o dinheiro que você arrecadar será usado?
Ao coletar dinheiro, você precisa se colocar no lugar dos investidores. Eles querem saber como você usará o dinheiro. Você precisa mostrar a eles como converterá dinheiro em crescimento. Não importa se o valor será usado para fazer uma contratação-chave, incrementar a produção ou assegurar a propriedade intelectual; eles precisam ver como você planeja usá-lo.

4. Como seria um investidor ideal para seu negócio?
Seria alguém que está envolvido no negócio? Você precisa pensar não apenas em quem um potencial investidor é como pessoa, mas também em que tipo de relacionamento com ele ou ela você deseja ter. Você precisa de alguém para fazer apresentações-chave que abram canais de distribuição? Ou precisa de alguém com uma experiência específica diferente da sua e que pode atuar como conselheiro?

5. Deseja manter o controle total do negócio?
Sempre que pedimos dinheiro, ele vem acompanhado de expectativas. Ninguém passa cheques sem fazer exigências. Prepare-se para manter o controle total de seu negócio e, possivelmente, não ser capaz de arrecadar tanto dinheiro, ou ceder algum controle para obter uma maior injeção monetária.

6. Quer ter de prestar contas?
A maioria dos empresários não gosta que outros lhes digam o que fazer, mas é exatamente isso que os capitalistas de risco querem fazer. Eles querem trabalhar com empreendedores ágeis abertos a sugestões sobre seus negócios. Você vê isso como orientação ou intromissão? Se escolheu este último, procure um investidor mais passivo, como um banco.

7. Já pesquisou o suficiente sobre seu setor?
Não desperdice o tempo dos investidores deixando de fazer sua lição de casa. Você precisa saber como é seu setor antes de sair para arrecadar dinheiro. Isso mostrará aos investidores potenciais que você é sério e está preparado para usar o dinheiro deles de forma sensata.

8. O que torna seu modelo de negócios diferente?
Os investidores precisam entender por que seu negócio se destaca. Sua empresa precisa estar posicionada de forma a ter uma vantagem no mercado.

9. Já fez as contas? Qual é o valor de sua empresa?
Quando você não apresenta as contas direito, os investidores se afastam. Eles estão esperando projeções reais e que você comprove sua avaliação com números sólidos. Conheça as comparações do setor e use negócios comparáveis para múltiplos rendimentos, vendas ou outras métricas específicas do setor.

10. Você está construindo para vender?
Os investidores querem saber se serão capazes de vender seu investimento para um retorno sólido em cinco a sete anos. Você tem uma estratégia de

saída? Alguns investidores de risco não querem investir em negócios construídos para vender. Outros estão procurando retornos rápidos. Você precisa fazer seu dever de casa para determinar isso.

■ ■ ■ ■ ■

Conseguir financiamento de risco dará um grande impulso para você e para a confiança de sua equipe. Olhe para a captação de recursos como a compra de um período de vida mais longo. É como se ganhasse mais duas vidas extras em um jogo de videogame, para o caso de seu personagem morrer. Ter pessoas inteligentes e exigentes investindo em você cria responsabilidade e pode levar a apresentações de alto nível e trazer conselhos sábios. Faz sentido para algumas pessoas. Como acontece tanto nos negócios como na vida, você pagará um preço por essas vantagens. Ao contrário, usar seus próprios fundos muitas vezes coloca você em risco constante de ficar sem dinheiro. O lado positivo é que você consegue manter o controle de sua empresa e seu capital próprio nela — o que, em última análise, lhe dá ainda mais opções.

Em termos de conexão com pessoas ligadas a dinheiro, a melhor maneira de encontrar investidores é por meio de seus mentores. Ter alguém que lhe apresente ajuda, e muito, na sua legitimação.

Qual a melhor maneira de ganhar credibilidade com seus mentores? Responda às dez perguntas ponderada e detalhadamente. Fazendo isso, você provará que é sério e está preparado.

Não há tempo ou método perfeito para arrecadar dinheiro. Você deve fazer um trabalho excelente, ao mesmo tempo mantendo o controle de suas opções. É melhor atrair do que mendigar. Agora que já cobrimos a captação de capital, passemos ao crescimento de seus negócios.

O Quadrante de Estratégias

Você já foi à academia e reparou naquela pessoa que está lá o tempo todo, mas por alguma razão não parece progredir? Como é possível que essa pessoa malhe tanto e continue igual? Tudo bem, é possível. Na verdade, é normal. Seja na academia ou no escritório, a maioria das pessoas aparece e simplesmente segue empurrando com a barriga. Elas trabalham *nos* seus negócios, mas não *para* seus negócios. Se você fizer o mesmo, na melhor das hipóteses, isso o manterá no jogo. Na pior das hipóteses, sua falha em pensar vários passos adiante levará sua empresa ao declínio.

O crescimento é importante, mas os empresários muitas vezes o tratam como se fosse uma função única, e isso é um erro. Existem dois tipos de crescimento comercial: linear e exponencial. O primeiro representa ganhos estáveis, mas não espetaculares: você cumpre prazos, vende e mantém clientes, e expande sua rede de contatos. O segundo representa saltos quânticos. É o que acontece quando empresários saem do dia a dia da empresa para fazer algo excepcional. Quando têm uma visão e são capazes de tomar decisões difíceis, mas inteligentes, para implementá-la. Quando não querem apenas crescer de forma linear; querem conquistar o mundo.

A responsabilidade de um proprietário ou CEO pode ser resumida nestas quatro áreas estratégicas:

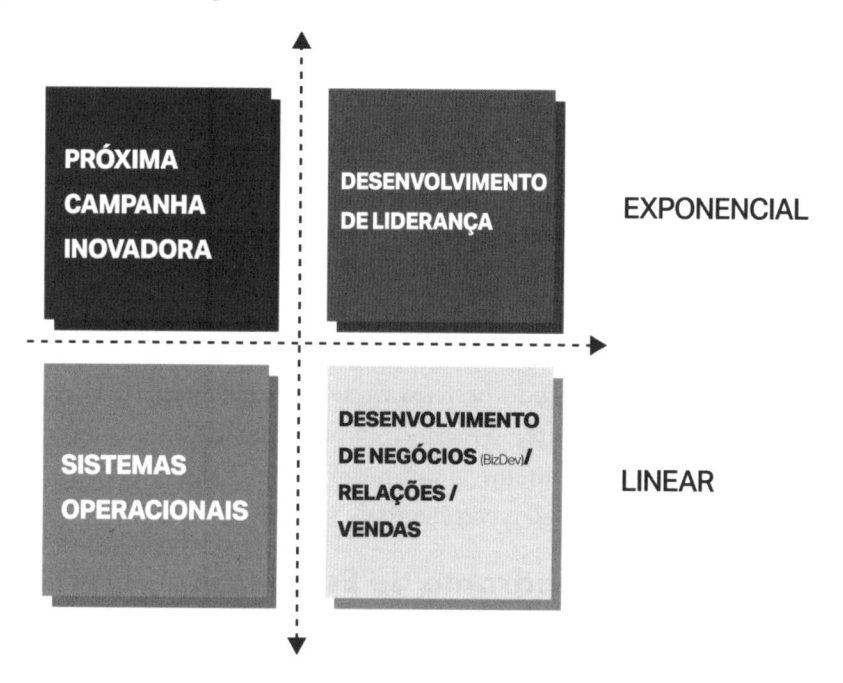

PRÓXIMA CAMPANHA INOVADORA	**DESENVOLVIMENTO DE LIDERANÇA**	EXPONENCIAL
SISTEMAS OPERACIONAIS	**DESENVOLVIMENTO DE NEGÓCIOS (BizDev)/ RELAÇÕES / VENDAS**	LINEAR

No lado do crescimento linear estão os sistemas operacionais e o desenvolvimento de negócios/vendas.

1. SISTEMAS OPERACIONAIS

Trata-se de ajustar seus sistemas, sua tecnologia e seus processos, tornando-os mais eficientes e eficazes. Para a maioria dos empresários, esta é a parte menos excitante do negócio. E embora não gere um crescimento exponencial, você ainda pode dar grandes passos ao melhorar seus sistemas operacionais. Você viu como minha empresa esmiuçou o ITR e como a tecnologia aprimorou operações e nos economizou milhões de dólares.

Um negócio falha por alguma dessas duas razões: ou cresce muito rápido, ou não cresce. Embora a primeira opção pareça ser um problema bom, pode ser fatal se você não tiver os sistemas operacionais para apoiar o crescimento.

2. DESENVOLVIMENTO DE NEGÓCIOS E VENDAS

A seguir vem a área de desenvolvimento e vendas. Ela gira em torno da criação de relacionamentos com novos fornecedores e novas parcerias e da melhoria de seu processo de vendas. Trata-se de fazer *networking* e de participar de eventos de seu setor. Relacionamento, relacionamento, relacionamento.

O desenvolvimento de negócios é linear. Você tem de fechar negócios e continuar a aumentar suas contas.

As duas próximas áreas levam a um crescimento exponencial.

3. A PRÓXIMA CAMPANHA INOVADORA

Como CEO, você pode lançar um programa ou uma promoção com potencial de virar o jogo. Foi o que a Bally Total Fitness fez quando introduziu a gratuidade na inscrição em academias de ginástica, em um momento em que todos seus concorrentes exigiam um grande adiantamento. Em 1995, a Continental Airlines introduziu um programa de incentivo no qual cada um de seus 35 mil funcionários não gerenciais recebia US$65 para qualquer mês em que a Continental tivesse se classificado entre as cinco principais companhias aéreas mais pontuais. Essa campanha inovadora, conduzida pelos líderes transformadores Gordon Bethune e Greg Brenneman, funcionou incrivelmente. Bethune a descreveu em detalhes em seu livro *From Worst to First: Behind the Scenes of Continental's Remarkable Comeback* (Do Pior para o Primeiro: Os Bastidores do Notável Retorno da Continental, em tradução livre).

Em 2005, quando o preço da gasolina nos EUA girava em torno de US$3 por galão, a Mitsubishi lançou uma campanha para pagar esse combustível para seus clientes por um ano. Embora fosse apenas um desconto, a promoção foi divulgada para chamar atenção. Quando a Hyundai, fabricante coreano de automóveis, lutava para ganhar participação no mercado dos EUA, ela ofereceu a garantia mais extensa do setor: 10 anos ou 100 mil milhas. Essas não foram decisões operacionais do dia a dia, que causaram um impacto pequeno; foram escolhas que levaram a um crescimento exponencial.

Em fevereiro de 2005, a Amazon lançou o Amazon Prime. Por US$79 por ano, seus membros obtinham dois dias de frete grátis em todas as compras. Mais tarde, a empresa acrescentou música, filmes gratuitos e entrega gratuita de produtos perecíveis. Em setembro de 2019, o Amazon Prime contava com mais de 100 milhões de membros. Com o custo atual de US$119 por ano, isso representa US$11,9 bilhões em receita. Essa, sim, é uma campanha inovadora.

A jogada certa pode criar um verdadeiro *boom* em seu negócio. Você tem de sintetizar tudo o que sabe sobre os desejos e as necessidades de seus clientes, as limitações de seus concorrentes e seus próprios pontos fortes para criar uma campanha que impulsionará um rápido crescimento da receita.

4. DESENVOLVIMENTO DE LIDERANÇA

O crescimento exponencial depende de sua capacidade de desenvolver outras pessoas até que elas se tornem líderes efetivos.

Identifique os próximos líderes que preparará para uma maior responsabilidade. Faça uma lista de seus três, cinco ou de quantos tiver. Em seguida, comece a avaliá-los. Observe seus pontos fortes e fracos e como eles respondem em diferentes situações. Em seguida, olhe para seu nível de competitividade, sua capacidade de apresentar ideias e quão firmes eles são. Pergunte-lhes também se acreditam na empresa e se querem assumir um papel de liderança.

Em seguida, sente-se e identifique o que eles precisam fazer nos próximos seis meses, doze meses e dois anos. Desafie-os a crescer. Figurativamente falando, regue-os como se fossem plantas.

Como CEO, você será julgado com base no tipo de líderes que desenvolve. Encontrar pessoas que possam sozinhas construir o negócio, em vez de apenas seguir ordens, levará a um crescimento exponencial. Para isso, é preciso encontrar o tipo certo de pessoas para recrutar e fazer do desenvolvimento de liderança uma prioridade de alto nível.

Seu Desafio

A maioria das pessoas se mantém no nível linear, isso porque ter escolhido ser um empreendedor não faz de você um visionário ou um CEO. Se passar a maior parte de seu tempo nos quadrantes lineares, não criará muito *momentum*. Se, por outro lado, passar todo seu tempo nos quadrantes exponenciais, corre o risco de não ser capaz de sustentar seu crescimento.

Você precisa olhar para o quadrante estratégico e se perguntar onde está fazendo um bom trabalho e onde não está. Onde você precisa pivotar? Você precisa criar uma campanha inovadora? Talvez seja necessário olhar para os próximos noventa dias e se preparar para sua próxima campanha inovadora.

Você ficará surpreso com o quão gratificante pode ser montar uma estratégia para seu negócio. É emocionante ver seu negócio crescer e o dinheiro começar a entrar. Uma vez que isso começa a acontecer, tudo fica muito, mas muito interessante.

Para Melhorar o Desempenho de Seus Funcionários, Pressione-os até Dessensibilizá-los

Como fazer com que sua equipe tenha capacidade máxima de desempenho? Como motivá-la a fazer melhorias significativas ano após ano?

Essas são perguntas difíceis para empreendedores. Talvez você tente ser o melhor amigo de sua equipe. Talvez lhes dê um *feedback* pesado. Talvez você ofereça apoio e incentivo. Há muitas teorias ao redor deste assunto, mas sei o que funciona para mim, e se puder superar seu desejo de ser apreciado, aposto que funcionará para você também.

Tenho um amigo, Chris Hayes, que jogou na defensiva na NFL (liga esportiva profissional de futebol americano dos Estados Unidos) por sete anos. Chris jogou com vários treinadores famosos, incluindo Herm Edwards e Bill Parcells. Um dia, perguntei: "Qual foi o treinador mais difícil com que jogou?"

Chris não hesitou. "Bill Belichick", disse.

Na época, Belichick era um assistente de Parcells no New York Jets.

"Ele foi de longe o mais difícil", disse Chris. "Suas expectativas eram muito altas. Era muito frustrante. O treinamento e a prática eram uma loucura. Ele queria que estivéssemos o mais próximo possível da perfeição em tudo. Ele implicava com as coisas mais ínfimas. Mas também sabíamos que íamos ganhar, porque ele queria vencer mais do que qualquer um naquela sala. Então, nós o seguíamos de olhos fechados."

Empreendedores podem aprender muito com a experiência de Chris com Bill Belichick. Eu aprendi. Eu pressiono minha equipe até eles se tornarem imunes. Penso que, se puderem me aturar, será fácil lidar com os problemas que terão com os clientes. Se puderem lidar comigo, podem lidar com qualquer um. Eles não ficam aborrecidos. Quando passam pela minha panela de pressão, tornam-se líderes melhores e lidam melhor com conflitos.

A maneira como os pressiono é fazendo perguntas — e esperando pelas respostas. Desafio minha equipe da mesma forma que estou desafiando vocês. Peço-lhes que percebam claramente quem querem ser e descrevam seus próximos passos em detalhes. Assim que expressam o que desejam, uso suas respostas para cobrá-los. Não berro e nem grito. Não lhes imponho meus próprios objetivos. O que faço é repetir o que eles disseram que desejam realizar. Se estão ficando aquém de seus objetivos, pergunto por que e me calo. Descobri que instigar essa autorreflexão é muito mais poderoso do que dizer o que devem fazer. Em última instância, estou os ensinando a prestar contas das altas expectativas que estabeleceram para si mesmos.

A maioria das pessoas não quer ter de prestar contas. Manter o padrão de ser sempre seu melhor não é para os fracos. Trabalhar para mim não é fácil, e isso é intencional. Leva alguns anos para que os membros de minha equipe fiquem dessensibilizados à pressão, mas quando isso acontece, ficam perfeitos. Como os jogadores de Belichick, eles sentem a intensa pressão das altas expectativas e, embora se ressintam no início, se habituam. Acabam percebendo que a pressão eleva seu desempenho, o que resulta em vitórias para a equipe. Depois de um tempo, a pressão não os incomoda mais.

Eis um bônus ainda maior: o efeito dominó. Quando pressiono positivamente uma pessoa, ela pressiona outra. Quando adicionamos mais pessoas à equipe, também as pressionamos, e elas, por sua vez, pressionam outras. Em vez de uma prática de gestão, a pressão se torna parte da cultura. Lembre-se de que você não está fazendo isso para incomodar sua equipe, mas, sim, para aplicar o tipo certo de pressão positiva.

Bill Belichick ganhou seis Super Bowls como treinador principal do New England Patriots. Você acha que Tom Brady, capitão de time, descreveria um jogo em que Belichick fosse treinador como um piquenique? Claro que não! Na verdade, o fato de Belichick ter sido tão duro com Brady teve um efeito multiplicador.

Quando uma estrela é desafiada, todos também são obrigados a elevar o próprio jogo. À medida que a pressão é aplicada e as expectativas sobem, essa se torna a norma. Mesmo que Brady tenha partido para se juntar aos Tampa Bay Buccaneers, após vinte temporadas com Belichick e os Patriots, é justo dizer que Brady e Belichick foram a melhor combinação de treinador e capitão da história. O crédito é de Belichick, por pressionar Brady, e deste último, por responder à pressão.

Há várias formas de pressionar alguém: oferecer críticas construtivas, subir as metas de resultados, fazer perguntas difíceis. Mantenha a pressão constante, fazendo perguntas que criam responsabilidade, e verá como as pessoas elevarão o nível do jogo.

Percebo que essa conversa pode soar um pouco dura e assustar alguns, por isso, quero enfatizar que essa estratégia não funciona para todos. Ela tem de se ajustar tanto à sua personalidade quanto à sua filosofia. Também dependerá muito de sua equipe e de sua cultura. Mais uma vez, estou apenas compartilhando o que funciona para mim. Neste momento, confio em você para processar o que digo e fazer uso de uma abordagem própria.

Líderes Visionários Têm um Campo de Distorção da Realidade

Um tema comum na biografia de Steve Jobs escrita por Walter Isaacson é o campo de distorção da realidade desse fundador da Apple. Em vez de aceitar as ideias que os outros tinham da realidade ou "ser bom o suficiente", ele criou suas próprias histórias e pressionou outros a torná-las verdadeiras. Impôs sua vontade aos outros para reprogramar as expectativas deles em relação a si mesmos. E como Steve Jobs não estava disposto a aceitar a realidade de suas limitações autoimpostas, eles acabaram surpreendendo a si mesmos.

Estar perto de CEOs fortes que estão sempre elevando seus padrões pode ser desconfortável. Eles projetam um sentimento de que não importa que se esteja trabalhando duro, não é o suficiente. As pessoas podem dizer: "Sempre que chegamos a algum lugar, você move a baliza. Quando é que você ficará satisfeito"? Isso é o que torna um CEO forte tão eficaz. É por isso que Steve Jobs pode ter sido odiado quando estava impondo prazos, mas agora é reverenciado.

Perdoe esta rápida digressão, mas acho até engraçado o equívoco sobre a demissão de empregados. A maioria das pessoas pensa que o funcionário do dia a dia tem a maior chance de ser demitido, mas a realidade é que ninguém é despedido com mais frequência do que o fundador ou CEO da empresa. Toda vez que um funcionário desiste, o CEO está sendo, de alguma forma, demitido. Toda vez que um cliente troca a empresa pela concorrência, de alguma forma, o CEO também está sendo demitido. Toda vez que um vendedor brilhante sai, o CEO está sendo demitido. Toda vez que a empresa é processada, é uma forma de o CEO ser demitido. Ninguém é demitido com mais frequência do que o CEO.

Quando um CEO/fundador perde o emprego, muitas vezes ele ou ela vai à falência e perde tudo, enquanto um funcionário perde apenas um emprego e só precisa encontrar outro. É importante que sua equipe saiba que ninguém está sob uma pressão maior do que a dos outros. A intenção não é enfraquecê-los, mas informá-los de que a pressão é compartilhada por todos.

■ ■ ■ ■ ■

Eis um exemplo de como desafio as pessoas. Estava me reunindo com um grupo de funcionários, quando perguntei a eles: "Quantos de vocês querem um aumento?"

Todos disseram que queriam um aumento.

"Certo, agora me façam um favor e escrevam o valor máximo que já fizeram em um ano. Não me mostrem; apenas escrevam para si mesmos."

Depois que o fizeram, eu disse: "Agora escrevam o valor que gostariam de alcançar anualmente."

Novamente esperei; depois perguntei: "Por que vocês não alcançaram esse valor ainda? É culpa da empresa? Querem que eu dê o tipo de resposta que faz com que se sintam bem? Ou querem a verdade?"

Eles pediram a verdade.

"O mercado determina nosso valor. Podemos pensar que somos mais valiosos, mas se o mercado não estiver disposto a pagar, então talvez estejamos nos supervalorizando. Aquele número que vocês escreveram, vocês têm de correr atrás para alcançá-lo. Não acontece por sorte. Vocês querem ser supervisores? Querem dirigir um departamento? Então devem se perguntar o que precisam fazer para aumentar o valor de vocês no mercado. Quem fica conosco em longo prazo está constantemente se aprimorando. Encorajamos a melhoria. E se você não se aprimorar, outros irão superá-lo e se tornar seu chefe."

Tudo isso aumenta a pressão, a expectativa e o desempenho.

O próximo passo é criar o ambiente que permita aos funcionários autorrefletir e traçar o próprio rumo. Pedirei que eles façam uma lista de suas cinco próximas jogadas. Pedir para me enviarem um e-mail com suas jogadas, se estiverem comprometidos a serem cobrados. Ao fazê-lo, eles estabeleceram uma meta alta para si mesmos e me deram permissão para responsabilizá-los.

Liberte Seus Leões e Dê-lhes o Poder de Construir Impérios

O filósofo Ludwig Wittgenstein disse: "Se um leão pudesse falar, não conseguiríamos entendê-lo." Você tem de aprender a lidar com leões (aqueles que se destacam). Os leões constroem impérios e lideram pessoas. Eles também lhe darão o maior lucro e as maiores dores de cabeça. São exigentes e têm pavio curto. Às vezes, pode parecer que não têm sentimentos. Muitos são desorganizados e caóticos.

Rob Parson era um leão. Ele tinha se superado na Morgan Stanley, mas como a gerência não sabia lidar com ele, a empresa quase o perdeu. Você pode perder ovelhas. Como elas, há muitas. Mas você não pode perder leões.

Grandes empresas estão repletas de vários leões que dirigem seus próprios impérios. Antes de fundar minha agência, eu era um leão trabalhando para uma grande empresa. Eu era agressivo. Era impetuoso. Lembre-se de que eu era a pessoa que escreveu uma carta de dezesseis páginas para a gerência exigindo mudanças. Se essa equipe de liderança soubesse lidar com um leão, poderia ter domado toda a minha agressividade e forrado suas carteiras. Eu estava apto a me tornar um intraempreendedor e fazer uma pequena fortuna para mim e uma grande fortuna para a empresa, mas eles não tinham ideia de como me tratar, e foi por isso que fui embora.

A chave para lidar com os leões é desafiá-los. Até mesmo os jogadores mais brilhantes, no calor do momento, se aborrecerão com seus treinadores. Não é divertido ser levado para além do limite da própria dor. No entanto, no fim das contas, esses mesmos jogadores elogiam seus treinadores. Por quê? Porque são leões, e os leões prosperam ao serem empurrados para além do limiar da dor.

Se quiser ser apreciado, se precisa deixar os outros confortáveis para se sentir bem, você não é talhado para lidar com um leão, muito menos para ser um CEO. As pessoas podem odiá-lo na hora, mas a única maneira de fazê-las prosperar e garantir a sobrevivência de seu negócio é responsabilizá-las.

Sete Maneiras de Responsabilizar as Pessoas

1. **Não tenha medo de responsabilizar as pessoas e chamar a atenção delas quando não cumprirem sua palavra.** Deixe bem claro que não é pessoal; você não gosta do desempenho delas, não da personalidade. E seja gentil.
2. **Pergunte por que e fique em silêncio o tempo suficiente para ouvir suas respostas.** Quando não houver uma boa explicação do motivo pelo qual um funcionário quebrou uma promessa ou perdeu um prazo, pergunte a ele. Obtenha uma resposta específica. Você precisa ir fundo para descobrir o que realmente está acontecendo. Essa é a única maneira de tirar proveito da conversa.
3. **Faça declarações quantitativas específicas, e não qualitativas gerais.** Não adianta só dizer para seus funcionários trabalharem mais ou se aprimorarem. Dê-lhes desafios específicos a serem enfrentados e que possam ser medidos e tenham prazos.
4. **Forneça métricas claras e especifique bem os incentivos.** Diga a eles o que receberão ao atingir (ou passar longe das) suas métricas. Os números não mentem. Você evitará conflitos futuros sendo claro sobre as metas.
5. **Treine sua equipe por meio do fluxo de trabalho.** Não é suficiente dizer-lhes *no que* trabalhar. Você deve treiná-los ensinando *como* trabalhar. Certifique-se de que tenham os recursos e a *expertise* necessários para completar a tarefa.
6. **Conheça o papel que cada pessoa desempenha na equipe.** Como a prestação de contas afetará outros membros da equipe? Quem mais você também poderia cobrar para garantir o sucesso dessa pessoa?
7. **Finalize com afeto e empatia.** Todos nós somos seres humanos com sentimentos. Não temos conhecimento de tudo que se passa na vida dos outros. Você pode ser firme e compassivo.

O que está faltando nesta lista é a pessoa para quem *você* prestará contas. As pessoas em seu nível ou em um nível inferior não serão duras com você. Não pense nelas para responsabilizá-lo. Encontre alguém que respeite e que esteja disposto a lhe cobrar semanalmente. Em alguns casos, pode ser seu gerente. Se você é um empreendedor, pode ser um investidor ou um membro do conselho. Organizações como Vistage e YPO (Young Presidents' Organization) podem lhe dar aconselhamento. Cabe a você levar a ideia adiante procurando pessoas com as quais compartilhar seus grandes objetivos e que concordarão em cobrar que você continue alinhado a elas.

Faça uma lista das pessoas a quem pode prestar contas. Qual é o nível de credibilidade delas? Se aqueles a quem presta contas têm um baixo nível de credibilidade, por que você os escolheu?

■ ■ ■ ■ ■

Você pode estar pronto para se tornar um CEO. Para fazê-lo, precisa ter capital suficiente para administrar seu negócio. Como discutimos, escolher a melhor opção exige que você equilibre a quantidade de controle (e *equity*) da qual está disposto a desistir com o valor da responsabilidade que pode aceitar.

Uma vez que sua empresa esteja devidamente financiada, seu foco se voltará para o crescimento. Você precisará executar estratégias tanto lineares quanto exponenciais para criar dinamismo e mantê-lo. Sua próxima inovação será o catalisador para a expansão de seus negócios. Desenvolver líderes também criará um crescimento exponencial, embora a um ritmo mais previsível.

Não esqueçamos também que o produto mais importante que você alguma vez terá são as pessoas ao seu redor. Se você acha que, como CEO, o mundo gira ao seu redor, terá problemas sérios. Sem sua equipe, você tem um emprego, não um negócio.

Você tem de se preocupar de verdade com sua equipe. Eles conseguirão ver se há uma preocupação genuína por trás dos elogios. Eles responderão à sinceridade e à autenticidade, e a melhor maneira de lhes mostrar isso é fazendo perguntas cuidadosas. Você pensa nos sonhos, objetivos e propósitos deles? Se sim, um dia acabará se tornando um grande CEO.

O produto número um é sempre o capital humano. Você precisa saber o que está acontecendo quando alguém está triste, por que outro não está motivada a 100% e por que um terceiro está meio esquecido. Leve a pessoa que está com problemas para almoçar, converse com ela e pergunte: "Está tudo ok? Como vai sua esposa? As crianças estão bem?" Os bons negócios têm a ver com relacionamentos.

Se você está lendo isto e dizendo "é muito trabalho a se fazer", saiba que todo esse trabalho levará anos. Não espere se tornar bom nisso da noite para o dia. É um processo interminável que depende de seu desejo infinito de continuar se aprimorando. Você um dia não será uma dessas pessoas que se autointitula CEO só porque registrou uma empresa e comprou cartões de visita. Você saberá que é um CEO quando os outros começarem a olhar para você como um.

10

Faça do *Momentum* Seu Amigo — e Prepare-se para o Caos

"A sensação é a de que tudo está prestes a desmoronar. A sensação de pânico é exatamente o crescimento.

Você vai querer escapar desse sentimento aterrorizante o mais rápido possível. Seu cérebro pensa que o corpo está em perigo, e o mais importante é se livrar desse perigo, para acabar com a tensão.

Você vai querer fugir... esse é o momento crítico em que a maioria das pessoas perde. A chave é reconhecer quando se sente assim e aprofundar-se ainda mais nesses momentos."

—Seth Godin, blogueiro, empresário e autor best-seller

Para acumular riqueza, sucesso e poder, você precisa ser como um time de basquete com dez vitórias consecutivas. Você está jogando e ganhando *momentum* à medida que joga. O *momentum*, também chamado de quantidade de movimento ou momento linear, é descrito pela física como o produto da massa e da velocidade de um corpo. Traduzindo em termos empresariais, é o produto de quem você é e da velocidade com que está avançando.

Quando reúne *momentum*, você se torna uma força, em vez de ser apenas um negócio. Você pode não ser imparável, mas ninguém mentalmente são vai querer se meter em seu caminho. Você está avançando com cada vez mais confiança, talento e dinheiro.

Leve a sério a criação do *momentum*. Trate-o como alguém com quem você está namorando e que parece ser sua "alma gêmea". A cada encontro, o relacionamento se fortalece. Cada vez que vê a pessoa é melhor do que a última vez. Não é apenas algo físico; a intimidade emocional e o respeito mútuo se desenvolvem.

A maneira mais rápida de perder o *momentum* é abusar dele. Sua "alma gêmea" continua lhe dizendo que você é o melhor. E você acredita nisso, fica arrogante e começa a dormir com outras pessoas — acreditando que aquela estará sempre ali. Então, *boom*! Assim mesmo, lá se vai o *momentum*, lá se vai a relação. Você está completamente só, sentindo-se humilhado e tendo de recomeçar tudo de novo, o que é ainda mais difícil agora, que provou não ser confiável.

Já vi várias vezes o equivalente a esse cenário nos negócios. É por isso que, neste capítulo, falamos sobre o poder e o perigo do *momentum*. Se implementar a inovação correta e desenvolver líderes, você ganhará *momentum*. O desafio está em mantê-lo. Muitos empreendedores tiveram sucesso; nem todos o mantiveram. A diferença é a disciplina. Assim como o *momentum* aumenta seu poder, ele pode cegá-lo para suas fraquezas. Primeiro vamos falar sobre como criar *momentum*, e depois, sobre como administrá-lo.

Se você precisar de mais motivação para manter o *momentum*, considere o seguinte: o empreendedor médio começa a se sentir como um deus quando o *momentum* é continuado. Pode ser algo transformador, portanto, seja disciplinado e não deixe que ele esfrie — mas não permita que infle seu ego.

Se Tiver Uma Overdose, Que Seja de Velocidade

Se tenho uma expectativa em relação às pessoas com que trabalho, é esta: não cederei na velocidade, na execução ou na eficiência. Não me importa o quanto crescemos; quero velocidade, execução e eficiência. Sou ganancioso nessas três áreas. Quero todas.

Aqui está uma grande pergunta para líderes: como reduzir o tempo necessário para fazer coisas? Muitas vezes, os empreendedores não entendem como aumentar a velocidade. Em vez disso, dizem: "Estamos indo o mais rápido que podemos, de maneira alguma podemos ser mais rápidos." Ou: "Claro, podemos reduzir nosso tempo, mas isso significa gastar muito dinheiro contratando mais pessoas ou instalando sistemas melhores."

Isso não é aceitável.

Eu nunca sugeriria comprometer a qualidade por velocidade, mas lhe darei uma maneira melhor de ganhar velocidade sem que sua qualidade sofra (na verdade, ela deve melhorar). Comecemos falando de Ferraris. Considere três versões do carro, produzidas em diferentes anos: 1977, 1997, 2017. Eis o tempo que cada um deles levou para ir de 0 a 95 milhas por hora:

1977 308
0 - 60 : 8,1 segundos

1997 F355
4,9 segundos

2017 488 GTB
2,9 segundos

2037 GTX
? segundos

Considerando essa tendência, o que você estimaria que a Ferrari 2037 poderia ser capaz de fazer? Que tal 0,9 segundo?

Parece impossível ir de 0 a 60 milhas por hora em um piscar de olhos. Sem dúvida, as pessoas em 1977 disseram: "Nunca uma Ferrari poderia fazer isso em 4,9 segundos." Sem dúvida, as pessoas em 1997 disseram: "Nunca uma Ferrari poderia fazer isso em 2,9 segundos."

Quando você pensa nas várias funções de seu negócio — vendas, contratação, atendimento ao cliente —, o que pode fazer para reduzir seu cronograma? Pode parecer difícil ou até impossível, mas garanto que há uma maneira de reduzir o tempo necessário para desempenhar qualquer função.

E antes de reclamar que fez tudo o que podia, deixe eu lhe contar outra história relacionada a automóveis. Como li no livro de Jeffrey Liker *O Modelo Toyota*, o catalisador do sucesso da Toyota foi a decisão de resolver todos os problemas que surgiram na linha de montagem em não mais do que 59 segundos. A empresa deu a todos os participantes da assembleia uma campainha para tocar; assim que um funcionário encontrasse um problema, tocaria a campainha e um supervisor se apressaria em resolvê-lo.

Essa é a principal razão pela qual a Toyota veio a dominar sua indústria. Não foi por ter um marketing melhor ou melhores preços, mas, sim, porque aprendeu a comprimir seus cronogramas. A Toyota conseguia executar mais rápido do que seus concorrentes.

Olhe para a indústria de *fast-food*. Por que o McDonald's tem dominado durante anos? Não é porque a comida ou o serviço deles é o melhor, mas, sim, porque entregam a comida mais rapidamente. Siga o exemplo deles. Crie um comitê de pessoas experientes e as encarregue de descobrir como tornar mais rápida uma função. Pegue uma folha de papel e liste as etapas de qualquer função em seus negócios. Examine como eliminar um dos passos. Avalie quais passos você pode reduzir. Em seguida, faça um teste beta dos passos já revisados. Faça ajustes com base no teste. Implemente cada ferramenta que puder para diminuir os prazos.

Quatro Formas de Acelerar

Aumentar a velocidade dos quatro fatores a seguir permitirá ao seu negócio avançar mais rapidamente.

1. **Velocidade de funcionamento.** Este é o sistema de apoio que você fornece para sua equipe. Examine quem são essas pessoas e as capacidades delas. Você pode ajudá-las a melhorar com treinamento ou com outros meios para que possam cortar algum tempo de uma função? Você precisa de alguém com talento para acelerar as coisas? A velocidade de funcionamento é o núcleo de seu negócio.
2. **Velocidade de processamento.** Há uma série de funções ou processos que fazem sua organização funcionar. Com que rapidez você consegue levar seu produto de A a Z? Anteriormente, sugeri que você decompusesse as etapas de determinada função e analisasse cada uma delas tendo em mente a velocidade. Digamos que você tenha uma loja online. Os fatores que contribuem para a velocidade de processamento de uma venda são os seguintes: o cliente encontra o site por meio da busca; visita o site; clica na página com tipos específicos de produtos; examina preços e outras opções; adiciona o produto ao carrinho; insere as informações do cartão de crédito; escolhe o tipo de envio; confirma a compra. Há chances de reduzir o tempo que os clientes levam para realizar pelo menos uma dessas etapas. Você não acha que sim? Já ouviu falar da "compra com 1-clique" da Amazon? A Amazon passou a dominar o comércio eletrônico ao focar na velocidade de processamento.
3. **Velocidade de expansão.** Trata-se da rapidez com que você se move para novos mercados, faz aquisições e introduz novos produtos. Qual é o tempo médio que você leva para entrar em um novo mercado se for varejista? Mais uma vez, identifique seu cronograma e examine seus passos. Se você está se expandindo para um mercado externo, existe uma etapa em particular que sempre o atrasa? É preciso identificar os obstáculos e encontrar formas de contorná-los. Se estiver negociando acordos no exterior que são constantemente bloqueados devido à burocracia, determine quanto lhe custa em termos de tempo, irritação

e dinheiro. A solução simples pode ser contratar um advogado bem relacionado, com experiência global e as conexões certas.
4. **Cronometrando a velocidade.** A pergunta "quando?" pode fazer milagres. Se cronometrar seus movimentos corretamente, você pode vencer até os concorrentes com mais recursos. Você sabe que o governo está disposto a liberar um grande estudo sobre como foi descoberto que certa vitamina é eficaz na redução dos efeitos de determinada doença. Você não sabe que vitamina o estudo recomendará, mas aposta que é a vitamina de alta potência que você vem desenvolvendo. Você agenda a introdução de seu produto para o dia em que o governo anunciar os resultados do estudo.

Montar uma agenda é algo que se aplica a uma variedade de ações: quando anunciar uma iniciativa; quando lançar um ataque contra um concorrente; quando demitir ou contratar; quando dar às pessoas um bônus; quando oferecer *equity*. Se você acertar no cronograma, duplicará seu impacto. Há um ditado que diz que a velocidade mata. Isso mesmo, mata a concorrência.

Um Sistema de Sete Passos para Reduzir os Cronogramas

1. **Escolha um processo.** Desde a compra de uma casa até o pedido de um táxi ou compartilhar fotos online com seus amigos, há um processo a seguir. Na verdade, uma das grandes maneiras de identificar um negócio em potencial é encontrar um processo defeituoso que você pode melhorar.
2. **Liste as etapas do processo.**
3. **Remova uma etapa.** É aqui que a mágica acontece. Veja se consegue remover uma etapa. Como funcionaria o processo sem esse passo? É aqui que nasce a disrupção. Se não estiver convencido, volte algumas páginas e veja por que minha empresa gastou mais de US$2 milhões para acelerar sua velocidade de processamento.
4. **Minimize os passos.** Pegue as etapas restantes e condense seu horizonte de tempo. Condensar as demais etapas ajudará a otimizar o processo, que agora está sem um dos passos.

5. **Faça um teste beta do novo processo.** Encontre um subconjunto de clientes para testar e veja como funciona o novo processo. Como o mercado responde e onde é necessário fazer melhorias?
6. **Adapte o processo.** Com base nos resultados de seu teste beta, ajuste seu processo. É aqui que você adapta o processo para se adequar a uma necessidade.
7. **Refine.** Você fez o teste beta, e o processo ajustado está pronto para ser lançado. Venda seu produto mais rapidamente em todos os cantos de seu mercado, e não se esqueça de repetir esses passos várias vezes para criar um crescimento exponencial.

Planeje (Com Sabedoria e Otimismo) Seu Crescimento

Steve Jobs disse: "Há uma velha citação de Wayne Gretzky que adoro. 'Patino até onde o disco vai estar, não até onde esteve'. E sempre tentamos fazer o mesmo na Apple." Embora essa citação tenha sido tão usada que agora parece clichê, há muita sabedoria nela. Gretzky foi o grande mestre máximo do hóquei. Sua capacidade de ver mais movimentos à frente do que seus oponentes é a razão pela qual ainda é chamado de "O Grande".

Você será constantemente forçado a tomar decisões enquanto vive no tempo presente, ainda que sua mente e seu coração vivam na verdade futura. Tomemos como exemplo seu espaço de escritório. Se sua empresa é bem-sucedida, ela crescerá. Se for extremamente bem-sucedida, sua trajetória de crescimento será acentuada. Isso significa que precisará de mais pessoas, equipamentos e espaço. Quando o centro tecnológico Built, em Chicago, anunciou em setembro de 2019 que a VillageMD, uma empresa médica líder em cuidados primários, tinha arrecadado US$100 milhões em financiamentos da Série B, seu comunicado de imprensa dizia: "A empresa arrecadou um total de US$216 milhões até o momento...e cresceu tanto que teve de mudar quatro vezes de sede desde seu lançamento em 2013."

O crescimento rápido pode causar o caos, mas você pode controlá-lo a um certo nível ao seguir esta regra simples: se tem capital, alugue um escritório tendo como base o espaço que precisará daqui a dezoito meses. Para muitas empresas, *se* é um termo bastante importante. Depois de se mudar quatro vezes em seis anos, a empresa VillageMD, em rápido crescimento, parece ter encontrado o equilíbrio certo.

Se sua empresa crescer rapidamente e não tiver espaço suficiente, você terá pessoas trabalhando apertadas. Quando seus funcionários estão muito próximos, alguns se esbarrarão e se encostarão de modo pouco apropriado. Começarão a discutir mais e fazer mais barulho. Começarão a brigar para decidir quem pode usar a sala de conferências. Dirão uns aos outros para pararem de ouvir seus telefonemas. Não há dúvida de que a falta de um espaço adequado pode reduzir seu *momentum*.

■ ■ ■ ■ ■

Romeo arrecadou US$750 mil para iniciar uma empresa de marketing financeiro em Long Beach, na Califórnia. Como muitos empreendedores, Romeo era um ótimo vendedor. Ainda mais carismático de perto, ele era brilhante em fazer com que as pessoas "assinem na linha tracejada" — para citar o personagem de Alec Baldwin em *Sucesso a Qualquer Preço*. Mesmo os melhores vendedores, no entanto, podem ser péssimos empreendedores.

Fui ao World Trade Center de Long Beach para ver a operação de Romeo. Ele havia alugado todo o 19º andar do prédio, quase 2.800 metros quadrados. A US$320 por ano o metro quadrado, só o aluguel chegou a US$75 mil. Isso tudo sem levar em conta telefones, internet, eletricidade ou qualquer outra despesa contínua de um escritório — e sem contar com a equipe de apoio. Era evidente que Romeo não estava pensando mais de uma ou duas jogadas adiante.

O investidor de Romeo me perguntou se eu achava que ele tinha feito um bom investimento.

"Em quanto tempo você espera ter um retorno sobre seu investimento?", perguntei.

"Nada além do razoável", disse ele. "Se conseguisse nos próximos seis meses, seria bom. Ou até em doze."

Comecei a processar, e era óbvio que o negócio caminhava para um abismo. Faça as contas: a empresa precisaria de US$100 mil por mês apenas para cobrir suas despesas de escritório, e mais US$62.500 por mês durante o primeiro ano para reembolsar o investidor. Isso sem mencionar despesas pessoais, como alimentos, roupas e carros para Romeo, que tinha um gosto caro.

Jantei com Romeo antes de partir. Como ele pediu um *feedback* honesto, disse-lhe para reduzir suas despesas imediatamente enquanto ainda tinha chance. Expliquei que não fazia sentido um escritório tão grande para apenas cinco agentes em tempo integral e trinta em meio período. Com quarenta mesas vazias nas salas e baias, o local parecia um necrotério. Como era de se esperar, ele não ficou muito contente com meu conselho.

Romeo tinha o talento e as habilidades para fazer o negócio funcionar, apenas não estava disposto a aceitar que administrar um negócio de sucesso requer a tomada de decisões financeiras firmes. Ele acabou se enterrando em dívidas e teve de fechar o negócio. Você acha que Romeo estava agindo como um grande mestre? Se tivesse pensado apenas três jogadas adiante, poderia ter evitado esse percurso desastroso.

Entendo que é preciso um equilíbrio fino quando se administra pensando no presente e no futuro. Se você tem cinco funcionários em tempo integral, seu ponto de equilíbrio pode ser um escritório que acomode quinze ou vinte. Se você é experiente, arranjará uma opção de espaço adjacente para o qual possa se mudar quando precisar.

Sim, planeje o crescimento. E, sim, planeje com sabedoria para que possa alocar capital para o que é mais importante. As pessoas podem se convencer de qualquer coisa. Antes de enlouquecer com o espaço do escritório, vamos fazer uma brincadeira. Veja se a empresa combina com o local onde ela nasceu.

Você provavelmente já conhece a Apple. No caso das outras empresas, veja se combinam com o primeiro escritório delas.

EMPRESA	PRIMEIRO ESCRITÓRIO
Apple	Garagem em Cupertino, Califórnia
Mattel	Escritório em casa
Google	Galpão de madeira atrás da loja de máquinas de um amigo
Disney	Garagem própria
eBay	Garagem do tio
Harley-Davidson	Dormitório
Dell	Garagem alugada

Respostas: *Mattel: Garagem própria; Google: Garagem alugada; Disney: Garagem do tio; eBay: Escritório em casa; Harley-Davidson: Galpão de madeira apertado atrás da loja de máquinas de um amigo; Dell: Dormitório.*

Redução do Arrependimento

Jeff Bezos, o fundador da Amazon, fala muito sobre a redução do arrependimento — sobre se projetar em um tempo futuro e pensar no que, teoricamente, poderia se arrepender de não ter feito. Para Bezos, essa é uma forma de garantir que assume riscos calculados, uma vez que, mesmo que falhe, seria pior se não tivesse nem tentado.

Acontece que Wayne Gretzky, o maior artilheiro da história da NHL, disse mais uma frase atemporal: "Você erra 100% dos remates que não faz."

Eis uma pergunta para esclarecer este conceito: aos 89 anos de idade, Warren Buffett vale US$90 bilhões (desde janeiro de 2020). Quanto você acha que ele valia aos 47 anos? Cinco bilhões de dólares? Vinte bilhões de dólares? Se você é como a maioria, imaginaria que ele valesse pelo menos isso. Afinal de contas, apesar de estarmos falando de cerca de 42 anos de intervalo, faz sentido que ele tivesse muito dinheiro na época para chegar aos US$90 bilhões hoje.

Aos 47 anos, Buffett valia US$67 milhões.

Como é possível? Ele teria que ter feito muito para dar o salto de US$67 milhões a US$90 bilhões, certo? Como é que ele fez isso?

Buffett conseguiu dar esse salto porque não tinha maus hábitos e reduziu seus arrependimentos. Agora, eu não conheço o Sr. Buffett. Talvez ele tivesse outros arrependimentos que desconhecemos. Mas, a partir de tudo que li sobre ele, sei que ele tem um histórico consistente de pessoa decente e justa, tanto em sua vida pessoal como profissional.

Buffett não é viciado em drogas, não trai seus parceiros, não joga seu dinheiro no lixo, não se mete em problemas judiciais. Ao menos publicamente, não há registro nem indicação de nada do gênero. Buffett parece ter reduzido seus arrependimentos e, dessa maneira, manteve o *momentum*. Tudo isso foi essencial para ajudá-lo a passar de US$67 milhões a US$ 90 bilhões em 42 anos.

Compare o caminho de Buffett com a trajetória do apresentador de *talk show* Morton Downey Jr.

No final dos anos 1980, o programa de Downey era maior do que o de Phil Donahue's. Era como um programa de *reality*, isso antes de *reality shows* existirem. Downey estava no auge.

Até que ele se autodestruiu.

Em 24 de abril de 1989, Downey disse que foi atacado por três supremacistas brancos no banheiro de um aeroporto. Eles o espancaram, cortaram seu cabelo e desenharam suásticas em seu rosto. A polícia administrou um teste de detector de mentiras, mas ele passou.

Pouco tempo depois, Downey admitiu que tinha inventado todo o incidente. Em 19 de julho de 1989, seu show foi cancelado. Em fevereiro de 1990, Downey entrou com um pedido de falência.

Agora considere esse segundo incidente. Em um programa, Downey recebeu uma convidada vegetariana falando sobre seu estilo de vida saudável. Ele respondeu ao discurso dela dizendo: "Deixe-me dizer a você uma coisa, querida. Fumo quatro maços de cigarro por dia. Bebo quatro copos de álcool por dia. Como carne vermelha. Tenho 55 anos de idade, e pareço tão bem quanto você."

Downey morreu com 68 anos de câncer de pulmão, anos depois de desaparecer do olhar do público. Se ele pudesse olhar para trás, você acha que se arrependeria de alguns de seus comportamentos?

Ele tinha tudo a seu favor, mas não conseguia sustentar o *momentum*. Que esta história lhe sirva de alerta para evitar futuros arrependimentos.

Vice-Gerência

Poucas pessoas são santas, e muitos empreendedores têm vícios, mas se aprenderem a administrá-los, podem evitar que suas carreiras saiam dos trilhos. Aprendi com o pastor Dudley Rutherford que há quatro coisas que podem destruir um negócio ou uma pessoa:

1. Ganância
2. Gula
3. Garotas/garotos
4. Jogos de azar

A tentação leva o melhor de muitos de nós. Quantas pessoas destruíram a carreira e a vida por causa dos jogos de azar? Mas nem sempre estamos falando de vícios comuns, como jogar, beber ou usar drogas. Algumas pessoas têm vícios ligados ao dinheiro: são avarentos, ou gastam como marinheiros bêbados. Consequentemente, não fazem os investimentos certos (em tecnologia, pessoas etc.), ou gastam de forma insensata a ponto de não poderem sustentar suas operações.

O vício de algumas pessoas é a arrogância: tudo tem a ver com elas. Não dão crédito a outras pessoas e não dão a atenção devida nem aos negócios e nem ao dinheiro. Quem está por perto não demora muito para perceber isso, e os melhores talentos vão embora.

Trair também é um vício, ao qual alguns empresários são particularmente vulneráveis. No início de minha carreira, eu e Larry disputávamos clientes, e ele estava me dando uma surra, produzindo três vezes mais do que eu. Era humilhante por várias razões, mas especialmente por uma: na época, eu tinha uma namorada hipercompetitiva que atuava em nossos negócios e que também estava perdendo para ele. Ela ficou furiosa.

Para acalmá-la, eu disse: "Este é um jogo de longo prazo. A execução da nossa estratégia leva tempo. Vamos continuar atuando como sempre fizemos, pois este é um jogo de longo prazo."

Seis meses depois, a SEC (Comissão de Valores Mobiliários dos EUA) acusou Larry de convencer os clientes a retirar dinheiro de suas hipotecas e investir em anuidades variáveis. Tanto ele como outras nove pessoas de sua agência, que copiavam suas táticas, perderam suas licenças.

Larry era talentoso, mas permitiu que seu vício levasse a melhor. Todo o *momentum* que construiu quando estava vendendo como louco foi interrompido — permanentemente.

Os Cinco Pecados Mortais dos Empresários

A lista de vícios é interminável, mas os empresários são especialmente vulneráveis a certas tentações. Você deve fazer de tudo para evitar esses pecados, que destruirão qualquer *momentum* que construiu para seu negócio. Aqui estão os cinco pecados mortais:

1. Ser barateiro ou esbanjar insensatamente.
2. Se deixar influenciar pelas pessoas erradas.
3. Ter uma mentalidade de "realeza".
4. Recusar-se a se adaptar.
5. Comparar-se obsessivamente com os outros.

1. SER BARATEIRO OU PERDULÁRIO

Se você é fã de esportes, provavelmente já testemunhou um treinador de futebol que joga de forma conservadora quando sua equipe tem uma vantagem. Sem a agressividade que ajudou esse time a construir a liderança, a outra equipe tem uma oportunidade de montar uma virada de jogo. O treinador acha que está sendo sábio e protegendo a vantagem. Na realidade, sua extrema cautela faz com que todos tenham medo de cometer um erro e permite que a outra equipe ganhe terreno. A "defesa preventiva" acaba por lhes custar a vitória.

Quando são barateiros, os empreendedores se convencem de que estão sendo frugais; que ganharam uma boa quantia de dinheiro (isto é, construíram uma grande vantagem) e precisam se sentar sobre ela. Lembre-se do velho ditado: você tem de gastar dinheiro para ganhar dinheiro. Se deixar de gastar dinheiro atualizando seu software ou lançando um novo produto necessário, pagará por isso.

Outros empreendedores matam seu *momentum* gastando como se tivessem uma reserva infinita de dinheiro. Estão convencidos de que são diferentes de todo mundo e nunca terão um período de baixa. Gastam muito rápido, muitas vezes em coisas erradas, e quando precisam do dinheiro para algo crucial, ele não está lá. Puff, lá se vai o *momentum* deles.

2. SER INFLUENCIADO PELAS PESSOAS ERRADAS

Seu consultor lhe diz para duplicar o tamanho de seu negócio. Seu cônjuge insiste que você tem que cortar sua equipe pela metade. Seu amigo sugere que funda sua empresa à dele. Nenhum desses conselhos é necessariamente ruim, mas você precisa analisar a fonte. Decidir quem é a pessoa errada a seguir e quem é a certa. A pessoa errada tem seus próprios objetivos. Ela está mais interessada em ganhar seu favor sendo alguém que diz "sim" a tudo do que oferecer conselhos objetivos. A pessoa errada tem ciúmes do seu sucesso e secretamente quer lhe ver fracassar. A pessoa errada também pode ser um ente querido que não tem acesso a todas as informações e dados como você.

Processe essas questões. Não deixe que as pessoas o influenciem sem antes analisar quem eles são, seu caráter e suas motivações. Lembre-se também que, só porque estão com você há muito tempo — como um colega, um amigo ou mesmo um cônjuge — não significa que suas sugestões sejam boas.

3. TER UMA MENTALIDADE DE "REALEZA"

Você se sente merecedor de privilégios, onipotente e infalível. Como um rei ou uma rainha, governa e espera que seus súditos obedeçam, em vez de desafiarem cada proclamação sua. Não há dúvida de que você tem sido bem-sucedido e se sente como se governasse um império, mas pare e pense por um momento nas consequências de sua postura de "realeza":

- Ninguém questiona suas decisões.
- Ninguém se aventura a dar uma opinião diferente da sua.

- Ninguém está disposto a assumir riscos (por medo de ter a cabeça cortada).

Líderes que agem como realeza perdem o trono. Se os camponeses não se revoltarem, um novo líder que não tenha essa mentalidade ganhará território.

4. RECUSAR-SE A SE ADAPTAR
A agilidade é valorizada nas organizações de hoje por uma razão. No Capítulo 12, discutiremos a rapidez com que as empresas saem da lista Fortune 500 e do S&P 500. Se você não conseguir se adaptar, rapidamente fracassará. "Pivotar" é um verbo útil; significa a capacidade de se transformar rapidamente enquanto as situações mudam.

Muitos empreendedores estão convencidos de que devem perseverar no mesmo rumo, que devem dobrar a aposta quando uma estratégia não está funcionando. Só porque a Estratégia A funcionou e ajudou sua empresa a prosperar no ano passado, isso não significa que seja viável este ano.

5. COMPARAR-SE OBSESSIVAMENTE AOS OUTROS
Você pode perder de vista o quadro geral se estiver invejando constantemente um concorrente. Sou altamente competitivo, e se alguém na minha indústria está sendo mais bem-sucedido do que eu, meu reflexo é encontrar uma maneira de vencê-lo. Não há nada de errado com isso. O erro é ficar obcecado por outra pessoa — um concorrente, seu cunhado, seu mentor — e não se concentrar na sua estratégia e nos seus objetivos. Tudo que você quer é vencer o objeto de sua inveja, e se só se importa com isso, está se importando com a coisa errada e seu negócio perderá o rumo. Os grandes mestres têm uma capacidade incrível de concentração. Sabem que, se permitirem que alguma distração se infiltre em sua consciência, perderão rapidamente sua vantagem.

O Lado Negativo da Velocidade: a Tentação do Dinheiro Rápido

Você está decidido a expandir sua empresa? A maioria dos empresários está. São ambiciosos e traçam uma estratégia que os ajudará a adicionar novos produtos e serviços, aumentar receitas, expandir territórios e crescer de outras formas.

Você se sentirá tentado a tomar atalhos. Confie em mim. Vão lhe oferecer formas de ganhar dinheiro rápido ou atalhos para crescer. Você pode se sentir tentado a fazer parceria com alguém que tenha reputação de antiético, mas que também tenha contatos essenciais. Pode tentar oferecer um "presente" a um funcionário do governo ou a outra pessoa com o poder de ignorar uma violação ou ajudar sua proposta a ir para a frente. Pode entrar em um negócio lucrativo, no qual encontre o benefício de violar seu código moral.

Não estou dizendo que você fará algo ilegal, mas você pode violar seus valores e princípios em prol do crescimento. E sofrerá com as repercussões.

Quando minha agência começou a crescer, recebi ligações de pessoas trabalhando com seguros conosco e que pediam negócios paralelos. Você não tem ideia de como estive tentado a dizer sim! Não era ganancioso por dinheiro; era ganancioso por *momentum*. Se alguém me oferece um "negócio paralelo" que paga U$200 mil, é fácil racionalizar e aceitar aquele dinheiro para contratar mais líderes ou gastar mais em nossa próxima campanha inovadora.

Esses tipos de negócios serão tentadores, mas você tem de enxergar cinco lances adiante para entender que o veneno deles é suficiente para destruir seu negócio. Se eu já tivesse feito esse tipo de negócio paralelo e as pessoas leais a mim descobrissem, seria o fim do jogo.

Nunca passe por cima das pessoas leais a você. Se descobrirem que você fez acordos questionáveis, duas coisas acontecerão. Primeiro, dirão: "Ei, eu também quero um acordo lateral." Obviamente, você não pode dar um desses acordos a todos. E, em segundo lugar, quando você eventualmente tiver um desentendimento com um daqueles do negócio lateral, ele contará a todos sobre isso. Ele poderá lhe dizer,: "Se me der esse contrato, não conto para ninguém." Mas quando estiver bravo com você, ele contará, e então todos saberão que tipo de jogos você tem jogado.

Manter sua integridade é sempre uma estratégia vencedora. Quando você compromete sua integridade, persegue pequenas bolsas de crescimento, em vez de buscar metas de crescimento muito maiores. Você opta por pequenos resultados, em vez de pontuações grandes e sustentáveis. É a fórmula perfeita para construir um negócio medíocre e ser paralisado pela paranoia. Você é melhor do que isso.

Massa × Velocidade = *Momentum*

É muito perigoso quando seu negócio reúne a força de um rochedo rolando para baixo. A chave é administrar sua velocidade. Construa sobre o *momentum*, e seus concorrentes estarão em apuros. Adiante-se e prepare-se bem, e seus credores terão problemas.

O caos está para o empreendedorismo como as ondas perigosas estão para o surfe. Ele vem com o território, e se você não souber como lidar com ele efetivamente, estará em apuros. Você pode processar informações de forma eficaz mesmo quando seu mundo estiver de pernas para o ar. Mais do que isso, você pode retirar energia do caos e usá-la para redobrar seus esforços na administração de seu negócio. Na verdade, eu deliberadamente posicionei o capítulo sobre sistemas depois deste. Se estiver se sentindo nervoso com a velocidade, ter um sistema para rastreá-la e gerenciá-la é o antídoto perfeito.

11

Moneyball: Projetando Sistemas para Rastrear Seu Negócio

"É um erro capital teorizar antes de se ter dados."
—Sherlock Holmes

Nos negócios, você deve se perguntar constantemente: o que posso rastrear?

Os empreendedores adoram a expressão "mover a agulha". Mas primeiro você deve descobrir *o que* a agulha está medindo!

Se você não tem números mensuráveis para os quais possa olhar logo pela manhã ao acordar, está administrando de forma ineficiente. Líderes que colocam a mão na massa em todos os aspectos de seus negócios ainda têm de aprender os benefícios dos dados. A criação de sistemas e protocolos diminui a necessidade de microgerenciar. Quando aprender a rastrear os indicadores-chave de seu negócio, você saberá exatamente para onde direcionar sua energia e experiência.

Um CEO é responsável por fazer as coisas, e nos velhos tempos, isso pode ter envolvido uma gestão que incluía andar pela empresa criando sistemas de implementação. Hoje em dia, tudo depende de dados. Muitos CEOs têm personalidade forte e talentos únicos. Alguns de nós são arrojados e ousados e usam a agressividade para conseguir negócios realizados. Alguns de nós são espertos e criativos e confiam fortemente em nossas ideias inovadoras para sustentar negócios. Consequentemente, temos a tendência de nos apoiar mais em nossa personalidade do que nos sistemas.

Se você não for tão ambicioso, talvez esta abordagem seja boa. Mas se quer construir algo grande e sustentável, também precisa confiar nos sistemas.

Acredito muito em sistemas: sistemas de dados; sistemas de procedimentos; sistemas de processos. Os sistemas o ajudam com a continuidade e o *follow-up* e também ajudam a criar uma cultura na qual nada é sempre obscuro. Quando estiver tentando passar para o próximo nível de crescimento de negócios sem saber qual é a melhor opção, dados sobre diferentes mercados podem ajudá-lo a fazer a escolha certa. Quando estiver tentando descobrir como resolver um problema complicado de atendimento ao cliente, os dados podem ajudá-lo a implementar um sistema que tenha satisfeito outros clientes.

Saber como estudar os dados e usá-los para rastrear seu negócio é um divisor de águas para qualquer CEO. Ser um grande vendedor ou um brilhante estrategista pode fazer de você a alma da festa, mas a certa altura, você precisará de mais do que sua maravilhosa personalidade para fazer seu negócio crescer.

Execução Orientada por Dados

Quando adolescente, eu costumava comprar o *Los Angeles Daily News* e devorar a seção de esportes. Ler em inglês me frustrava na época, mas adorava lidar com números. Durante horas e horas, me debruçava sobre as estatísticas de pontuação dos jogos como um cientista louco. De todos os esportes, o beisebol parecia (pelo menos no papel) ser o quebra-cabeça mais complexo.

Quando li *Moneyball: O Homem que Mudou o Jogo*, em 2011, de Michael Lewis, percebi que o que aprendi em todos esses anos de estudo das estatísticas de pontuação poderia ser aplicado ao meu negócio. Apesar de ter sido sempre um ótimo vendedor e ter me tornado um gerente de vendas consistente, adicionar esse tipo de análise à minha caixa de ferramentas me alavancou, permitindo que me tornasse um autêntico CEO que poderia expandir meus negócios.

Moneyball conta a história de como Billy Beane (interpretado por Brad Pitt no filme homônimo), o gerente-geral da Oakland A's, aplicou análise preditiva ao beisebol. Entre suas epifanias estava a descoberta de que a porcentagem de bases conquistadas (OBP) era um fator mais importante para a vitória do que bater a média, estatística que sempre foi venerada por jogadores, gerentes e escritores esportivos. Em retrospectiva, parece óbvio, mas durante décadas, a porcentagem de bases conquistadas foi uma métrica subvalorizada. Na Little League, os treinadores dizem: "Uma base por bola é tão boa quanto uma rebatida." Mesmo assim, os melhores e mais brilhantes jogadores de beisebol estavam analisando dados errados simplesmente porque era assim que sempre havia sido feito.

É nosso dever como empreendedores causar disrupção no pensamento convencional ao considerar como nossas próximas jogadas podem transformar nosso setor. Fui inspirado por Billy Beane (a quem entrevistei em 2019), e, da mesma forma, quero inspirá-lo a aplicar análises em seu próprio negócio. Qual é o seu equivalente de porcentagem de bases conquistadas? Você está colocando muito peso na receita e não o suficiente na margem? Sua estrutura de compensação incentiva a abertura de novas contas às custas de vender mais para contas existentes?

Como você está prestes a ver, a leitura de todas essas estatísticas de pontuação de jogos criou a base para o meu maior salto na expansão dos negócios.

Use Dados e Lógica (ou Faça uma Contratação-Chave) para Prever o Futuro

Os melhores empreendedores estão constantemente olhando pelo menos cinco passos adiante. Por mais concentrados que estejam no aqui e agora, eles também devem projetar o que pode acontecer no futuro. Eles precisam se preparar para pivotar, ajustando-se à velocidade de qualquer mudança que esteja se aproximando.

Vê um novo concorrente no horizonte? Em caso afirmativo, que movimentos você pode fazer agora para neutralizá-lo? Acredita que sua indústria está à beira da fragmentação, de se transformar em múltiplos nichos? Em caso afirmativo, que estratégia implementada hoje o ajudará a dominar seu nicho no próximo ano e nos seguintes?

Quando você se prepara para um futuro provável, os concorrentes que não fizeram o mesmo ficarão inquietos, enquanto você rouba a fatia de mercado deles. Você lidará calmamente com tendências e outras mudanças, enquanto os líderes de outras empresas se agitam.

Ninguém pode ver o futuro, mas você pode fazer deduções lógicas sobre tendências, se reunir os dados e projetar cenários. O livro *A Jogada do Século: os Bastidores do Colapso Financeiro de 2008*, também de Michael Lewis, ilustra maravilhosamente este conceito. Ele conta a verdadeira história de Michael Burry (interpretado no filme homônimo por Christian Bale), um gestor de fundo de cobertura que previu em 2005 que a bolha imobiliária seria o catalisador do colapso do setor bancário. De acordo com Burry, a evidência da próxima crise estava lá para quem quisesse ver, mas seus colegas estavam ocupados demais arrecadando dinheiro e não se preocuparam com seus próximos passos. Por um tempo, os amadores pareceram ser os verdadeiros espertos, pois estavam indo bem no curto prazo. Enquanto isso, Burry, o grande mestre, planejou seus lances futuros, observando o tabuleiro de xadrez inteiro e prevendo a direção para onde o mercado estava indo.

Burry foi a todos os principais bancos, incluindo Bear Stearns, Deutsche Bank e Merrill Lynch, e os convenceu a criar um novo produto financeiro que lhe permitiria apostar contra o setor. Tanto a equipe de Burry quanto os investidores do fundo pensavam que ele tinha enlouquecido — afinal, não parecia que mais alguém no setor estivesse preocupado com o colapso da bolha imobiliária. Mas como Burry já tinha mostrado que era bom na previsão do futuro, seus investidores lhe deram autoridade para fazer movimentos ousados.

Ele comprou centenas de milhões de dólares de *credit default swaps* (CDS). Quando seu movimento inicial parecia estar dando errado, seus investidores quase se revoltaram. Irredutível, Burry manteve sua posição. Quando o mercado hipotecário de alto risco caiu, esses CDSs trouxeram retornos superiores a 500%.

Cada investidor teve acesso aos mesmos dados que Michael Burry, mas estavam muito ocupados agindo no agora para pensar no que os próximos anos poderiam trazer. Burry foi cauteloso o suficiente para dissecar os dados; como ele teve a visão de um grande mestre, foi capaz de lucrar com a previsão do futuro. Em seus negócios, pode ser necessário esse grau de planejamento e paciência para lançar uma campanha inovadora.

Entendo que você possa não ter nem o tempo e nem a mente matemática de Michael Burry. Isso me leva ao próximo ponto. Já me perguntaram várias vezes ao longo dos anos: "Qual é o melhor investimento para expandir meu negócio?" Minha resposta a essa pergunta mudou conforme evoluí. Agora minha resposta é sempre a mesma: "Gaste um valor de seis dígitos e contrate um especialista em análise preditiva."

Se você já viu *Moneyball*, deve se lembrar de que Paul DePodesta (interpretado por Jonah Hill no filme, e agora o diretor de Estratégia de Cleveland Browns da NFL) tornou-se a arma secreta de Billy Beane. Ele era o homem dos números, que não só devorava dados estatísticos, mas também os analisava com uma nova estrutura de pensamento. DePodesta era o *nerd* do escritório central, o cara com o diploma de economia de Harvard. Beane nunca desenvolveu as habilidades de análise preditiva de DePodesta. Como ele o contratou, não era preciso.

Vá procurar seu DePodesta. Uma habilidade crítica dos empreendedores de sucesso é contratar pessoas mais espertas do que eles, que possam compensar suas fraquezas. Hoje em dia, para jogar esse jogo é necessário se sobressair na análise preditiva.

Para Expandir, Codifique Seus Conhecimentos de Forma que Sejam Transferíveis

Imagine pedir a Leonardo da Vinci, Michelangelo ou Pablo Picasso que o ensinem a pintar. Eles teriam dificuldade para explicar sua metodologia, e mesmo que o conseguissem, seria preciso muita sorte para implementá-la. O dom de um artista — ou de qualquer outro gênio — não é transferível. Mas e o de um empreendedor, líder ou treinador?

Falamos sobre como o brilhantismo de Bill Belichick o levou a seis vitórias no Super Bowl. Pensando que a genialidade de Belichick deve ser transferível, várias equipes da NFL contrataram seus assistentes como treinadores principais. A lógica deles é simples: quem melhor que os treinadores que observaram Belichick liderar genialmente suas equipes de perto? Grande ideia, mas — como ficou claro com os fracassos de Romeo Crennel, Eric Mangini e Josh McDaniels como treinadores principais — não funcionou.

Os proprietários da NFL querem tão desesperadamente aquele ingrediente secreto de Belichick, que continuam a contratar discípulos como Matt Patricia. Nas duas primeiras temporadas de Matt como treinador principal do Detroit Lions, a equipe ganhou apenas 9 em 32 jogos. Talvez isso esteja nos dizendo que a habilidade de um treinador vencedor do Super Bowl não é transferível. (Os discípulos de Belichick Mike Vrabel, Bill O'Brien e Brian Flores, no entanto, têm se mostrado promissores e podem reverter essa tendência.)

Agora vamos olhar para Bill Walsh. Walsh levou os San Francisco 49ers de um resultado de 2-14, em 1979, a campeões do Super Bowl três anos mais tarde (a primeira das três vitórias de Walsh no Super Bowl). Sua primeira equipe tinha 7 assistentes que se tornaram treinadores principais, incluindo os vencedores do Super Bowl George Seifert e Mike Holmgren. Este último, em seu turno, teve 5 assistentes que se tornaram treinadores principais. Em 2007, 19 anos depois de Walsh se aposentar dos 49ers, 14 dos 32 treinadores principais da NFL ou eram descendentes diretos ou faziam parte da segunda ou terceira geração de discípulos de Walsh.

Qual é a principal diferença entre Belichick e Walsh? Belichick é conhecido pelo secretismo, e Walsh é conhecido por suas listas. Sim, *listas*. A razão pela qual a genialidade de Walsh podia ser transferida para outros é que ele codificou e compartilhou seu conhecimento.

Alguns podem pensar que Bill Belichick é um gênio ainda maior por ter dificultado o caminho para que seus assistentes o vencessem depois de sua saída. Por que iria querer ajudar seus assistentes a aprender a vencê-lo? Ele não ganharia nada deixando seu conhecimento disponível. Você, por outro lado, tem tudo a ganhar ao disponibilizar o seu. Simplesmente não é possível expandir seu negócio sem criar sistemas para que ele opere na sua ausência.

Você tem que fazer listas. Precisa criar manuais (bibliotecas de vídeo podem ser mais eficazes do que de livros em papel). Você deve codificar seu conhecimento. Se o saber só existe na sua cabeça, você tem um trabalho a fazer. Se quer ter um negócio sustentável, codifique seu saber e certifique-se de que ele será transferido para todos em sua organização.

Deixe Seus Números Visíveis a Fim de Identificar Vazamentos e Tendências

Se você andar por nossos escritórios, verá telas e fluxos de dados por todo lado. Ao exibir nossos dados no escritório, estamos criando responsabilidade e destacando a transparência radical.

Como todos veem tudo, é uma maneira incrível de usar recompensas e punições como motivação simultaneamente — sem ter de dizer e nem fazer nada. Como os números estão à vista, aqueles com um bom desempenho se sentem reconhecidos, assim como aqueles com baixo desempenho se sentem desconfortáveis. Se estes últimos se sentirem muito desconfortáveis, melhor ainda, ou elevarão o jogo para evitar mais constrangimentos ou deixar a empresa. Transparência é a droga que melhora o desempenho final, e quando ela não conseguir motivar aqueles com baixo desempenho, eles mesmos se descartarão — exatamente o que você quer.

Você pode achar duro. Eu acho eficaz.

Vamos voltar às análises. Com todos os dados à minha frente, presto atenção a duas coisas: vazamentos e tendências. Os vazamentos me alertam sobre ineficiências. Se, por exemplo, eu vir um grande crescimento nas solicitações de apólices apresentadas, mas o tempo de processamento de nossa sede até a companhia de seguros diminui, suspeito de um vazamento.

Os números me dão pistas de onde procurar. O problema é o número de pessoas que processam os pedidos, a falta de pessoas certas para a tarefa, ou o próprio processo? Se amanhã eu percebesse uma diminuição no tempo de processamento, me preocuparia, de fato, com um possível problema. Neste momento, tenho a impressão de que contratamos o pessoal certo e de que o investimento em tecnologia está funcionando. Por que, então, o tempo de processamento está mais lento? Embora os dados não forneçam a resposta, eles me alertarão para o fato de que há um problema que precisa ser abordado.

Também olho para as tendências. Olho para os gráficos de linha como um analista de ações, para ver o quão rápido as coisas estão mudando. Por que tivemos um período de desaceleração nos primeiros três meses do ano? Por que as vendas dispararam em maio? O que estamos fazendo certo, e o que não deveríamos estar fazendo? Aprofundar nos números nos ajuda a ajustar nossa abordagem e torná-la mais eficaz.

A maioria das empresas tem algum grau de sazonalidade. Varejistas dependem da Black Friday, assim como os estúdios de cinema dependem dos filmes de férias. É também por isso que os varejistas criaram eventos arbitrários para vendas, como a volta às aulas, e porque os vendedores *online* criaram a Cyber Monday. O problema que vejo com frequência é a *aceitação cega* dessas tendências. É quase um dado adquirido em nosso setor que os meses entre dezembro e fevereiro e entre junho e agosto, nos EUA, são lentos. Quando comecei a analisar dados, vi que 75% das apólices foram vendidas em seis meses do ano (de março a maio e de setembro a novembro). Quando olhei mais a fundo, percebi que não havia nenhuma boa razão para isso. Não estávamos em uma pista de esqui para depender do clima e da temperatura.

O que percebi a partir desse fato foi que os agentes estavam diminuindo o ritmo nesses meses, e o faziam por estarem vivendo de acordo com suas expectativas preconcebidas. Como a indústria como um todo, e seus pares, desaceleravam em certos momentos, eles seguiam o exemplo. E como meus concorrentes aceitaram isso como um dado adquirido — e, por consequência, toleravam maus resultados em certos períodos —, eu vi uma oportunidade.

Como reagi a esses dados?

Realizei campanhas inovadoras especificamente destinadas a aumentar as vendas durante os meses lentos. Também mudei as datas de nossa mais prestigiosa conferência de incentivo, para fazer das vendas no verão o elemento mais importante.

Depois, tirei uma página do livro de Ray Dalio e criei cartões de beisebol com as estatísticas de cada agente para o ano. Como os agentes estavam cientes de que os cartões iriam ser impressos dia 15 de janeiro — e de que seu desempenho seria visto por todos na empresa —, as vendas em dezembro dispararam. Dentro de dois anos após minha descoberta, analisando esses dados, vimos que nossas porcentagens de vendas mudaram de 75/25 (meses de pico/meses de baixa) para 55/45. Em outras palavras, eliminamos quase toda a sazonalidade de nosso negócio. Só os dados não resolveram o problema, mas eles serviram para nos alertar para ele, permitindo que acompanhássemos nosso progresso em direção à solução.

Com essa vitória, comecei a examinar as tendências em cada semana do mês. Ao fazer isso, pude ver onde estávamos fracos e como criar incentivos para evitar o frenesi para fechar os negócios no fim do mês. Desde que começamos a rastrear esses dados, as vendas de cada mês começaram a se equilibrar.

Todos os CEOs devem estar atentos a seus números, observando os vazamentos e as tendências e, em seguida, conduzindo a execução deles tendo como base o que aprendem.

Confie em Números, Não em Pessoas

Quando você está administrando uma empresa, nem sempre pode confiar que os outros lhe digam a verdade. Na verdade, nem em si mesmo se pode sempre confiar. Outras pessoas têm seus próprios interesses; querem trabalhar em determinado projeto e são excessivamente otimistas nas projeções do próprio sucesso. Às vezes, nem mesmo elas estão conscientes de como distorcem a verdade.

Os empreendedores podem cometer os mesmos erros. Você se convence de que pode fazer um produto novo funcionar, mas é o seu ego que fala, e não a sua lógica. Ou você promove alguém porque gosta dele, não por merecimento.

Os números ajudam a manter todos honestos.

■ ■ ■ ■ ■

A maioria de seus produtores de renda tem personalidades de tipo A. São agressivos, confiantes e decisivos, qualidades úteis em vários aspectos dos negócios. Mas os produtores do tipo A também se autopromovem muito, e, como CEO, você precisa diferenciar entre autopromoção e realização.

Veja como fazê-lo. Quando as pessoas me dizem o quão arduamente têm trabalhado e todos os resultados que têm produzido, começo perguntando: "Qual é sua taxa de fechamento?"

Digamos que estou tendo esta conversa com Paul. Ele responde, "50%".

"Incrível. Agora me responda, qual é sua média de vendas por cliente?"

"US$2 mil."

"Então se você fizer dez propostas e fechar metade delas, consegue US$10 mil."

"Isso mesmo."

"Então me responda: como, no seu melhor mês do trimestre passado, você conseguiu apenas US$6 mil?"

Você acha que já sabe a resposta. O que talvez não saiba é que seu trunfo é o silêncio. Este não é o momento de encarnar Alec Baldwin em *O Sucesso a Qualquer Preço* e gritar: "Largue esse café! O café é somente para quem fecha negócio… Seus contatos são fracos… Você é fraco!"

Em vez de afirmar uma suposição ou questionar a ética de trabalho de Paul, permaneça em silêncio. Deixe-o responder à pergunta.

Em algum momento, Paul começa a falar. Certamente fica com raiva, e diz que não é preguiçoso.

"Por que você está chateado?", pergunto. "Estou apenas reproduzindo os números que você me deu."

Paul já começou a refletir. Afirma não ser preguiçoso, porque sabe que os números dizem o contrário. Não há necessidade de humilhá-lo. Atenha-se ao processo.

Os maus gerentes utilizam dados qualitativos. Eles analisam tal situação com *palavras*, em vez de números. Dirão que a pessoa é preguiçosa, desonesta ou desmotivada. Essas palavras não ajudam em nada a resolver o problema. Os dados, por outro lado, apontam para soluções.

Confiando nos dados, você extrai a emoção da situação. Ao se concentrar nos números, você ajuda o outro a reconhecer realidades. Isto não apenas promove o impulso para melhorar, mas preserva o relacionamento.

A solução de X parece simples nesta situação. As únicas variáveis na renda de Paul são o número de propostas, razão de fechamento e venda média por cliente. Digamos que a última variável é fixa em US$2 mil. Só há duas maneiras de ganhar mais dinheiro: fazendo mais propostas ou melhorando a razão de fechamento. Quando você se aprofunda nos números, percebe que a razão de fechamento de Paul é, na verdade, de 50%. O problema é que ele apresentou apenas seis propostas.

Assim como tivemos de olhar para os números ao realizar a análise ITR, teremos de nos aprofundar aqui. Os dados nos dizem que Paul não está fazendo propostas suficientes. O que determina o número de propostas é o que o leva à fase de proposta: a prospecção. E o erro aqui é o fato de ele não estar prospectando contatos suficientes. Esse é o X que você precisa resolver.

Ele diminuiu o marketing nas mídias sociais? Será que saiu de seus grupos e redes de contatos? Será que parou de ligar para os clientes existentes ou de fazer *cold-calls*? Você estava no caminho certo quando mediu o número de suas propostas e sua porcentagem de fechamento. Procurando mais a fundo, percebe que seu próximo passo é revisitar a sua estratégia de prospecção e encontrar uma forma de medi-la. Para ter algumas ideias, vamos nos inspirar em como uma grande empresa utiliza dados para gerenciar sua força de vendas.

A Análise dos Dados Vai Além da Solução de X

Lanier Worldwide (agora uma subsidiária da Ricoh USA), uma empresa de produtos de escritório sediada em Atlanta, é bem-vista pela qualidade de seu treinamento em vendas. Suas métricas para os representantes de vendas de impressoras (quando Greg Dinkin trabalhou lá em 1994) eram simples:

- Vinte *cold-calls* por dia.
- Duas demonstrações de produtos (demos) por dia.
- Dez por cento de média de fechamento.
- Uma venda por semana, US$1.200 de comissão por venda.
- Portanto, US$1.200 de comissão por semana.

Dá para perceber como esse campo é atraente para universitários recém-formados. Se você vender apenas uma impressora por semana, ganhará US$60 mil por ano. Melhor ainda, você precisa fechar apenas 10% de suas demos para sua cota. Essa é uma fórmula que Lanier descobriu com base em anos de dados. A parte mais difícil, é claro, é que é preciso fazer uma centena de *cold-calls* por semana, em média, para fechar uma venda.

Vamos fingir que Chris é excepcional e tem uma taxa de fechamento de 50%. Quando você olha para seus números semanais, verifica que a média dele é de US$2.400 dólares por semana. Ele está arrasando. Ele é o representante número um no escritório. Ele é "o cara".

Consegue ver o problema?

Temos de voltar aos dados qualitativos. Ser "o cara" não nos diz nada.

Quando nos debruçamos sobre os números e vemos que Chris fecha a 50%, começamos a achar estranho. É hora de resolver o X. Seguem os números mensais de Chris:

- X *cold-calls* por dia.
- X demonstrações por dia.
- Cinquenta por cento de média de fechamento.
- Duas vendas por semana, US$1.200 de comissão por venda.
- Portanto, US$2.400 de comissão por semana.

Descobrir o número de demos é fácil. Uma vez que ele fecha metade delas, é óbvio que faz quatro demonstrações. Mas e os números das *cold- calls*? Eles não estão em lugar algum.

A propósito, esta história não lembra a do Paul, que acabei de contar? O motivo é o seguinte: quero que detecte uma tendência. É normal que seus funcionários mais talentosos se garantam só com os próprios talentos.

Quando as coisas chegam até nós facilmente, é da natureza humana relaxar. Como líder, é seu trabalho desafiar seus funcionários mais brilhantes a viverem à altura de seus talentos. Se você não entender os números, pessoas como Chris e Paul ganharão bem e terão uma vida muito boa. E terão um desempenho abaixo do esperado! Mas não deveriam — não se estivessem sob a observação de Jobs, sob a observação de Belichick, e, espero, sob a sua observação.

Para ver o que aconteceu com Chris, vamos examinar a matemática. Se ele estivesse fazendo dez demos por semana, teria feito cinco vendas, em vez de duas, o que resultaria em US$6 mil por semana, em vez de US$2.400. Como ele era o melhor do escritório e seu chefe não tinha a mentalidade estilo *Moneyball*, ninguém se preocupou em rastrear sua atividade. Assim, Chris parou de prospectar. E se procurar mais a fundo, perceberá que ele fez zero *cold-calls*. Todas as demonstrações vieram de indicações ou de clientes já existentes.

A resposta simples? Chris deve fazer mais *cold-calls*.

Você deveria saber que essa era uma pergunta rasteira. Não há respostas simples nos negócios. Os dados nos levaram a descobrir a razão pela qual Chris tem um baixo desempenho: falta de prospecção. Somente os dados, no entanto, não diferenciam os Billy Beanes e Paul DePodesta de outras pessoas. São os dados combinados com análises. Se Chris é alguém que fecha muitos negócios, minha primeira inclinação seria encontrar mais prospectos para ele. E se na empresa houvesse pessoas ótimas na prospecção e ruins no fechamento de negócios, encontraria uma forma de combinar seus talentos.

Mas antes de fazê-lo, perguntaria a Chris (adivinha?): "Quem você quer ser?"

Grandes líderes encontram a intersecção entre dados e natureza humana. Assim como um médico inteligente faz exames de sangue, eles usam os dados para diagnosticar problemas. Em seguida, usam sua experiência para encontrar soluções.

Para alguns empresários, os dados são a parte entediante do negócio; eles não estão interessados nos números. Mas espero que estas histórias façam você entender por que sou obcecado por dados, especialmente quando posso usá-los para ganhar uma vantagem competitiva.

Como já disse muitas vezes, ler sobre como resolver um problema não ajuda muito. Você precisa colocar essas informações em prática no seu próprio negócio. Apresentei um cálculo simples para acompanhar o sucesso das vendas. Se você está no ramo de transportes de cargas, seus cálculos serão bem diferentes. Antes de virar a página, pense em três fórmulas que lhe permitirão acompanhar seus negócios. O ideal é que estes sejam os primeiros números que você veja antes de iniciar cada dia útil.

Se Você Não Tem um Sistema, Sua Chance de Crescimento Exponencial é Limitada

Agora você já começa a entender que as palavras não são suficientes para dizer o que está realmente acontecendo em seus negócios. Aqui estão quatro frases repetidas por aqueles que não usam dados ou sistemas:

"Grosseiramente..."

"Acho que estamos em..."

"Em torno de..."

"Acredito que fizemos..."

Empresas que se expandem e crescem eventualmente criam um sistema eficaz. Se você acredita que fará seu negócio crescer com base apenas em sua personalidade, seu negócio será imprevisível. Você precisa criar sistemas e protocolos que diminuirão a necessidade de microgerenciar.

Cinco Razões para Implementar Sistemas

1. O que é medido pode ser escalonado e aprimorado.
2. Você saberá para onde e a quem dirigir sua energia e *expertise*.
3. Você pode parar de microgerenciar e capacitar seus funcionários.
4. Seus funcionários, especialmente aqueles com melhor desempenho, não serão capazes de enganá-lo com alguma encenação.

5. Você se tornará simultaneamente mais eficaz e mais livre.

Uma coisa é falar em criar sistemas, outra é executá-los. Quando você está focado nas vendas, é difícil se afastar das atividades que produzem receita. Criar manuais e sistemas não foi fácil para mim, e provavelmente não o será para você. É também mais fácil descontar cheques do que passá-los. Tanto a tecnologia como as pessoas que precisará contratar não serão baratas. E se você quiser ser uma loja de uma pessoa só e não crescer, não é preciso investir em sistemas.

Como Aumentar o Valor de Seu Negócio

Quando você está no meio da gestão de um negócio, desacelerar e construir sistemas é algo mais fácil de se falar do que de se fazer. Se você sempre trabalhou em vendas, provavelmente tem uma mentalidade que lhe dita "conseguir o negócio agora e se preocupar depois". Se quiser continuar como empresário solo, isso pode funcionar. Se, no entanto, estiver interessado em criar valor, em vez de apenas lucrar, precisa desacelerar o suficiente para criar sistemas.

Um negócio que funciona com sistemas, em vez de apenas com o seu *know-how*, cresce em valor. Você precisa documentar como o sistema flui. Quando novos funcionários entram, que medidas você toma para integrá-los? Você precisa documentar cada passo. O mesmo se aplica a tudo em seus negócios, como os passos a serem tomados depois de alguém comprar um produto, quando você precisar fazer o *follow up* de uma venda, e assim por diante.

Os negócios construídos sobre sistemas e procedimentos crescem em valor porque têm uma vida própria sem depender de um ser humano específico. Obviamente, sua empresa precisa de um motorista, mas ter sistemas em vigor aumentará o valor dela a um nível totalmente novo.

LUCRO Foco no curto prazo	VALOR Foco no longo prazo
Trabalhar **no** negócio para ganhar dinheiro agora	Trabalhar **para** o negócio para aumentar o valor mais tarde
Gratificação instantânea	Gratificação adiada
Mentalidade de vendas	Mentalidade de CEO
Mentalidade de trabalhador autônomo	Mentalidade de dono de negócio

■ ■ ■ ■ ■

Medir dados apenas não é suficiente; você também precisa analisá-los. Como dizem em Wall Street, não nade contra a corrente. Quando os números mostram uma imagem feia, seu ego se envolverá. Você começará a procurar formas de racionalizar suas baixas. Adiante-se a esse acontecimento para evitá-lo. Os dados nunca mentem.

Será preciso muito trabalho para chegar ao ponto de ter dados para rastrear. Também posso dizer, por experiência própria, que você se sentirá entediado e doído — especialmente se você se imagina como um visionário ou se é um vendedor sem paciência para trabalhos sem retorno imediato. Lutei contra isso por muito tempo. E seja porque li *Moneyball* ou por sofrer ataques de pânico, finalmente aprendi que a única maneira de administrar um negócio de dimensão é implementando sistemas que rastreiam dados.

12

Mantenha a Paranoia; o Grande Mestre Nunca Baixa Sua Guarda

"Atribuo a capacidade da Intel de manter o sucesso ao fato de estar constantemente alerta para ameaças, sejam de natureza tecnológica ou competitiva. O significado da palavra 'paranoia' sugere essa atitude, que olha constantemente no horizonte em busca de ameaças ao seu sucesso."
—Andy Grove, ex-CEO e ex-presidente da Intel

Negócio é guerra. Ou, dito de outra forma, um negócio nunca tem paz. Você pode ser o líder de mercado, pode estar obtendo lucros recorde, pode *acreditar* que dá para relaxar e aproveitar o momento, mas... Alguém está sempre se preparando para atacá-lo. Quando as coisas vão bem, você pode até experimentar uma ilusão de paz, mas é mesmo apenas uma ilusão. Se baixar a guarda por um segundo, você se torna vulnerável ao ataque.

A história é uma de nossas melhores professoras. Usamos o termo "Fortune 500" com tanta frequência, que talvez tenhamos esquecido sua origem. Em 1955, Edgar P. Smith, editor da revista *Fortune*, publicou uma lista das quinhentas maiores corporações dos EUA por receita anual total. Hoje, a lista inclui tanto empresas públicas quanto privadas (se suas receitas são divulgadas publicamente). Das quinhentas empresas originais, adivinhe quantas ainda estão na lista. A metade? Duzentas? Se acredita que apenas 20% tenha conseguido, você ainda está falando de uma centena.

Sobraram apenas 52.

Você acha que é fácil permanecer relevante? Boeing, Campbell Soup Company, Colgate-Palmolive, Deere & Company, General Motors, IBM, Kellogg Company, Procter & Gamble e Whirlpool Corporation representam a minoria das empresas que estavam na lista tanto em 1955 como em 2019. Você acha que não há outras empresas por aí querendo destruir sua concorrência — especialmente seus maiores concorrentes? Oitenta e nove por cento da lista original da Fortune 500 foram à falência ou caíram da lista (e algumas foram compradas). Negócios são um banho de sangue. No momento em que você pensa que está em terreno seguro, se torna mais vulnerável.

Os dados que descobri no site da Fundação para a Educação Econômica dos EUA (FEE) irão animá-lo ou assustá-lo, dependendo do ponto em que estiver em seu ciclo de negócios.

> De acordo com um relatório de 2016 da *Innosight* ("Longevidade Corporativa: Turbulência à Frente de Grandes Organizações"), empresas que estavam no índice S&P 500 em 1965 permaneceram no índice por uma média de 33 anos. Em 1990, a permanência média no S&P 500 diminuiu para 20 anos, e está previsto agora que será reduzida para 14 anos até 2026. Com a atual rotatividade, cerca de **metade das empresas S&P 500 de hoje será substituída pelos próximos 10 anos** enquanto "entramos em um período de maior volatilidade para empresas líderes em diversos setores, com os próximos 10 anos se configurando como os *mais potencialmente turbulentos da história moderna*".

A tecnologia e as mídias sociais são grandes equalizadores. Consequentemente, é ainda mais difícil se manter relevante. Também é mais fácil derrubar os grandes. Não se pode permanecer relevante quando se permanece igual. Acomode-se por um minuto e estará perdido.

Todos os Dias São Urgentes: Fique Alerta; Fique Vivo

Um maior senso de urgência é uma característica partilhada pelos empreendedores mais bem-sucedidos. Para eles, cada dia é uma batalha, e eles a tratam como se fosse uma questão de vida ou morte. Isso lhes dá essa energia urgente que se traduz em uma vantagem comercial. Você não quer competir com essas pessoas. Não é que elas sejam mais espertos ou mais habilidosas, mas elas superarão você. São obcecadas por vencer.

Em *33 Estratégias de Guerra*, Robert Greene disse:

> Você é seu pior inimigo. Você perde um tempo precioso sonhando com o futuro, em vez de se envolver com o presente. Visto que nada lhe parece urgente, você está apenas parcialmente envolvido no que faz. [...] Corte seus laços com o passado; entre no território desconhecido em que dependerá de sua inteligência e energia para vencer. Coloque-se na "zona de morte", na qual suas costas estão contra a parede e você tem de lutar como um louco para sair vivo dali.

Não estou lhe dizendo para ser loucamente paranoico, mas para ser cautelosamente paranoico. Dessa forma, você está alerta para o que pode dar errado, mas não está obcecado com isso. Está consciente dos perigos e armadilhas em potencial e mantém as antenas em pé para captar os sinais de que as coisas não vão como esperado.

Pense nessa cena, comum em filmes de guerra: um esquadrão entra em combate e ganha uma batalha, captura um vilão e se instala para passar a noite. Eles celebram sua vitória, festejam com bebida e mulheres. Adormecem bêbados, e o que acontece no meio da noite? São emboscados. Eles baixam a guarda, e o inimigo se aproveita disso.

Quando eu estava no exército, tínhamos o seguinte ditado: "Fique alerta; fique vivo."

O mesmo se aplica aos negócios. Você tem de estar alerta para o que pode dar errado. Não seja ingênuo de pensar que toda sua equipe é leal e trabalhadora e funcionará perfeitamente bem sem supervisão. Não pense que esmagou toda a sua concorrência e que ninguém encontrará uma forma de desafiar sua posição. Não acredite que a inovação que pavimentou seu caminho para o sucesso continuará a pavimentar o caminho para o futuro.

Os bons generais são paranoicos e reagem a essa paranoia criando uma grande estratégia atrás da outra. Se você puder superar as estratégias da concorrência, pode se proteger de coisas que darão errado. Não improvise e nem se apoie em uma estratégia até ela se tornar obsoleta. Continue mapeando novos planos de acordo com a mudança das condições; antecipe tendências, e tenha uma estratégia para capitalizá-las.

Cada general, de Napoleão a Patton, dominou essa técnica, e todo líder empresarial também precisa fazê-lo. Por que seus números sempre caem em fevereiro? Por que há sempre confusão quando os prazos se aproximam? Por que muitas de suas reuniões acabam em gritaria e na busca por bodes expiatórios? Por que você perdeu três grandes clientes nos últimos seis meses? Esse sé o tipo de perguntas que deve dar o que pensar. Investigue a causa mais profunda. Veja se consegue identificar o problema escondido sob a superfície. Quando a paranoia leva à curiosidade — o que leva a soluções —, está cumprindo sua função.

Quanto Melhor Você For, Mais Vulnerável Você É

O sucesso diminuirá a paranoia. Isso pode parecer contraintuitivo, mas pense no que acontece quando tudo está indo bem. Você provavelmente já experimentou isso: uma vitória atrás da outra, e então, de repente, do nada, a derrota. O que aconteceu? O que aconteceu foi que você ficou acomodado. O que aconteceu foi que você deixou de ser a pessoa mais faminta de seu setor.

O que aconteceu foi que você sentiu que já não precisava ser paranoico.

Vou lhe contar o que aconteceu com Rick, um bom amigo que era advogado de defesa criminal em Los Angeles — não um advogado de defesa criminal qualquer, mas um dos melhores. Ele acabou representando traficantes de drogas ricos e poderosos nos anos 1970 e 1980, e era sempre convidado para as festas deles. Uma linha de cocaína levou à outra, e pouco tempo depois, começou a abusar. Foi apresentado a coelhinhas da Playboy, e, em pouco tempo, Rick estava saindo não com uma delas, mas com duas

— simultaneamente! Após uma série de más decisões e transgressões legais relacionadas à cocaína, Rick foi condenado a vinte anos de prisão. Perdeu a licença para advogar, e quando finalmente saiu da prisão, ganhava cerca de US$3 mil por mês vendendo canetas e camisas personalizadas, entre outros produtos de propaganda.

Ele estava com quase 70 anos quando lhe perguntei que tipo de rapaz tinha sido no ensino médio. Ele disse: "Eu era um rapaz normal. Casei com a minha namoradinha da escola."

Enquanto conversamos, ficou claro que ele tinha sido esmagado pelo próprio sucesso. Quando sua carreira jurídica decolou, as pessoas começaram a tratá-lo como um capitão de time de futebol americano, e as mulheres começaram a se atirar nele. Era um menino de ouro que amadureceu tarde, e as drogas, com todo seu glamour, o seduziram. Rick não conseguiu resistir. Como muitas pessoas de sucesso, não imaginava que algo pudesse tirar sua carreira dos trilhos (lembra de Morton Downey Jr.?). Ele não estava preparado para o sucesso, que acabou por arruiná-lo. Fico triste quando penso em Rick, que morreu em 2019. Ele era um bom amigo, com um grande coração, que fez uma jogada ruim (experimentar cocaína). Essa jogada ruim levou a uma série de jogadas que colocaram tanto sua vida quanto sua carreira em xeque-mate.

Brené Brown, uma professora-pesquisadora e autora de *best-sellers*, fez um TED Talk online chamado "O Poder da Vulnerabilidade", com mais de 46 milhões de visualizações. Ela entende como a pressão dos colegas pode ajudar a extrair o melhor de nós. Ela disse: "Ousar estabelecer limites é ter a coragem de nos amar mesmo correndo o risco de desapontar os outros." Amar a nós mesmos muitas vezes se traduz em dizer não. Gostaria que Rick tivesse sido sábio o suficiente para ouvir esse conselho.

Você deve se lembrar de Robert Shapiro como o advogado que ajudou a defender O. J. Simpson. Ele foi e continua sendo um advogado de grande sucesso que manteve seu *momentum*, apesar do sucesso. Fez a transição do direito penal para o civil, e quando o entrevistei, perguntei sobre seu trabalho de defesa criminal e se já tinha sido tentado por clientes que ofereciam drogas e mulheres bonitas.

Shapiro respondeu: "Nunca estabeleci um relacionamento, uma amizade, com meus clientes. Sempre os mantive à distância."

Ao contrário de Rick, ao estabelecer limites, Shapiro manteve seu *momentum*, mesmo depois de ter alcançado fama e sucesso.

Empreendedores precisam estar preparados para receber uma atenção inesperada, elogios e outras vantagens que vêm com o sucesso, especialmente se não estiverem habituados a esse tipo de atenção. Precisam estar cientes de que, se caem na própria propaganda, ela pode freá-los abruptamente.

Nessa mesma linha, tanto Robert Greene como Jordan Peterson me deram conselhos semelhantes sobre ter cuidado com quem compartilhamos tanto as boas como as más notícias. Esses homens entendem a natureza humana e sabem que não há muitas pessoas que ficarão felizes com nosso sucesso. Antes de compartilhar qualquer coisa com alguém, considere quem — lá no fundo — quer ver o seu sucesso e quem quer te ver falhar. Algumas pessoas que você considera amigas podem não lhe dar o melhor conselho, especialmente se estiverem competindo com você.

Mantendo-se Centrado Apesar da Incerteza

Essas são três táticas que lhe permitirão manter a cabeça fria enquanto todos ao redor estão perdendo a deles.

1. FAÇA AMIZADE COM A LEI DE MURPHY

Empreendedores experientes respeitam a Lei de Murphy. Antes de lançar um novo produto, fazer um investimento, acionar uma aquisição ou fazer qualquer tipo de jogada importante, pergunte-se a si mesmo o seguinte: qual o pior resultado que esta minha ação pode trazer?

Então tome medidas para mitigar esses piores eventos potenciais.

Você pode ser alguém que pensa positivo, o que é ótimo, mas não seja ingênuo. Isso se aplica tanto a eventos e decisões menores como aos grandes. Se você está prestes a fazer uma grande apresentação, verifique o projetor, e mais tarde, verifique novamente. Ele pode ter funcionado cem vezes sem falhas no passado, mas algo no universo garantirá que não funcione justamente quando você precisar usá-lo para apresentar um PowerPoint a investidores. E quando não funcionar, você estará lidando com o caos — talvez não seja o caos que destruirá seu negócio, mas um caos do tipo que arruína tanto a apresentação quanto seu dia. Do tipo que o faz xingar e afastar sua equipe. Do tipo que o põe para fora de jogo e faz seus potenciais investidores se questionarem.

Eis uma técnica anti-Lei de Murphy que uso o tempo todo. Eu me reúno com os melhores cérebros de minha equipe — no máximo cinco. Nós nos sentamos e conversamos sobre o que devemos antecipar e evitar que dê errado. E devo lhes dizer que, às vezes, como resultado dessa reunião anti-Lei de Murphy, decidimos adiar um lançamento por percebermos que não estamos prontos ou que as chances de algo importante dar errado são muito altas. Às vezes também podemos até mesmo jogar no lixo uma ideia que parecia ser explosiva quando a concebemos. Ter apoio de cérebros brilhantes proporciona um controle e um equilíbrio valiosos.

2. ADMITIR A DERROTA ACEITANDO PEQUENAS PERDAS

Quando a Groupon e a LivingSocial se tornaram populares pela primeira vez, vi uma oportunidade de lançar um serviço concorrente. Imaginei algo como Groupon e Yelp, combinado com um componente de "gamificação", e investi US$100 mil na criação e teste das primeiras versões. Vários investidores estavam dispostos a me acompanhar, mas antes de apertar o gatilho, decidi conversar sobre a ideia com vários amigos de confiança. Esses amigos incluíam desde o CEO de uma grande empresa de seguros de vida ao diretor de uma das maiores empresas de transporte dos EUA.

Depois que apresentei meu plano de negócios e minhas projeções, eles apontaram alguns pontos que deixei escapar. Depois de responder suas perguntas, concordei com suas preocupações de que o projeto roubaria o foco do meu principal negócio de sucesso. Isso não significava que a ideia fracassaria, mas havia uma boa chance de gerar um caos que poderia afetar negativamente minha empresa. Antecipando a Lei de Murphy, fiz a única coisa que fazia sentido: abandonei a ideia.

Os grandes empreendedores aceitam perdas. Em vez de jogar dinheiro fora em maus investimentos, eles admitem a derrota e guardam dinheiro para próximos empreendimentos. Mostre-me um jogador no cassino que, ao mesmo tempo que perde, jura que ficará quite, e eu lhe mostrarei alguém que está a alguns passos de perder tudo.

3. IDENTIFIQUE SUAS PRÓXIMAS TRÊS (OU MAIS) ETAPAS

Se você entrar em uma situação caótica, estará vulnerável à paralisia decisória. Quando tudo sair do eixo, você pode querer segurar as pontas e jogar pelo seguro. Empreendedores não podem se dar ao luxo de não agir, mas essa é uma verdade facilmente esquecida quando o caos se instala.

Para evitar esse problema, comprometa-se a decidir rapidamente sobre seus três próximos passos. Sei do quanto falamos em pensar cinco jogadas adiante, mas quando você tiver de agir rapidamente, concentre-se nas três ações que tomará para resolver qualquer problema que esteja enfrentando no momento. Essas ações podem ser soluções ou medidas temporárias para estancar o sangramento.

Por exemplo, uma cliente importante lhe diz que está terminando o relacionamento de vocês. Você poderia:

- Ligar para o representante de vendas que trouxe a cliente e se inteirar sobre a história completa.
- Ligar diretamente para a cliente e ouvir suas queixas.
- Enviar outra remessa do produto para a cliente, sem custo.

Como você pode ver, essas ações não têm de ser planos complexos. Elas evitarão, no entanto, que você fique parado enquanto procura a Única Solução Perfeita (que pode nem existir). Não caia nessa armadilha. Faça um plano e aja de acordo com ele. As coisas começarão a se resolver sozinhas quando estiverem de novo em movimento.

Gerencie Seu Ego e Construa Alianças

Sem um grande ego, ninguém se torna CEO de uma grande empresa. Ninguém. Não há nada de errado em ter um grande ego, desde que você tenha construído um sistema de apoio para mantê-lo sob controle. Se não pode controlá-lo, ele acabará com você. Quando for muito bem-sucedido e começar a ganhar muito dinheiro, ter fama e reconhecimento, todos estarão procurando um jeito de entrar em seu círculo interno e ter acesso à sua carteira. Ou seja, você será inundado de elogios.

Você será inundado de elogios porque estará cercado por pessoas que têm medo de suas decisões. Por exemplo, os membros de sua equipe podem temer que você os despeça. Portanto, todos lhe dirão como você é incrível. E 90% disso é mentira. A maioria das pessoas não lhe dirá o que você precisa ouvir.

Você precisa de um pequeno círculo de pessoas ao seu redor que lhe dirão a verdade. É a única coisa que manterá seu ego sob controle (embora ter três filhos também ajude). Se você não tiver um grupo pequeno, como um conselho de diretores ou mentores que não tenha medo de repreendê-lo, estará em apuros. Já vi isso acontecer muitas vezes em vendas. Quando as pessoas começam a ganhar dinheiro, todos lhes dizem como são incríveis. Eles deixam de ser treináveis e não estão mais dispostos a aprender. Não ouvem os conselhos. Isso é um sinal de que esqueceram como administrar seu próprio ego.

Continuar paranoico também significa permanecer humilde. Se você não tem humildade, não pode reunir pessoas. Sem humildade, aqueles que discordam de você não vão querer fazer negócio. Como você pode gerar novas ideias ou convidar novas perspectivas quando não há diversidade ou vozes discordantes na sala? Quando todos ao seu redor concordam, você naturalmente fica acomodado, o que é o oposto de ser paranoico.

■ ■ ■ ■ ■

Manter seu ego sob controle significa entender que não pode fazer tudo sozinho. Se você for excessivamente paranoico, não confiará em ninguém. Se for suficientemente paranoico, construirá alianças fortes. É importante ter parceiros que também estejam atentos à concorrência. Pense nisso como uma forma de aumentar a inteligência do negócio.

No livro *As 48 Leis do Poder*, de Robert Greene, a Lei 18 declara: "O mundo é perigoso e os inimigos estão por toda parte — todos nós temos que nos proteger. Uma fortaleza parece mais segura. Mas o isolamento nos expõe a mais perigos do que nos protege — ficamos isolados de preciosas informações, transformando-nos em um alvo fácil e evidente."

Greene assinala que, por mais difícil que seja confiar nas pessoas, a alternativa — trabalhar em isolamento — é muito pior.

Você pode encontrar aliados onde menos espera. Quando a Apple passava por dificuldades, em agosto de 1997, havia poucas pessoas dispostas a ajudar Steve Jobs. O que antes parecia impensável — procurar um inimigo — era possível porque ele estava disposto a superar seu ego. Ele encarou a situação e se aproximou de ninguém menos do que seu arqui-inimigo, Bill Gates. E pediu apenas um pequeno favor: que a Microsoft fizesse um investimento de US$150 milhões.

Como Stephen Silver relatou na *AppleInsider*, segundo Jobs, "muitas pessoas na Apple e no ecossistema da Apple jogavam o seguinte jogo: para a Apple ganhar, a Microsoft tem que perder. E ficou claro que não era preciso jogar esse jogo, pois a Apple não ia vencer a Microsoft. Ela não precisava vencer a Microsoft. Ela precisava se lembrar de quem era, porque eles pareciam ter se esquecido."

Na verdade, Jobs não pediu exatamente um "favor". A Microsoft investiu US$150 milhões em ações da Apple, e as empresas concordaram em resolver suas disputas jurídicas, poupando tempo e dinheiro para ambas.

Além disso, a Apple concordou em transformar o Microsoft Office em um programa compatível com o Mac. Resumindo: os rivais se tornaram parceiros.

Imagine o que aconteceria se Jobs não tivesse construído essa aliança. Não estamos falando de alguém com um ego pequeno. No entanto, no momento mais importante, ele não teimou e nem insistiu em fazer tudo sozinho. Hoje podemos usar iPhones e outros dispositivos Apple graças a um cara paranoico e com um grande ego — mas homem e esperto o suficiente para construir a aliança certa.

O exemplo seguinte destaca tanto a necessidade de alianças quanto a de paranoia. Em agosto de 2000, a Amazon e a Toys "R" Us criaram o que o *Wall Street Journal* chamou de "acordo pioneiro": "Durante dez anos, a

Amazon dedicaria parte de seu site aos brinquedos e produtos para bebês da Toys "R" Us. O varejista de brinquedos escolheria os melhores produtos para estocar e compraria o estoque para as prateleiras virtuais." Tenha em mente que a bolha da internet tinha estourado em 11 de março de 2000. A Amazon lutava para sobreviver. Na minha opinião, se essa aliança não fosse feita, não haveria mais Amazon. Além da receita que a aliança criou, a parceria com a Toys "R" Us ajudou a conduzir o tráfego para a Amazon, o que, por sua vez, ajudou a vender outros produtos no site. A Amazon poderia então continuar a construir mais parcerias.

Cinco anos depois, as duas empresas estavam brigando no Tribunal Superior de Nova Jersey. O que começara como uma aliança tinha se transformado em uma guerra. A maior vítima foi a Toys "R" Us, que, em 2018, foi à falência.

A moral da história? Mesmo depois de construir uma aliança, continue paranoico!

Procure Conselhos Sábios

Quando a adversidade atacar, você precisará de ajuda. Se você reuniu uma equipe sábia — selecionando-os e tratando bem deles —, eles podem salvá-lo quando houver complicações. Você precisa de aliados, especialmente quando seus negócios começam a vacilar. Eles lhe darão força para superar obstáculos, para se recuperar e crescer.

Conheci muitos empresários inteligentes que fracassaram nos negócios, mas ainda não encontrei um sábio que não fosse capaz de se recuperar. A diferença entre ser inteligente e ser sábio é que uma pessoa inteligente pensa que sabe todas as respostas, enquanto o sábio se sente confortável em saber que não sabe. A sabedoria é especialmente valiosa em tempos caóticos.

Eis como aprendi esta lição. Aos 22 anos, já tinha acumulado US$49 mil em dívidas de cartão de crédito e meu perfil de crédito não chegava a 500. Meu relacionamento com minha namorada, na época, ia de mal a pior, principalmente devido à minha situação financeira. Tive uma epifania: se continuasse me limitando ao que já sabia, minha vida seguiria sempre na mesma direção.

Decidi buscar a sabedoria. Eu, que zombava dos *nerds* na escola, virei o maior *nerd* de todos. Tudo o que queria fazer era aprender. Passei a devorar livros. Virei uma esponja, absorvendo conteúdo de meus mentores. E, o mais importante, rodeei-me das pessoas mais sábias que pude encontrar para aprender sobre a vida e os negócios. Um desses mentores me apresentou as perguntas que se tornaram a Auditoria de Identidade Pessoal (que discutimos no Capítulo 2 e que pode ser encontrada no Apêndice).

Como encontrar mentores sábios? Compartilharei aqui algumas lições duramente conquistadas. Trabalhei com muitos *coachs* e consultores e descobri que muitos oferecem conselhos baseados em leitura, e não em experiências. Percebi que, quando se trata de mentores ou consultores, você pode escolher entre três níveis de especialização: Teoria, Testemunha e Aplicação (TTA).

- **Teoria**. Estes são indivíduos estudados, com diplomas de universidades de prestígio. A maioria dos consultores e professores se enquadra nesta categoria. São inteligentes, mas nem sempre são sábios. A sabedoria vem da experiência prática, e essas pessoas oferecem sugestões baseadas na teoria. Eles lhe ensinarão como administrar um negócio, mas se você perguntar se já administraram um, provavelmente responderão: "Não, não administrei. Mas já dei consultoria para muitos. Li tudo sobre o assunto." Esse é um mentor de nível teórico. Não há nada de errado nisso. Eles ainda podem lhe dar bons conselhos, mas são os mentores de nível mais básico.

- **Testemunha**. São conselheiros que trabalharam diretamente com empresários de sucesso e, graças a essa vantagem estratégica, podem lhe dizer exatamente como esses líderes construíram seus negócios. Por exemplo, Guy Kawasaki frequentemente compartilha o que aprendeu trabalhando com Steve Jobs na equipe original da Macintosh. Testemunhas não administravam o negócio, mas trabalharam de perto com alguém que o fez. Por exemplo, se você quisesse ser "mentorado" por alguém do ramo imobiliário, poderia perguntar: "Você já trabalhou com imóveis antes?" Se a pessoa responder "Nunca, mas durante dez anos fui assistente da agente imobiliária número um em Beverly Hills e aprendi muito com ela", isso tem um grande valor. Essa pessoa

pode lhe dizer o que a agente de sucesso fez, como ela trabalhou, como tratou seus clientes, o que ela fez quando quase foi à falência, e assim por diante.
- **Aplicação**. Aplicação significa que as informações vêm diretamente da fonte. Essas são as pessoas que podem lhe dizer o que funcionou para elas. Os mentores mais valiosos são aqueles que viveram aquilo de que falam em suas palestras. Empreendedores podem compartilhar o que não funcionou em seus negócios de uma forma que alguém que opera a partir da teoria ou observação simplesmente não pode.

Aqueles que apresentam as três características — teoria, testemunha e aplicação — são chamados de "trifetas". E, a propósito, são difíceis de encontrar.

Muitas pessoas que fazem vídeos no YouTube hoje em dia são pura Teoria e Testemunha. Muito poucas são Aplicações. Portanto, mais uma vez, tenha o devido cuidado de saber onde um mentor se senta na hierarquia da TTA. Todos esses três níveis podem ser úteis, embora a Aplicação seja, de longe, a melhor, especialmente quando você está tentando passar por períodos difíceis. É por isso que o grande mestre Magnus Carlsen contratou seu antigo adversário, o campeão mundial Garry Kasparov, para ser seu treinador.

■ ■ ■ ■ ■

O jogo dos negócios pode ser feio às vezes. Se você tem uma mentalidade guerreira, não levará isso para o lado pessoal. Seus concorrentes podem deixá-lo frustrado, irritado e confuso. Pode ter certeza de que usarão golpes baixos. Da mesma forma, um de seus melhores funcionários pode sair de repente — um funcionário que você "criou", ajudou a crescer e apoiou durante suas lutas. Você sentirá a dor da ingratidão. Pode haver um grupo de ativistas de consumo ou uma agência do governo na sua cola; você acredita que isso está o isolando e fazendo com que passe por atribulações sem nenhuma razão, a não ser algum rancor contra você.

Reconheça o quão improdutivo é levar as coisas para o lado pessoal. Seu ego é seu inimigo. Construir um negócio não é apenas algo feio; é algo confuso. Não exige apenas um esforço cognitivo, mas um esforço emocional.

Quando leva as coisas para o lado pessoal, você é arrastado para o caos e não consegue pensar com clareza, tornando-se furioso e vingativo.

Por mais difícil que seja, afaste-se e veja as situações de forma analítica. Não deixe a fúria ou a vergonha ditarem suas decisões. Não estou dizendo para se despir de toda emoção. Você tem direito a sentir o que quer que esteja sentindo. Apenas não deixe que esses sentimentos turvem seu julgamento. Os melhores empreendedores são capazes de afastar suas reações emocionais e tomar decisões objetivas no meio do caos.

Mostre-me um CEO de sucesso com décadas de longevidade, e eu lhe mostrarei um CEO que se manteve paranoico. Ser um CEO significa conectar os pontos e fazer as coisas de formas diferentes daquelas do passado. Fique alerta; fique vivo.

JOGADA 4

Estratégia de Mestre para Escalar

ESCALADA PARA CRESCIMENTO EXPONENCIAL

1. Decida como você capitalizará seus negócios. Execute estratégias tanto para o crescimento exponencial quanto para o linear. Lidere as pessoas exigindo o melhor delas e as responsabilizando.

FAÇA DO *MOMENTUM* SEU AMIGO — E PREPARE-SE PARA O CAOS

2. Crie estratégias para aumentar a velocidade do crescimento sem paralisar seus negócios. Procure formas de reduzir os prazos. Mantenha seu ego sob controle para evitar tentações e para não ser seu pior inimigo.

MONEYBALL: PROJETANDO SISTEMAS PARA ACOMPANHAR SEU NEGÓCIO

3. Decida quais são as fórmulas mais importantes de seu negócio e rastreie-as religiosamente. Codifique o que está em sua cabeça, criando manuais para transferir conhecimentos. Determine se são necessárias novas contratações para ajudar a implementar essa transferência de conhecimento.

CONTINUE PARANOICO; O GRANDE MESTRE NUNCA DORME

4. À medida que sua empresa cresce, ela se torna mais vulnerável. Saiba onde as pessoas podem atacá-lo e fique de guarda. Coloque-se constantemente no lugar de seus inimigos e pergunte-se como você poderia, se fosse eles, tirá-lo do mercado. Não leve isso para o lado pessoal quando eles tentarem fazê-lo.

JOGADA 5

DOMINE OS JOGOS DE PODER

13

Como Vencer Golias e Controlar a Narrativa

"Não sou um cara de negócios. Sou um negócio, cara."

—Jay-Z

No mundo dos negócios, todos têm um Golias, que nem sempre é a maior empresa do setor. O seu Golias pode ser uma empresa que está assumindo participação de mercado em determinada região, ou pode ser outro vendedor em seu departamento de vendas, que tenha mais experiência e contas maiores e mais lucrativas.

Antes de decidir enfrentar Golias, você precisa saber que ele é maior do que você e tem mais capital, experiência e recursos (principalmente advogados). O Golias também tem uma reputação e uma marca bem conhecida. Ou seja, ele está em uma posição mais confortável que a sua.

Se mesmo sabendo disso você ainda pretende enfrentar Golias, é melhor conhecer os obstáculos que terá de encarar. Esperemos que também veja uma oportunidade. Se Golias está confortável e, consequentemente, menos paranoico, você tem uma abertura para fazer a(s) sua(s) jogada(s).

Quero deixar bem claro: esta luta não é para todos. As chances de derrotar de verdade um Golias são pequenas. Quem teria pensado que o pequeno Walmart poderia praticamente tirar o Kmart do negócio?

Para cada história da Amazon, da Microsoft e do Google, há dezenas de milhares de histórias de indivíduos e empresas que perderam tudo. Vencer Golias é possível, mas para isso é preciso ser capaz de tolerar a dor. Se você ainda está pensando em tentar fazê-lo, continue lendo.

Os Efeitos de Enfrentar um Golias nos Negócios

1. **Você terá medo.** Por mais assustador que seja o pensamento de perder dinheiro, pode ser ainda mais doloroso para seu ego pôr-se à prova e fracassar.
2. **Você terá ataques de pânico e ansiedade.** Se não tiver, é sinal de que não se pôs à prova. Pôr-se à prova significa dedicar tudo o que se tem em prol dos resultados, o que gera muito estresse.
3. **Você será assediado e se tornará motivo de riso.** Isso será consequência não só de ter enfrentado Golias, mas também de pensar que seria possível vencê-lo. Você atrairá o olhar do público, então é melhor se preparar para a atenção negativa.
4. **Você precisa ser louco.** Neste caso, ser louco funcionará a seu favor. É melhor que esteja um pouco "delirante" se acha que pode destronar Golias.
5. **Você terá de trabalhar dez vezes mais do que imagina.** Quando achar que está chegando ao seu limite, será preciso trabalhar dez vezes mais para derrotar Golias. O tempo com sua família diminuirá; você pode praticamente esquecer seus *hobbies* — tentar vencer Golias não é para todos.
6. **Você terá de permanecer saudável para ter a energia necessária para competir.** Eu mesmo já trabalhei várias vezes até a exaustão e a hospitalização. Isso me ajudou a construir uma tolerância ao trabalho duro, pois sempre que tive de parar, voltei rugindo mais forte ainda. Não estou lhe dizendo isso para que você tenha medo de um esgotamento, mas para que esteja preparado quando ele ocorrer ao lutar contra Golias.

Na jogada 2, quando analisamos a Metodologia Resolva o X, contei como Aegon me processou quando comecei meu negócio e como ele quase nos levou à falência. Golias me pegou pela garganta e quase acabou comigo.

Assim que escapei, ganhei a confiança necessária para vencer Golias. E o mais importante: compreendi por que ele podia ser derrotado.

Por que Golias Pode Ser Derrotado

Ainda não está com medo? Ainda bem, porque estou prestes a lhe dar uma boa notícia: se você está preparado para a batalha, pode vencer. Eis o porquê: quanto mais os Golias ganham, mais indulgentes tendem a ficar, e eventualmente deixam de trabalhar tão duro quanto antes. Como é raro que falem diretamente com os clientes, muitas vezes os Golias perdem contato com os métodos mais atuais de marketing. O Golias não é tão ágil quanto você. Ele tem muito a perder para assumir riscos.

O Golias não pode recrutar loucos e famintos porque os loucos são instigados pelos desfavorecidos, que aspiram a matar um Golias. Eles preferem muito mais enfrentar Golias a se unir a ele. Isso explica por que Kevin Durant foi tão criticado ao se juntar aos Golden State Warriors um ano depois de terem quebrado o recorde da NBA, com 73 vitórias em uma temporada. Isso também pode explicar por que Durant deixou "Golias" depois de ganhar dois títulos em três temporadas.

Mesmo que esteja à altura do desafio, você deve sempre respeitar Golias. Se se acomodar um pouco, estará perdido. Os Golias não chegaram onde estão por pura sorte. Eles são incríveis por uma razão, e por isso derrotá-los é tão gratificante. Eis como você pode fazê-lo.

Doze Maneiras de Derrotar Golias

1. **Conheça seus pontos fracos.** Conhecer seus pontos fortes é fácil, mas conhecer suas fraquezas lhe permitirá ser ágil e pivotar ao enfrentar Golias.
2. **Conheça os pontos fracos de Golias.** Você não pode atacar os pontos fortes de Golias. Você deve encontrar o calcanhar de Aquiles dele e explorá-lo.
3. **Domine três coisas que você faz bem.** Você estabelece os termos de sua batalha no mercado. Use seus pontos fortes para dominar três coisas que Golias não domina e superá-lo.

4. **Não tente ser Golias.** Você pode aprender movimentos e informações com Golias, mas se tentar imitá-lo, como irá vencê-lo? Tire proveito de suas próprias forças, não daquelas de outra pessoa.
5. **Concentre-se na especialização.** Os Golias tendem a generalizar a fim de espalhar sua influência e poder. Você deve se especializar para captar a participação de mercado dele.
6. **Se você é pequeno, procure parecer maior.** Erga a cabeça e não se deixe intimidar pelo tamanho e pela força de Golias. Incorpore sua verdade futura e procure competir como se estivesse com a vantagem.
7. **No início, fique na sua.** Você precisará de muita ajuda e de tempo para melhorar. Não desperdice seus primeiros anos provocando os outros e chamando atenção. Dedique-se primeiro aos seus negócios antes de procurar um Golias com quem lutar.
8. **Mova-se rapidamente.** Use suas vantagens inerentes de força e velocidade contra Golias. Ele não pode se mover tão rápido quanto você.
9. **Alie-se a concorrentes com o mesmo inimigo.** Os Golias têm muitos inimigos. Procure suas sinergias com esses inimigos e construa alianças estratégicas.
10. **Estude História.** A História pode lhe dar contexto e estratégias inusitadas na sua luta contra Golias. O conhecimento está disponível e só irá ajudá-lo.
11. **Deixe outros competidores desgastarem seus adversários.** Os Golias devem se defender de muitos concorrentes — você não precisa estar sempre na linha de frente. Deixar outra pessoa tomar a frente dessa luta pode ajudá-lo a concentrar melhor seus recursos e lhe dar uma vantagem sobre os Golias.
12. **Não revele todos os detalhes de sua estratégia.** Para um grande mestre, isso deve ser autoexplicativo.

Controlando a Narrativa

É hora de pensar em como e o que transmitir para o mundo, já que todos os olhos estarão voltados para você. Se você não falar sobre aquilo em que acredita, suas opiniões e quem você é como indivíduo, o mundo acabará decidindo quem você é. Cabe a você controlar a narrativa e falar sobre aquilo com que está lidando. Se não o fizer, outros o farão.

A mídia social é o grande equalizador.

Quando comecei minha agência, Golias usou todos os recursos possíveis para me intimidar. Meus concorrentes disseram coisas horríveis sobre mim e inventaram rumores desagradáveis que poderiam facilmente arruinar minha reputação. Foi quando compreendi plenamente o fato de que usar as mídias sociais adequadamente me permitiria controlar a narrativa.

Há muitas formas diferentes de *bullying* — formas que evoluíram ao longo dos anos. Quando sua empresa é pequena, as pessoas difamarão seu caráter e espalharão rumores. Percebi que a maneira de reagir era controlando a narrativa.

Quando as pessoas ouviam coisas horríveis a meu respeito, elas recorriam ao Google para confirmar suas suspeitas. E o que elas encontravam? Que o monstro do qual ouviram falar era muito diferente do cara que observavam online. Consegui controlar a narrativa, e, assim, muitas pessoas que ouviram fofocas negativas a meu respeito acabaram se tornando meus parceiros.

Pense em como isso era diferente em um mundo pré-internet. Steve Jobs teve de ligar para a *Playboy* para pedir que escrevessem uma história sobre ele com o seu ponto de vista narrativo. Da entrevista até sua publicação, passaram-se dois meses! Agora, escrevemos algo online, e dois milissegundos transcorrem até as pessoas poderem lê-lo.

Golias pode gastar milhões de dólares em relações públicas. Enquanto isso, você pode fazer um vídeo com um iPhone e obter mais visualizações — e causar um impacto maior.

■ ■ ■ ■ ■

Quando postar algo, compartilhe quem você é de verdade. Sofremos uma lavagem cerebral para pensar que o profissionalismo exige que apresentemos apenas o nosso melhor. O problema é que as pessoas não se conectam com robôs perfeitos. Elas se conectam com tudo aquilo que você é. Mostre seus erros, seja vulnerável. É entediante ouvir alguém falar apenas sobre os próprios pontos fortes. Não há como alguém chegar ao topo sem cometer erros. As pessoas se identificam mais quando você compartilha seus momentos de vulnerabilidade.

As pessoas também se identificarão se você as desafiar a questioná-lo em relação a seus pontos de vista. Peça-lhes para partilharem o que estão pensando. Solicite recomendações específicas para resolver problemas. Primeiro, você aprenderá algo. Segundo, aumentará o envolvimento de seus telespectadores ou leitores.

Outra chave para se conectar com seu público é ser consistente. Seu público deve saber quando receberá novidades suas e confiar em uma programação regular de conteúdo. Dois autores de *best-sellers* têm abordagens diferentes. As pessoas que seguem Seth Godin sabem que podem esperar um pequeno e atencioso post diário no blog. Daniel Pink, por outro lado, posta o seu Pinkcast a cada duas semanas. A chave de ambas as estratégias é atender às expectativas do próprio público.

A integridade segue de mãos dadas com a coerência. Quando você vai ganhando seguidores, começa a receber propostas para promover outras pessoas. **Não prostitua sua marca.** Se vai contratar um patrocinador, precisa estar alinhado a essa marca. Seus seguidores irão apreciá-lo se permanecer firme com sua mensagem e não se vender.

Para isso, você precisa atrasar a gratificação — recusar um dólar rápido a fim de jogar o jogo longo e manter sua integridade.

Seja Sem-Vergonha na Autopromoção

A primeira regra da autopromoção é que você seja sem-vergonha. O que atrasa as pessoas é o medo de serem julgadas. Os visionários já superaram isso. Você não pode ter medo de ser julgado ao se autopromover. Você *quer* que as pessoas reparem em você. Phil Knight, da Nike, é sem-vergonha. Jerry Jones, dos Dallas Cowboys, é sem-vergonha. Dwayne "The Rock" Johnson é sem-vergonha. Kevin Hart é sem-vergonha. Você acha que Hart conquistou quase 100 milhões de seguidores no Instagram sendo tímido? Se não for sem-vergonha, ninguém saberá quem você é.

O que nos impede de ser sem-vergonha é o medo da humilhação. Mas e se você for humilhado? Você conhece alguém que não tenha sido? Pessoas das quais ninguém sabe nada — aquelas que se escondem em empregos corporativos seguros. Quando digo "Seja sem-vergonha", não quero dizer que você deva se gabar. Quero dizer que você deve fazer o máximo que puder (dentro de sua narrativa e de sua marca) para ter a certeza de que atrairá olhares. A autopromoção é uma forma de arte.

Você pode se sentir desconfortável ao se vangloriar, mas pode fazê-lo sutilmente por meio das histórias que conta. Digamos que você esteja em um escritório de um advogado ou advogada e há alguma placa distintiva na parede. Você poderia dizer: "Sabe, estas placas são impressionantes. Sei que para ser reconhecido como um advogado de alto nível é preciso muito trabalho. Respeito isso porque recebi minha placa de melhor corretor da empresa e me lembro do esforço necessário para chegar lá. É uma loucura como muitas vezes as pessoas não veem o esforço feito nos bastidores. Por isso, eu o aplaudo pelo que fez."

Outra forma de autopromoção é fazer previsões. Faça algumas previsões com base em sua intuição e pesquisa. Por que isso é importante? Porque se algumas de suas previsões se tornarem realidade, você ganhará credibilidade e parecerá um sábio.

Agora, algumas pessoas podem dizer: "Que conselho idiota, Pat. Você está realmente me dizendo para me expor assim? E se eu estiver errado e acabar sendo humilhado?" Considere a alternativa: nunca estar errado e ninguém saber quem você é.

Conor McGregor, o ex-campeão da UFC, disse: "Sou arrogante na previsão e confiante na preparação, mas sou sempre humilde na vitória ou na derrota." Ele dá sua cara a tapa sem vergonha nenhuma, e, ganhando ou perdendo, sempre controla a narrativa fazendo previsões ousadas.

As grandes incorporadoras imobiliárias também fazem previsões. Assim como os grandes corretores da bolsa. Eles se colocam nas notícias. Você acha que Jim Cramer conseguiu um programa de TV sendo tímido ou tendo medo de se arriscar? O programa dele não se chama *Dinheiro Tímido*; chama-se *Dinheiro Louco* (*Mad Money*, no original). Ele faz com que as pessoas falem sobre ele. Alguns dizem que ele é um idiota; outros seguem seus conselhos de olhos fechados. Nunca conheci Jim Cramer, mas posso apostar que está chovendo dinheiro em cima dele.

Não tenha medo de fazer previsões dentro de seu setor. Mais uma vez, pense no enquadramento. Aqui estão alguns títulos de artigos do consultor de investimentos e personalidade Peter Schiff.

"Peter Schiff: Taxas de Juros Negativas São Burrice."

"Peter Schiff: Os Únicos Vencedores Serão Aqueles que Compraram Ouro e Prata."

"Peter Schiff: O que Quer que o Fed (Sistema de Reserva Federal dos Estados Unidos) Faça, Vai Cheirar Mal."

Schiff vem cantando essa mesma bola há décadas. Às vezes ele acerta, às vezes não. Mas está sempre nos noticiários. Ele se autopromove, faz previsões ousadas, e o resultado é que ele se tornou sinônimo de investimento em ouro. Quando um programa de TV sobre finanças procura um especialista em ouro, é em Schiff que pensa.

Percebo que já dei muitos exemplos. Para resumir, os princípios mais importantes das mídias sociais são:

- Tenha uma personalidade.
- Seja ousado.
- Seja arrojado (se é isso que você é).
- Seja envolvente.
- Seja corajoso quando estiver certo.
- Ria de si mesmo quando estiver errado.
- Aceite perder quando estiver errado.

A promoção é algo que deve ser feito constantemente. Eis outra técnica. Em vez de citar nomes, cite títulos de livros. Digamos que você está participando de uma reunião e, em resposta a um comentário, diz: "Um dos livros que li foi tal e tal, ele fala sobre isso, e sinto que é exatamente isso que está acontecendo com a empresa. Recomendo esse livro a vocês." Se houver pessoas ambiciosas na reunião, elas anotarão o nome do livro. Se puder dar duas ou três recomendações de livros em uma conversa de negócios, seu interlocutor o verá como um autodidata culto. Ter um diploma universitário ou não, no caso, é irrelevante.

A próxima forma de autopromoção é ter opiniões fortes sobre assuntos dentro de sua área de especialização. Por exemplo, você pode dizer que não concorda com os rumos do mercado ou falar sobre um dos erros que seu setor está cometendo. Um ótimo lugar para fazer isso é em seu blog, vlog ou podcast. Quando o assunto surgir, você pode dizer: "Escrevi recentemente um post sobre isso. Ele gerou muita controvérsia porque minha crença era tal e tal. Vou enviá-lo a você para que possa lê-lo."

Escrevi um artigo sobre como a propriedade da casa própria não é o sonho norte-americano. Foi uma bomba. A Fox entrou em contato comigo. A CNN me contatou. O Denver Post fez uma reportagem sobre o assunto, escrevendo sobre este empresário que não acredita na propriedade da casa própria. Essa era a minha opinião. Gerei muita controvérsia só porque escrevi um artigo dizendo o que o verdadeiro sonho norte-americano não é uma casa própria, mas o empreendedorismo. Compartilhe seus pensamentos e opiniões e se autopromova por meio dos artigos que escreve.

Você precisa ter um nível de certeza sobre aquilo que está falando. As pessoas percebem a diferença entre certeza e incerteza. Acredite, não é tão difícil saber quando alguém tem certeza daquilo que está falando. Ter certeza já é uma forma de autopromoção.

Não exagere e não invente coisas. Tenha uma opinião, tenha dados que sustentem essa opinião e declare essa opinião com convicção.

Meu desafio para você é a autopromoção. Deixe de lado seu medo de ser julgado e se exponha. Diga ou faça algo ousado. Diga às pessoas quem você é e o que você representa.

Alinhe Sua Marca com Sua Visão de Mestre

Quando comecei a criar conteúdo no YouTube, chamei o canal de Patrick Bet-David e dei o nome de "Dois minutos com Pat" para os segmentos. Enquanto me aprofundava em minha visão sobre o conteúdo, percebi que o canal era sobre educação. Eu queria oferecer valor e entretenimento que inspirassem empresários em todo o mundo.

Minha razão *altruísta* para criar conteúdo era retribuir. Eu queria oferecer tudo o que desejava ter quando fiz a transição de vendedor para empresário e, mais tarde, para CEO. Fiz uma lista das perguntas que me fiz a cada fase de minha carreira, quando me sentia impotente e sem pistas — e comecei a dar as respostas em vídeo. Também me comprometi a fazê-lo de uma forma interessante. Muitos de nós sofremos na escola porque a abordagem era entediante. Eu queria criar um conteúdo a que as pessoas quisessem assistir — com o qual pudessem aprender e se divertir ao mesmo tempo.

Eu também tinha duas razões *egoístas* para criar conteúdo. A primeira era dar aos meus filhos e netos (futuros) acesso ao que eu pensava sobre a vida. Visualizei meus filhos maratonando meu conteúdo — talvez em uma época em que achassem que eu não estava contente com eles — e percebendo o quanto o pai deles os ama.

A segunda razão? Você adivinhou. Para controlar minha narrativa.

Voltando às minhas razões comerciais para criar *Valuetainment*, percebi que para escalar a marca, precisaria tirar o foco de mim e direcioná-lo para a visão.

Imagino que você tenha percebido o problema rapidamente. O título do segmento semanal — "Dois minutos com Pat" — era todo sobre mim. Não tinha nada a ver com minha visão.

Você me ouviu falar apaixonadamente sobre como pensar como um grande mestre de xadrez. Quando se trata de lançar uma nova ideia com uma visão significativa, é hora de colocar a mentalidade de um grande mestre em uso e planejar quinze jogadas adiante. Consegue pensar em algumas? Você pode se colocar no meu lugar na época e traçar uma estratégia de como me transformar de um empreendedor solo em dificuldades fazendo vídeos em um educador-líder? Acho que você pode até estar pensando em algumas coisas que me escaparam. E quando vir minha lista, provavelmente encontrará vários furos em minha estratégia. Sim! Por favor, mostre-me.

Muito bem, está na hora de dar uma olhada no plano que implementei para levar minha série de vídeos aonde ela está hoje.

Quinze Jogadas para Transformar um Segmento Semanal em um Canal Focado no Empreendedorismo

1. Reservar um tempo para ficar sozinho e clarificar sua visão.
2. Consultar nossa equipe de criação para fazer um *brainstorming* de novos nomes para o canal.
3. Comprar e estudar todos os livros que existem sobre marketing e mídia.
4. Identificar quem não queremos ser tanto quanto quem queremos ser.
5. Fazer com que o tema do canal seja a missão, e não a minha personalidade.
6. Criar um novo logotipo, nome e website que incorpore a ideia de um educador-líder.
7. Participar de conferências do setor de mídia social para aprender diferentes estratégias.
8. Começar a aprender a linguagem da mídia e o que precisa ser rastreado.
9. Contratar pessoas nas áreas em que somos fracos. Nos próximos noventa dias, contratar um especialista em SEO (Search Engine Optimization).
10. Aumentar gradualmente a taxa de conteúdo postado.
11. Nos próximos trinta dias, contratar um editor em tempo integral.
12. Mapear uma estratégia para o Instagram, Twitter, Facebook e YouTube — e estar preparado para agir rapidamente se o próximo aplicativo de mídia social superar esses quatro.
13. Apresentar-me como um especialista no mercado. Escrever um artigo como um especialista e publicá-lo em múltiplas plataformas.
14. Criar critérios claros para os convidados que trago para o programa, de forma que combinem com a marca da *Valuetainment*.
15. Por enquanto, mantenho este próximo passo em segredo. Ele será revelado em breve.

O resultado dessas quinze jogadas? Mudamos o nome do programa para *Valuetainment*, e o resto é história. Hoje, Valuetainers em todo o mundo assistiram a bilhões de minutos de conteúdo. O mais fascinante é que cada vez que escolhi abordar um novo tópico, um novo público surgiu a partir daquela comunidade. Isso levou a muitos negócios e contatos que ajudaram a cimentar a marca e, como um subproduto, atrair negócios para minha empresa. Desde março de 2020, temos mais de 2 milhões de assinantes do YouTube e somos o canal líder em empreendedorismo.

Desligue o Ruído e Corte os Supérfluos

Em 2005, a National Science Foundation publicou um artigo afirmando que a pessoa média tem entre 12 mil e 60 mil pensamentos por dia. Desses, 80% são negativos e 95% são exatamente os mesmos do dia anterior.

Desligar o ruído é um movimento poderoso. Quando você começa a controlar sua própria narrativa, também precisa reduzir o tempo que passa prestando atenção ao ruído dos outros. Você acha que os grandes pensadores prestam atenção às fofocas de celebridades? Acha que eles são obcecados por notícias? Eles recebem as notícias principais pela manhã porque precisam estar informados sobre os eventos atuais, mas não perdem tempo com teorias conspiratórias ou *clickbait*. Essas coisas produzem muito ruído.

Também desligue o ruído de amigos negativos e dos pequenos pensadores. Desligue o ruído dos membros da família que não apoiam suas ambições. Se souber que só ouvirá negatividade, nem sequer mencione suas ideias na frente deles. Desligue o ruído. Pare com qualquer distração e negatividade. Lembre-se, há uma grande diferença entre alguém que faz críticas construtivas e alguém que é simplesmente negativo.

Você também precisa eliminar os excessos de sua vida. Se não planeja ganhar dinheiro jogando videogames, corte-os. Se tiver vários namorados ou namoradas ou se costuma sair à noite três vezes por semana, está na hora de parar com isso! Se costuma postar vinte *selfies* por dia ou verificar o resultado de seu time de futebol fantasia a cada trinta segundos, pare com isso! Se tem maus hábitos e vícios dos quais ninguém sabe, encontre formas de controlá-los.

Você precisa parar com tudo aquilo que o impede de pensar grande. Você sabe exatamente do que estou falando, não preciso lhe explicar. Pense nisso. Neste momento, você está pensando naquilo que precisa eliminar. Sabe aquilo em que está pensando? Corte, elimine agora mesmo. É algo que está te atrasando, e não vale a pena. Não lhe dará tanta satisfação quanto pensar grande e concretizar sua visão.

Darei um exemplo. Eu amo as mulheres. Quando eu era mais jovem e solteiro, era a companhia perfeita para quem quisesse ir a um clube e se divertir muito. Dei uma entrevista para um programa de rádio falando sobre meus planos e objetivos. Um dos apresentadores me perguntou: "Qual foi a coisa mais importante que mudou em sua vida?"

Eu respondi: "Quando tinha meus vinte e poucos anos, tomei a decisão de não fazer sexo novamente até fazer meu primeiro milhão."

"Então você deve ter feito esse milhão muito rápido."

Infelizmente, não. "Jejuei" por dezessete meses. Foi difícil. Mas ao tomar essa decisão, consegui duas coisas simultaneamente. Primeiro, ela me proporcionou a disciplina e a motivação de que precisava para atingir meu objetivo. Segundo, obrigou-me a dedicar meu tempo àquilo que importava. Antes de estabelecer essa meta, passava horas em festas e clubes, sem mencionar toda a energia mental necessária para encontrar mulheres e flertar. Tudo isso era apenas ruído. Quando substituí aquele ruído por atividades geradoras de renda, minha produtividade disparou — e acabei conhecendo minha esposa e me estabilizando com ela.

Não há margem para erros se quiser vencer Golias. Você não pode perder tempo se quiser ter sucesso ao mais alto nível. A perda de tempo também impacta sua estratégia de mídia social. Graças a Deus o Instagram não existia em meus dias de festa, senão você encontraria algumas fotos esquisitas de mim em todas as mídias sociais.

Não estou lhe dizendo para copiar meu exemplo. Não sou um cara típico, e o que funcionou para mim provavelmente não funcionará para você. Eu lhe diria que, se você está ciente de qual é o seu ponto fraco — exagerar nas sobremesas, ver TV demais, acompanhar esportes obsessivamente —, pode colocar seu foco lá. Algumas pessoas não acham nada de mais passar um domingo inteiro assistindo a jogos de futebol e outras três horas e meia assistindo aos jogos de segunda à noite. Somadas, são mais de treze horas.

Portanto, talvez você não desista de sua liga de futebol de fantasia nem pare de assistir aos jogos de seu time favorito. Mas se assistir apenas a um jogo por semana, acaba de recuperar dez horas semanais. Consegue imaginar que resultado adicionar um dia inteiro à semana de trabalho pode trazer?

A autodisciplina pode assumir muitas formas. Você pode impor limites ao tempo que perde navegando na *web*. Pode dedicar cinco horas diárias para trabalhar na tarefa mais importante para seu negócio. Pode avaliar as ameaças ao seu negócio pelo menos uma vez por dia. O rigor em tais ações valerá a pena. O exercício da autodisciplina resulta em excelência contínua.

Verdade Futura versus Afirmações Positivas

Acabamos de ver que você tem até 60 mil pensamentos por dia. O que passa pela sua mente importa — e muito.

Devido ao enorme sucesso do livro e do filme *O Segredo*, as afirmações positivas fizeram furor. As pessoas começaram a acreditar que as palavras são tão poderosas, que podemos "dizer coisas para manifestá-las". Para mim, a Lei da Atração é ao mesmo tempo real e mal compreendida, é por isso que quero que você entenda a diferença entre viver sua verdade futura e usar afirmações positivas.

Não sou contra citações motivacionais ou mensagens positivas, apenas as considero inúteis quando utilizadas sem emoção e convicção. Você tem de encontrar a afirmação certa junto de uma história de validação que a torne real para você. Em vez de "Eu sou grande. Sou poderoso. Sou abundante", você deve dizer "sou poderoso porque quando minha família precisou que eu agisse, dei um passo à frente e lidei com a situação".

Pense em um diretor tentando persuadir um ator a fazer uma performance emotiva. Para isso, é necessário que o ator se aproprie de seus sentimentos. Para fazer o mesmo por si, deve fazer o seguinte:

Faça um inventário mental e escreva:

1. Seus cinco momentos mais dolorosos.
2. Seus cinco momentos de maior sucesso.
3. Cinco momentos em que você se sentiu intocável.

Faça as afirmações, mas inclua a validação:

1. Comece com "eu serei um grande líder" ou "farei uma reviravolta única".
2. Acrescente a história, aproveitando sua dor e seus triunfos. Use a palavra "porque" para incluir a comprovação: "*Porque* eu consegui"; "*Porque* já estive lá antes"; "*Porque* já superei coisas piores".

As pessoas me perguntam: o que lhe deu confiança para ser quem você é hoje? Quatro coisas:

1. Destino: Acredito que estou destinado a fazer algo grande.
2. Fé: Acredito que há um poder superior me apoiando.
3. Deixei bem claro aquilo que queria. Defini minha visão. Disse ao mundo quem eu queria ser, e as pessoas certas apareceram.
4. Acredito que sou o homem mais sortudo do mundo.

Trata-se, neste exato momento, de encarnar sua verdade futura. Quando imagina sua verdade futura, você já tem o que quer, e precisa apenas tornar-se a pessoa necessária para que aquilo vire realidade.

Há um grande exemplo no filme *Swingers: Curtindo a Noite*, de 1996, quando o personagem de Vince Vaughn, Trent, está treinando o personagem de Jon Favreau, Mikey, para conhecer mulheres. Mikey está assustado e tímido. Ele parece estar a anos-luz de se transformar em um cara confiante. Mas ele quer impressionar uma mulher *agora* — e não depois de anos de treinamento. Trent entende isso. Em vez de dizer a seu amigo para "agir como se", ele usa a emoção para incitar Mikey a encarnar sua verdade futura. Como um treinador falando com um jogador, ou um diretor falando com um ator, Trent diz:

> Quando você subir para falar com ela, não quero que seja o cara dos filmes não recomendados a menores de 12 anos, aquele pelo qual o público torce. Quero que você seja o cara do filme proibido para menores, entende? Aquele do qual o público não tem certeza se gosta ou não. O público não tem certeza de onde ele vem, está bem? Você é um homem malvado. Um cara do mal.

Isso não é psicologia profunda; é uma jogada poderosa, mas comum. Se você não se acha digno, outros também não acharão. Se não acredita em seu produto (ou em você mesmo), ninguém mais acreditará. Se você parecer um babaca, agirá como um, e as pessoas o perceberão como um. Como vemos nessa cena de filme, muitas vezes precisamos de um técnico para nos pressionar a encarnar nossa verdade futura.

Se você vai "falar sua história para manifestá-la", é melhor que tenha a história certa e as emoções para apoiá-la. E se vai transmiti-la para o mundo, é melhor comprovar a conversa com o que vive. É assim que você controla a narrativa de sua vida.

Crescimento Progressivo: Quanto Peso Você Consegue Levantar?

Espero que sua mente esteja correndo quase dois quilômetros por minuto. Quero que você esteja tão empolgado que finque seu pé na garganta de Golias até ele implorar por misericórdia. Espero que você já tenha feito uma previsão ousada nas mídias sociais e que tenha tomado medidas para controlar sua narrativa. Também entendo que tudo isso pode parecer assustador. É aqui que damos um passo para trás e lembramos que demora mesmo. Em vez de se sentir sobrecarregado, comece a dividir seus objetivos em pequenos passos.

Quando eu tinha 14 anos, tinha mais de 1,80 metro de altura e pesava cerca de 60 quilos. Já mencionei que nossa família não podia pagar a mensalidade de US$13,50 da Associação Cristã de Moços. Alguns caras — provavelmente por eu ser tão magro — tiveram pena de mim e abriram a porta dos fundos para que eu entrasse sorrateiramente. Todas as pessoas de lá me chamavam de "o somaliano" — não era um termo agradável ou politicamente correto, e dizia que uma brisa forte poderia me derrubar. Eu tinha vergonha de ser tão magro, e por isso usava suéteres para esconder meu físico esguio.

Um cara chamado Fred, que malhava no Y, se interessou pelo meu caso. Quando estávamos na sala de musculação, ele notou que eu estava olhando para os outros rapazes, que tinham músculos enormes. Percebeu que eu estava desanimado com o que via; eles pareciam pertencer a uma espécie diferente. Fred me observou lutando para levantar 45 quilos. E mesmo só com a barra, só consegui fazer uma repetição.

"Tudo bem", disse Fred. Ele apontou para um peso de 1,5 quilo e disse: "Este é seu melhor amigo."

"O que você quer dizer com isso?"

"Daqui para a frente, quero que você melhore seu levantamento adicionando três quilos [um peso de 1,5 quilo de cada lado] a cada semana e vendo o que acontece."

"Isso é constrangedor", eu disse, referindo-me ao aumento mínimo de peso.

"Não se preocupe, apenas faça o que digo e veja o que acontece."

Relutantemente, segui o conselho de Fred. Gradualmente, conseguia levantar um pouco mais a cada semana. Gradualmente, fiquei maior e mais forte. Persisti. Segui o conselho de Fred com devoção religiosa. Após 18 semanas, como Fred havia previsto, consegui levantar 45 quilos. Depois de alguns anos, eu estava levantando 175 quilos. Meu físico se parecia com o dos caras que eu costumava invejar.

Traduza este princípio do peso de 1,5 quilo para seu negócio e sua carreira. Pare de se comparar com pessoas e empresas que parecem estar anos-luz à sua frente. Em vez disso, concentre-se em melhorias regulares e realizáveis.

Eu lhe garanto que outras pessoas e empresas ficarão vulneráveis se você seguir este regime. Até mesmo os Golias se tornam preguiçosos. Os Golias podem ser derrotados porque descansam sobre seus louros em algum momento. Lembra-se de como falamos de tantas empresas da Fortune 500 de 1955 que não estavam mais na lista em 2019?

Comprometer-se com um sucesso progressivo ajudará você a superar qualquer um. Se conseguir superar os outros, você os alcançará e passará à frente deles. Eles podem ser maiores do que você, mas eventualmente desacelerarão e começarão a celebrar as próprias vitórias. Enquanto isso acontece, aqueles que continuam a aprimorar silenciosamente a si mesmos e a sua empresa, aparecerão de repente e os surpreenderão. O compromisso de bater constantemente o seu melhor anterior é, de longe, a fórmula mais simples e mais bem comprovada para eventualmente se encontrar no topo de seu setor.

■ ■ ■ ■ ■

Cobrimos muito material neste capítulo. A esta altura, já sei que você pode lidar com isso. Analisamos o que é necessário para vencer Golias e o que torna Golias vulnerável, bem como as medidas específicas que você pode tomar para vencer o gigante de sua indústria.

Você deixou de lado seu medo de ser julgado e entendeu a importância da autopromoção. Ao entender que a mídia social é o grande equalizador, você está a caminho de criar uma estratégia que melhor se adapte às suas habilidades. Assim, estará controlando a narrativa.

Se quer alcançar a grandeza, a margem para erro é zero. Você não pode permitir que pensamentos negativos, pessoas negativas ou atividades negativas o distraiam. É hora de ser honesto em relação ao que o está atrasando e cortar esse excesso de sua vida.

14

Estudando Mafiosos: Como Vender, Negociar e Influenciar

"Farei uma oferta que ele não pode recusar."
— Don Vito Corleone, personagem de
Marlon Brando em *O Poderoso Chefão*

Você leu o título deste capítulo e está pensando que enlouqueci de vez, certo? Mas preste atenção no que digo: de certa forma, os mafiosos são os maiores empreendedores. Eles estão dispostos a assumir grandes riscos por grandes recompensas. E os mais bem-sucedidos entre eles são brilhantes nas negociações. Eles têm de pensar rápido e tomar as decisões corretas, ao mesmo tempo em que recebem muitas informações.

Serei claro: não estou sugerindo que você administre seus negócios de maneira antiética ou criminosa. Eu não deveria ter de declarar o óbvio, mas, de qualquer forma, o farei: sou contra assassinato, extorsão e tráfico de drogas. Sou contra a violação da lei, mas sou totalmente a favor da violação das regras. Há uma enorme diferença entre as duas. Para causar disrupção em um mercado ou entrar em um mercado extremamente competitivo, um fundador tem de se sentir confortável infringindo regras. Este capítulo não está dando aval a bandidos; trata-se de aprender com o que eles fazem bem.

Em setembro de 2012, pedi a todos em minha empresa que lessem *As 48 Leis do Poder*, de Robert Greene. O objetivo não era tornar-se manipulador ou aprender a brincar, era compreender essas leis para que elas não pudessem ser usadas contra nós. Em cada etapa de nosso crescimento, os outros usaram todos os truques sujos mais clichês para tentar nos derrubar. Precisávamos entender melhor como essas pessoas pensam, a fim de combater suas táticas.

Há uma razão pela qual tantos CEOs e líderes consideram *O Poderoso Chefão* (Partes I e II) mais como um recurso de educação do que de entretenimento. Esses filmes retratam todas as dificuldades que um CEO ou fundador vivenciará.

Traição, perda, recrutamento, negociação, trabalho com a família, roubo, ter de se livrar de alguém que fala demais e deixar o sucesso subir à cabeça são coisas com as quais os mafiosos lidam — e com as quais você também terá de lidar.

É por isso que entrevistei tantos mafiosos para meu canal no YouTube — caras como "Sammy the Bull" Gravano, Frank Cullotta, Ralph Natale, e o próprio Donnie Brasco, Joe Pistone. Você pode pensar que está em um campo competitivo, mas considere que os mafiosos têm concorrentes que matam para ganhar — *literalmente*. Se você fizer besteira, perde seu negócio; se eles fizerem besteira, perdem a vida. A maioria dos mafiosos não se ilude; eles sabem exatamente no que estão se metendo.

A formação de redes, negociação e venda são movimentos poderosos que terão um impacto maciço em seus resultados. Mafiosos são mestres em recrutar porque sabem como vender o sonho dos benefícios de se juntar à sua equipe. A capacidade de atrair, influenciar e convencer pessoas de todas as camadas sociais é um talento especial que todo empresário precisa ter.

Descobri que os ex-membros da máfia são alguns dos melhores professores. Como trabalham com riscos muito altos, muitas vezes de vida ou morte, são especialistas em se comunicar, se preparar e ler os outros. Também são mestres em psicologia e grandes negociadores. Essas habilidades podem ser aprendidas por qualquer um, e uma ótima forma de começar é estudando os mafiosos. Veremos como.

Um Homem Feito Sabe como Se Preparar

Michael Franzese foi considerado um dos *caporegimes* (capitão, não chefe) que mais fazia dinheiro na história do crime organizado. Michael se afastou da "vida" e deixou seu passado criminoso para trás. Ainda assim, foi comparado ao personagem fictício Michael Corleone nos filmes da saga *O Poderoso Chefão*, por uma boa razão: ambos os Michaels compartilham a capacidade de processar informações com velocidade rápida e se saem bem em situações estressantes.

Anos atrás, quando Michael ainda trabalhava para a máfia, foi convocado para uma reunião com seu chefe no Brooklyn. Ele lembra que o trajeto curto do carro até o apartamento foi a caminhada mais longa que já havia feito. Seu chefe o confrontou com o rumor de que havia roubado US$2 bilhões do governo. Não que os mafiosos se importassem que ele roubasse dinheiro do governo; só se importavam em receber sua parte, caso o rumor fosse verdadeiro. Era uma situação de vida ou morte; Michael sabia que quando entrasse na sala, se o chefe pensasse que ele estava retendo o dinheiro de um tributo, poderia nunca mais sair.

Michael ficou obcecado com a preparação para essa reunião, já que ela apresentava risco de vida. Ele não é muito bom em listas, mas eu sou. Aqui estão sete coisas que você deve fazer antes de qualquer reunião.

Sete Passos Essenciais para Se Preparar para uma Reunião

1. Considere as necessidades, os desejos e as frustrações da outra parte. Lembre-se de que o que motiva a maioria das pessoas é o medo, a ganância e a vaidade.
2. Antecipe o que a outra parte dirá.
3. Desenvolva um roteiro com o que você quer dizer.
4. Encene a reunião várias vezes a fim de estar preparado para diferentes reações.
5. Peça para pessoas de sua confiança indicarem seus pontos cegos.

6. Coloque-se no melhor estado de espírito possível antes da reunião.
7. Construa uma reputação de alguém que vai além das expectativas em suas promessas.

Michael se preparou bem, não se acovardou, nem vacilou. Também não explodiu. Em vez disso, abordou a acusação de frente: "Quando eles [a mídia] escrevem sobre outra pessoa [outros mafiosos], é uma mentira. Quando escrevem sobre mim, de repente é a verdade? Estou lhes dando todo esse dinheiro [US$2 milhões semanais]; vocês não precisam fazer nada, estou cuidando de tudo... Se alguém cair, serei eu e minha equipe. O que está acontecendo aqui?"

Michael mostrou alguma emoção. Tudo isso fazia parte do plano dele. Durante sua preparação, ele havia decidido que o melhor plano de ação seria pegar seu adversário de surpresa. Até mesmo um mafioso experiente como Michael tem emoções, e não há dúvida de que ele estava chateado. Estava processando a situação, e disse a si mesmo que teria de ter cuidado com o que dizia e fazia. Ele continuou tratando seu chefe com respeito.

Assim que deu o soco inicial, Michael se sentou e ouviu. Ele entendeu que toda a situação acontecera porque seu pai, John "Sonny" Franzese, puxou seu tapete. O pai de Michael pensou que Michael estivesse ganhando mais dinheiro do que demonstrava, e a reunião servia para determinar a verdade.

Imagine que você está em uma reunião de vida ou morte e acabou de saber que um membro da família, um amigo próximo ou um parceiro de negócios o traiu. Você provavelmente ficaria fervendo de raiva. Sua capacidade de pensar e processar estariam afundadas em meio a tanta emoção. Como você poderia pensar em soluções e sobrevivência, quando só consegue pensar em vingança?

Mesmo magoado pelas ações do pai, Michael processou a situação como um mestre. Permaneceu calmo diante do chefe e lhe disse que cuidaria do assunto. Até agradeceu ao chefe por chamar a atenção para o assunto. Não conseguiria agradecer se não tivesse ensaiado cada minuto da reunião com antecedência.

Uma vez concluída a reunião, Michael teve de processar o impacto da traição de seu pai. Sabia que não deveria falar com o pai até que tivesse refletido sobre essas questões sozinho. Depois de muito pensar, Michael aceitou as ações de seu pai. Sabia que aquela vida poderia separar pais e filhos, mas não deixaria que isso acontecesse. Ele nunca mencionou o incidente a seu pai. Disse a si mesmo: "Naquela vida, você aprende a manter as coisas em silêncio até o momento certo. Mas o que aconteceu realmente me fez perceber que tinha de ser cuidadoso. Fiquei muito desapontado, mas isso não mudou meu amor por ele."

Os grandes processadores assumem a responsabilidade por suas ações e redirecionam sua frustração para o aprendizado e para a criação de novos padrões. Quando Michael refletiu sobre o que seu pai havia feito, ele disse: "Quase lhe agradeço por isso agora. Conheci minha esposa dois anos após esse incidente, e foi quando tomei a decisão de me afastar... Acho que essa foi a maneira que Deus encontrou para me separar do vínculo ou do poder que meu pai tinha sobre mim."

Não é fácil resolver problemas. No calor do momento, Michael teve de se defender de forma crível, ao mesmo tempo em que não podia parecer defensivo. Sua mente devia estar girando, mas ele refletiu sob pressão e encontrou a solução certa. O verdadeiro brilhantismo estava no que não se via: sua preparação obsessiva.

A Arte do *Sit-down*: Preparação para uma Reunião de Alto Risco

As cinco grandes famílias mafiosas confiavam em um método de resolução de negócios chamado *sit-down*. De certa forma, era semelhante ao que acontece nos negócios, onde executivos se reúnem na sala da diretoria para discutir assuntos importantes. No mundo de Michael, porém, o ponto de encontro era frequentemente a sala dos fundos de um restaurante italiano.

Recentemente, tive uma reunião nas Ilhas Cayman com os executivos seniores de uma das maiores companhias de seguros do mundo. O CEO estava na sala, assim como dois outros vice-presidentes seniores. Eu estava lá para solicitar um aumento na compensação de minha empresa.

Os riscos eram altos. No pior dos cenários, eles ficariam tão ofendidos com minha exigência, que abandonariam minha conta.

Isso teria sido catastrófico para meus negócios. Outro cenário ruim seria se eles se recusassem a me dar um aumento. Se isso acontecesse, eu arriscava perder muitos de meus agentes porque simplesmente não teria receita suficiente para lhes pagar tanto quanto meus concorrentes.

Foi um pedido difícil para um público difícil em um momento difícil em meus negócios. Esse é o tipo de reunião que pode lhe arruinar emocionalmente — se você não tiver as ferramentas para processá-la e se preparar para ela

Portanto, segui a primeira regra dos *sit-downs*: não participar de uma reunião desarmado. Como sempre faço, usei os "Sete Passos Essenciais de Preparação para uma Reunião" para orientar minha preparação. Eu estava planejando muitas jogadas adiante, como qualquer grande mestre.

1. Considere as necessidades, os desejos e as frustrações da outra parte. Lembre-se de que o que motiva a maioria é o medo, a ganância e a chance de manter as aparências.

Antes da reunião, eu havia avaliado quais eram as frustrações dos executivos e quem fechava mais negócios para a empresa, bem como a posição de nossa empresa em relação a eles. Fiz meu dever de casa e descobri que, de um pequeno operador, em dois anos nos tornamos a empresa que fechou o segundo maior número de apólices de todas aquelas com as quais lidavam.

Em *Os 7 Hábitos das Pessoas Altamente Eficazes*, Stephen Covey disse: "Procure primeiro compreender, depois ser compreendido." Para mim, isso significava sair de minha própria mente e me colocar no lugar do outro para observar a situação a partir de sua perspectiva.

- Joguei com **medo**: perder minha conta significaria que a empresa deles perderia milhões de dólares em receitas.
- Joguei com base na **ganância**: manter minha conta traria potencialmente ainda mais milhões de dólares de receita e bônus de sete dígitos para os executivos.

- Joguei para ajudá-los a **manter as aparências**: se eu partisse para um concorrente, eles pareceriam tolos.

2. Antecipe o que a outra parte dirá.
Pense em como um advogado astuto elabora um argumento: ele primeiro tem de considerar o que a outra parte dirá. Quanto mais você puder antecipar o que a outra parte dirá e por quê, melhor poderá elaborar sua história ou seu pedido.

3. Desenvolva um roteiro com o que você quer dizer.
Comecei com páginas de anotações. À medida que continuei a praticar, minha mensagem se tornou mais precisa. A forma como você se prepara depende de seu estilo. Alguns oradores gostam de escrever seu discurso inteiro, e alguns simplesmente precisam de pontos de referência. Eu prefiro usar tópicos.

4. Encene a reunião várias vezes a fim de estar preparado para diferentes reações.
O passo seguinte foi reunir uma equipe e lhes pedir que desempenhassem os papéis dos executivos que eu encontraria nas Ilhas Cayman. Assumindo o papel desses executivos, meus colegas fizeram perguntas e me desafiaram. Assim, adaptei meu roteiro e estava preparado para diferentes reações.

5. Peça para pessoas de sua confiança indicarem seus pontos cegos.
Muitos dos meus pontos cegos foram abordados durante as dramatizações. Para elevar o nível de minha preparação, pedi a opinião de colegas de confiança fora de minha indústria para ter certeza de que não tinha nenhum ponto cego.

6. Fique no melhor estado de espírito possível antes da reunião.
Cada detalhe antes de chegar à reunião era importante. Voei um dia mais cedo, para descansar e evitar que um atraso no voo me atrapalhasse. A maneira como me vestia, o que comia e minha rotina de exercícios ajudavam

a me colocar no estado de espírito correto. Visualizar o sucesso da reunião — e de meus negócios — também foi um passo crítico.

7. Construa uma reputação de alguém que vai além das expectativas em suas promessas.
Nada do que foi dito anteriormente importa se você não fizer o que diz. A pior coisa nos negócios é ter a reputação de alguém que fala muito, mas pouco faz.

Estava tão empenhado em compreender a situação do ponto de vista *deles*, que fiquei muito consciente das falhas de minha empresa e das áreas em que ela precisava melhorar. Para resolver essas falhas e demonstrar como iríamos corrigi-las, cheguei à reunião com uma pilha de dados reforçando meu argumento. Tinha um plano de dez pontos preparado e pronto para lançar. Seis desses pontos eram sobre a outra empresa; quatro eram sobre a minha. Como sugeri anteriormente, quando você tem um *sit-down*, deve passar a maior parte do tempo concentrado nas preocupações da outra parte, não nas suas.

Entrei na sala e disse: "Olha, aqui está o que você quer, baseado no que você me disse da última vez que nos encontramos. É isto o que está te deixando insatisfeito, e é isto que vamos consertar. Se fizermos o que estou propondo, você não terá que contratar mais pessoas. Já fiz uma ligação [para um fornecedor de sistemas], sei que você está interessado em comprar o sistema, e eles lhe cobrarão uma taxa de US$1 milhão. Faço muitos negócios com essa empresa e os convenci a renunciar à taxa."

Pude passar a mensagem com confiança e clareza porque a tinha ensaiado repetidamente.

"Espere um segundo", talvez você esteja pensando. "Pensei que você tinha ido lá para aumentar a *sua* compensação. Por que você começou dizendo que está dando US$1 milhão a eles?"

Uma regra simples dos negócios é que, para conseguir uma coisa, você tem que dar outra. A maioria dos amadores são especialistas em fazer exigências, porém não conseguem oferecer valor primeiro. Quando você se coloca no lugar do outro e conduz a reunião explicando como eles vencerão e ganharão dinheiro, eles naturalmente lhe darão o que você quer.

Em seguida, eu os convenci a nos fornecer um aumento de compensação com base nos dados que eu havia coletado — dados que mostravam por que o aumento era justificado.

"Se você disser não, não há problema. Há outra empresa que talvez nos dê o que queremos. Você tem alguma pergunta?"

Eles tinham muitas. Percorremos todos os pontos durante duas horas e meia. Na verdade, eu já havia ouvido suas perguntas, objeções e desafios. Como? Ao encenar a reunião anteriormente. Como um grande mestre CEO que está sempre vários passos à frente, fui capaz de levá-los para onde eu queria que estivessem ao antecipar seus movimentos.

Em *O Poderoso Chefão*, Don Vito Corleone, interpretado por Marlon Brando, proferiu a frase clássica "Farei uma oferta que ele não pode recusar". Neste caso, a oferta foi um acordo vantajoso para ambas as partes, o que aumentou o valor de nossos dois negócios. Com os dados que apresentei, é claro que eles não podiam recusar. A chave de meu sucesso? O trabalho que eu havia feito antes do início da sessão.

Vendas Efetivas São Sobre Convicção e uma Transferência de Sentimento

Embora este capítulo seja sobre a máfia, não estaria completo sem alguma sabedoria do lendário Zig Ziglar. Antes de morrer em 2012, aos 86 anos, ele talvez fosse o treinador de vendas mais influente do mundo. Zig contou uma história poderosa sobre um de seus representantes de vendas de utensílios de cozinha, que vivia uma fase dura, vendendo pouco.

Quando Zig lhe perguntou por que não estava vendendo, o vendedor avançou com uma lista de razões: era uma época difícil e os utensílios de cozinha eram caros. Zig lhe perguntou então se tinha algum dos conjuntos de utensílios de cozinha que vendia. O vendedor disse que não. Quando Zig perguntou por quê, o vendedor respondeu que, como as vendas estavam em queda, não tinha dinheiro.

Zig fez perguntas. Ouviu. Teve empatia. Em seu coração, Zig acreditava que os utensílios de cozinha eram um investimento que valia a pena. Afinal de contas, ele próprio os tinha em casa. Entendia que era algo caro, mas tinha internalizado todos os benefícios. Como em qualquer investimento, havia um custo inicial. E como acontece em qualquer investimento inteligente, Zig realmente acreditava que esse investimento mais do que pagava por si mesmo.

Zig ouviu as objeções de seu vendedor. E embora houvesse razões válidas para o vendedor não comprar os utensílios de cozinha que tentava vender, Zig realmente acreditava que a vida daquele homem seria muito melhor com eles. Depois de ouvi-lo e de rebater cada objeção, o vendedor acabou comprando os utensílios de cozinha, e este acabou sendo o verdadeiro movimento de poder.

Ao longa da apresentação seguinte, o vendedor ouviu de um potencial cliente todas as desculpas de sempre. Como Zig havia feito com ele alguns dias antes, o vendedor fez perguntas, escutou e teve empatia. A diferença, já que ele mesmo havia comprado os produtos, era que ele acreditava tão fortemente no valor daqueles utensílios, que não deixaria que os clientes tomassem uma decisão ruim. Sentia que eles estariam realmente melhor com os utensílios de cozinha do que com o dinheiro que poderiam economizar.

Ele não tinha aprendido nenhum truque de vendas ou táticas manipuladoras, simplesmente havia mudado a maneira como se *sentia*. Claro que ele fez a venda naquela noite e se tornou um dos melhores vendedores da empresa. Assim que ele mesmo acreditou no produto o suficiente para comprá-lo, seu período de baixa acabou.

Deixarei que Zig lhe conte a moral da história: "Tenha uma crença absoluta e total de que o que você está vendendo vale mais do que o preço que pede por ele." Sua crença em seu produto deve ser tão forte, que você deve o estar usando."

Lembre-se de que o "dom da conversa" é superestimado. O que é subestimado é a convicção. Como emoção e crença são o que realmente vende, contrato pessoas que acreditam tanto em si mesmas quanto na empresa. Com essa integridade, essa paixão de estar a serviço, elas podem se apresentar diante de qualquer público, grande ou pequeno, e conversar com convicção sobre o que fazemos.

Você deve sentir que as vendas são feitas facilmente, como uma extensão natural de quem você é. Você deve ficar animado ao falar sobre o que você faz. Estée Lauder, cofundadora da empresa homônima de cosméticos que lhe alçou ao posto de única mulher na lista dos vinte titãs comerciais mais influentes do século XX da revista *Time*, disse: "Nunca trabalhei um dia na minha vida sem vender. Se acredito em alguma coisa, vendo, e vendo com empenho."

Apesar daquilo em que algumas pessoas gostariam que você acreditasse, ninguém nasce vendedor. Pare de tentar encontrar os "vendedores natos". Em vez de procurar vendedores, procure pessoas que acreditam em sua visão e que querem construir relacionamentos. Elas podem não ser borboletas sociais. Na verdade, algumas das pessoas mais descontraídas, magnéticas e influentes que conheço são verdadeiros introvertidos.

Ter influência não significa conseguir "vender qualquer coisa a qualquer um", nem convencer as pessoas a agirem contra seus próprios interesses. Vender é acreditar em si mesmo, acreditar em seu negócio e acreditar no valor que você pode oferecer a outra pessoa, seja um cliente em potencial, um fornecedor-chave ou uma figura importante da indústria. Se você acredita no que está vendendo, trabalha com o coração e o instinto, e não só com a cabeça, acredita que todos podem ganhar em uma negociação e que pode ser útil a alguém, então o *networking*, a negociação e as vendas se tornarão algo natural.

A Negociação É uma Questão de Influência

Quem tiver mais influência em uma negociação deve sair por cima. No entanto, nem sempre é óbvio quem tem o poder de barganha. Primeiro que, por mais que você se prepare, nunca poderá saber exatamente tudo o que está acontecendo com a outra parte. Em última análise, o importante é entender como a influência funciona e saber como ganhar poder com ela.

Se você usar muita influência e exagerar a fim de maximizar os lucros de determinado negócio, pode até ganhar a batalha, mas perder a guerra. O falecido Amarillo Slim, uma lenda dos jogos e campeão do World Series of Poker de 1972, disse: "Você pode tosquiar uma ovelha cem vezes, mas só pode esfolá-la uma vez." Até mesmo um apostador como Slim reconheceu que a chave de uma carreira longa é tratar as pessoas de forma a que elas queiram continuar negociando com você. O objetivo de qualquer jogo não é simplesmente ganhar; é construir uma parceria na qual ambas as partes ganhem *sempre*.

No início de minha carreira, eu raramente tinha poder de barganha. O que fez de mim um negociador eficaz não foi fingir o contrário — em outras palavras, não senti necessidade de blefar. Em vez disso, estruturava os acordos de modo que a outra parte pudesse minimizar seu risco, tornando, assim, o acordo muito mais palatável. Em curto prazo, isso muitas vezes significava que eu ficava com a pior parte do acordo. No entanto, como estava pensando em várias jogadas adiante, solicitei que, caso atingíssemos certos marcos, alguns pontos do acordo fossem melhorados, desde que este ainda beneficiasse a outra parte. Como era visto como justo, fui capaz de construir parcerias de longo prazo.

Lá atrás, nos primeiros dias de minha agência, um cara chamado David me procurou com uma proposta para licenciar seu software. Ele me pediu para negociar com outras seguradoras em seu nome; sabia que, quanto mais pessoas usassem o produto, mais eficiente meu negócio ficaria. Como seu software era o melhor da classe e algo que ele sabia de que eu precisava, passou dos limites. Além de pedir minha ajuda com outras empresas, queria que eu pagasse US$50 mil para licenciar o software. Como o preço "de varejo" era um pouco mais caro, tentou me persuadir de que estava fazendo um favor.

Achei que David tinha muita audácia para tentar me vender o produto *e* influenciar meus contatos no negócio. Mas, assim como um grande mestre não sinaliza seus lances futuros, fiquei calado. A realidade é que eu realmente precisava do software e, dada nossa situação de caixa, fiquei feliz em conseguir um desconto. Além disso, mesmo que David estivesse aparentemente me pedindo um favor, meu negócio também se beneficiaria se outras empresas utilizassem o mesmo software que utilizamos. David vendeu o software como um ganho para todos, e o que ele dizia era bastante válido.

Verdade seja dita, se todos nossos parceiros adotassem o software naquela época, poderíamos reduzir significativamente o tempo de processamento de contatos (vocês sabem o que penso sobre velocidade!) e reduzir bastante nossos custos de mão de obra.

É aqui que entra a compreensão da influência. Antes de tudo, não compartilhei todos os meus pensamentos com David. Se ele soubesse o que eu pensava, meu poder de barganha só sairia prejudicado. E, para o crédito de David, ele tinha vendido a ideia de forma tão inteligente, que meu próprio presidente (na época) disse que era uma boa oportunidade. Ele podia estar parcialmente certo, mas eu continuava atônito. Às vezes, em uma organização, um executivo de topo pode não valorizar o dinheiro no banco tanto quanto o fundador. Cinquenta mil podia não parecer muito a ele, mas não era ele quem passaria o cheque.

Pedi a meu colega para marcar uma ligação com David. O telefonema durou apenas quatro minutos. Simplesmente disse o que achava da proposta. "Deixe-me ver se entendi bem", falei. "Você quer que eu use minha credibilidade para negociar em seu nome com as operadoras, mas ainda quer me cobrar cinquenta mil pelo seu software?" Fiquei quieto por alguns segundos para que ele processasse o que eu disse, e então continuei: "Isso não acontecerá a menos que você retire a taxa. Se estiver confortável com isso, pode avisar meu funcionário, e se não estiver, entendo. Você tem alguma pergunta?"

Depois de uma pausa de cinco segundos, ele disse: "Não."

Você pode pensar que fui imprudente por tomar uma posição tão dura, mas como tinha seguido minhas próprias regras de preparação, eu tinha me colocado no lugar dele para ver o acordo a partir de sua perspectiva. Ao fazê-lo, percebi o quanto ele ganharia se eu usasse todos meus contatos para negociar em seu nome. Imaginei que ele seria inteligente o suficiente (conheça seus adversários!) para pensar como um grande mestre e perceber que renunciar aos cinquenta mil não significaria nada em longo prazo, já que eu seria capaz de ajudá-lo a conquistar novos clientes. Usei isso como vantagem e fiz meu pedido.

Como terminou esse jogo de forças?

Como já compartilhei meus fracassos o suficiente com você, posso abrir um sorriso no rosto e compartilhar esse sucesso.

David não só aceitou meus termos e renunciou aos honorários, como também contou a história a seu amigo Greg, que administra uma empresa de participações privadas. David lhe disse que eu tinha o que era preciso para competir no mercado. Por conta disso, Greg investiu US$10 milhões em nossa rodada de financiamento seguinte.

Como isso foi possível?

Quando você é confiante no que faz e empenhado em fazê-lo, pode forçar os limites. Se não conseguir cumprir o que prometeu, será apenas mais um falastrão. Cumprir suas promessas é o que faz com que seja respeitado no mercado.

Como Vencer: Deixe o Outro Pensar que Venceu

Nos negócios, você se encontrará e trabalhará com uma gama extraordinária de pessoas. Alguns serão brilhantes, outros, arrogantes, outros serão inusitados, e outros, loucos. A capacidade de trabalhar efetivamente com uma gama de indivíduos — clientes, funcionários, parceiros comerciais, investidores — é crucial para o sucesso. Muita dessa capacidade envolve dimensionar as pessoas rapidamente e aprender como forjar relações de trabalho sólidas.

Há uma linha tênue entre ser louco e brilhante, louco e loucamente bem-sucedido. Além de *The Hypomanic Edge*, de John Gartner, recomendo *A First-Rate Madness: Uncovering the Links Between Leadership and Mental Illness*, de Nassir Ghaemi. Esses livros o ajudarão a ver como muitos dos primeiros 1% dos 1% pensam de forma diferente. A maioria funciona de um modo diferente, e você precisa entender como funcionam para lidar com eles de forma eficaz.

Você precisará aprender como negociar com esse tipo de pessoa. No início, você se sentirá como se estivesse em uma sala cheia de idiotas narcisistas sem sentimentos. Ainda precisará descobrir uma maneira de lidar com eles, pois eles não irão embora. E se mesmo lendo tudo isto você estiver absolutamente determinado a chegar ao topo, há grandes chances de também ser um pouco "fora da curva".

Estou definitivamente mais do que um pouco "fora da curva", e como quero estar preparado para atingir o nível de 1% do 1%, estudo qualquer pessoa e qualquer coisa que possa me ajudar.

Se puder sair de seu ego, perceberá que, muitas vezes, você ganhará deixando os outros ganharem. Também vale a pena, às vezes, deixar que outros pensem que suas grandes ideias são, na verdade, deles. Vamos mudar do mundo da máfia para outro mundo cheio de pressão, o negócio dos fundos especulativos, para ver como funciona.

Quando o jovem Darius trabalhava em um fundo especulativo, seu chefe poderia muito bem ter sido John Gotti. Ele (vamos chamá-lo de Dale) tinha uma grande reputação e um ego ainda maior. Darius passava meses pesquisando ideias e procurando oportunidades de arbitragem no mercado. Quando finalmente tinha uma ideia com dados impecáveis para apoiá-la, entrava no escritório de Dale e explicava o investimento de todos os ângulos. Tanto sua pesquisa quanto sua apresentação seriam dignas de um Oscar. Ele era inteligente, bem preparado e convincente.

Invariavelmente, seu chefe dizia "não".

Isso tirava Darius do sério. Ele dissecou seu *pitching* de todos os ângulos e não conseguia ver onde estava o erro. Estava tão frustrado, que quase desistiu. A verdade é que Darius tinha um ponto cego, e só porque estava determinado a vê-lo é que começou a procurá-lo. Em uma reunião de investimento em equipe, notou que um de seus colegas falava muito pouco e sempre desviava os elogios para Dale. Como Darius sabia que muitas daquelas ideias tinham sido introduzidas pelo colega, ficou surpreso por elas serem apresentadas como sendo de Dale.

Esse foi seu momento "Ahá!"

Quando teve de apresentar uma nova ideia, usou uma abordagem diferente. Em vez de entrar no escritório de Dale com recomendações, entrou com perguntas. Em vez de parecer confiante, parecia confuso. "Dale, notei que a curva de juros está começando a achatar."

"O que quer dizer com isso?", perguntou Dale.

"Também notei que os tesouros de dez anos têm preços mais altos que sua média histórica."

"Isso não faz sentido", disse Dale.

"Também não consigo entender", respondeu Darius, timidamente. "Parece que algo está errado."

"Pode apostar que algo está errado. Precisamos reduzir os preços dos tesouros de dez anos."

"Acho que você está certo. Não sei como deixei isso escapar."

"Estou certo. Continuo dizendo a vocês, jovens, que leva trinta anos para se tornar um sucesso da noite para o dia. Agora saia daqui e reduza o valor desses tesouros de dez anos."

Considerando tudo que você já sabe sobre jogos de força, esta história (verdadeira) deve fazer sentido. Darius finalmente descobriu como pensar como um grande mestre e foi capaz de fazer uma série de lances — e uma série de perguntas — que levaram Dale aonde Darius queria.

■ ■ ■ ■ ■

A máfia é uma organização fascinante. Embora eu não defenda muito o que ela faz, aprendi lições importantes observando como ela funciona. Embora possamos gostar de brincar e dizer "Faça uma oferta que ele não possa recusar", espero que você leve isto a um outro nível. Ao se preparar como um mafioso, você entenderá o que está em jogo em qualquer reunião e fará tudo o que puder para ter sucesso antes mesmo que a reunião comece. Uma oferta que enriquece tanto você quanto a outra parte, essa, sim, é uma oferta que ninguém pode recusar.

15

Cultive Seu Poder e Ponha-se à Prova

"Se um homem tem orgulho da própria riqueza, ele não deve ser elogiado até que saibamos como a emprega."

—Sócrates

Todos gostam de você até que se torne um concorrente, especialmente se for um concorrente incrível. Quando fundei meu negócio, todos os animadores de torcida fizeram fila para me desejar felicidades. As pessoas simplesmente adoram uma história comovente de alguém desfavorecido. Quando minha empresa realmente começou a crescer, os inimigos surgiram de todos os lados. Comecei a ser bloqueado nas mídias sociais. Rumores se espalharam; começaram a me chamar de Darth Bet-David. As pessoas de meu setor, como você sabe agora, fizeram de tudo para interromper meu caminho.

Manter-se um empresário de sucesso, ano após ano, é o grande desafio.

Em nosso último capítulo, quero que aprenda ainda mais sobre vantagem competitiva. Quero que veja como ter opções mudará sua mentalidade e finalmente o levará a um lugar de poder. Quero lhe mostrar que perguntar como pode ajudar os outros antes de pedir algo em troca mudará todas suas interações.

Vamos expandir muitos tópicos que já abordamos. Como você precisa de pessoas para escalar sua empresa — e precisa de relacionamentos gratificantes para aproveitar sua vida —, vamos detalhar e explicar como orientar as pessoas a se tornarem a melhor versão delas mesmas. Não pense que "dirigir" aqui significa que você é o único ao volante. Ao contrário, você precisa entender o que impulsiona as pessoas, reconhecer que elas têm motivações diferentes e usar sua liderança para auxiliá-las na direção.

O Verdadeiro Poder é Ter Opções

A vantagem competitiva é um elemento de poder tão importante, que precisamos ir mais a fundo para compreendê-la melhor. A pessoa que realmente tem vantagem competitiva é *aquela que menos precisa do negócio*. As opções lhe dão poder. Se você pode se afastar de um acordo, está na melhor posição para negociar os melhores termos. Se precisar fazer um acordo, estará à mercê do poder de outra pessoa, e provavelmente fará um acordo ruim.

Esse é um conceito óbvio. A questão é como colocá-lo em prática. A resposta curta é: sempre que possível, cultive múltiplas opções. Em vez de procurar aquela casa dos sonhos (a mesma ideia se aplica a um carro, um edifício de escritórios e um aluguel de chaves), pesquise o mercado e encontre três opções que você desfrutaria. Depois, quando for fazer um acordo com sua melhor escolha, você terá a vantagem, pois terá outras opções que também o deixariam feliz. Se perceber que você é a única opção do vendedor, terá verdadeira vantagem.

Conheço empresários que vão atrás de um grande cliente esperando que ele resolva todos seus problemas. Eles acham que colocar seu produto na Costco, Target ou Walmart significará que podem parar de prospectar. Talvez um negócio como esse se torne uma panaceia para eles — durante um mês, ou até mesmo um ano ou dois. Eventualmente, porém, esse grande cliente usará a vantagem dele para tomar seu poder.

Você fica muito angustiado ao pensar que pode perder um cliente essencial ou um funcionário valioso? Procure o motivo mais profundo por trás disso. O verdadeiro motivo é não saber se poderia sobreviver se perdesse o cliente ou o funcionário. Ou seja, você já cedeu seu poder.

Sou conselheiro da empresa de Bobby, que está com US$8 milhões de receita anual. No papel, o negócio parece ótimo. Só há um problema: US$5 milhões de sua receita vêm de um cliente. Durante um período, o cliente estava satisfeito, e a vida era grandiosa. Com o tempo, porém, o cliente continuou a pressionar por mais concessões. E por que Bobby não recuou? Porque não tinha outras opções. Com toda a conversa de postura e blefe — que pode ter seu lugar —, as pessoas sabem quem têm o poder em um relacionamento. O cliente continuava pedindo termos cada vez melhores, o que vinha com uma ameaça implícita: se não nos der o que queremos, levaremos nossos negócios para outro lugar.

Todos nós já deveríamos ser grandes mestres nos negócios. Deveríamos ser capazes de encontrar a jogada perfeita para tirar Bobby dessa confusão. Foi isso, de fato, o que ele me pediu para fazer. O problema, no entanto, era que as jogadas que ele havia deixado de fazer anos antes o haviam colocado nessa dificuldade. Quando parou de prospectar, quando parou de crescer, quando se acomodou após a chegada desse grande cliente, foi aí que seus problemas começaram.

Eu tinha uma solução fácil para Bobby. Disse a ele para procurar mais opções. Sua vantagem já havia desaparecido. Não havia nenhuma jogada ou postura capaz de manter o cliente e trazer qualquer centavo de lucro.

Ele, é claro, não queria ouvir isso.

Bobby perdeu o cliente e passou de um negócio de US$8 milhões para um de US$3 milhões da noite para o dia. Como se isso não fosse suficientemente ruim, foi obrigado a vender a empresa, porque esta era insustentável sem seu cliente principal. Você sabe quem a comprou? Isso mesmo, o antigo cliente, que tirou Bobby do negócio logo após fazer a aquisição. Como Bobby estava jogando como amador, sem pensar além de uma ou duas jogadas adiante, levou um xeque-mate.

A moral da história? A chave para o poder é ter opções. Se Bobby tivesse distribuído sua receita por um grupo maior de clientes, não ficaria tão vulnerável. Se tivesse crescido a ponto de a demanda pelo seu produto exceder sua capacidade de produzi-lo, poderia ditar os termos. O poder teria mudado de mãos, dando a Bobby a capacidade de aumentar os preços ou insistir em termos de pagamento mais rápidos.

Talvez você tenha sorte em seus relacionamentos, encontre a pessoa perfeita e viva feliz para sempre. Mas nos negócios, o cliente perfeito não existe, não importa quão belo ou rico ele possa ser. Se 30% de sua receita ou mais vier de um lugar, você estará em apuros, não importa quanto dinheiro esteja ganhando. Quando seu fluxo de receita está concentrado em um cliente, esse cliente está no controle.

Gere opções para você mesmo. Isto é verdade tanto em relação aos clientes quanto aos talentos. Quando tiver muitos clientes e talentos, não terá de se preocupar constantemente com o fato de que as pessoas o deixarão. Se mantiver sua boa forma, você pode atrair qualquer um.

Nos negócios, isso significa trabalhar mais que seus concorrentes, sobreviver a eles e ter estratégias superiores às deles.

Jogando o Jogo do Poder em Longo Prazo: Humildade e Serviço

Em 2019, fiz um discurso para um grupo de aspirantes a empreendedores em um evento chamado DRIVEN em Long Beach, Califórnia. Depois do discurso, um rapaz me abordou em meio a quarenta pessoas, com cinco câmeras em cima de nós, e começou a falar: "Tenho que lhe dizer, Pat, seu conteúdo mudou minha vida. Não sou o mesmo ser humano."

Eu vivo para momentos como esse. Ouvir como meu conteúdo ajudou as pessoas é uma grande fonte de orgulho para mim. Enquanto eu apreciava a adulação, ele me entregou um cartão de visita e disse: "Meu nome é Ritchie. Se quiser comprar um imóvel em Las Vegas, me ligue."

Eu o interrompi ali mesmo. "Deixe-me fazer-lhe uma pergunta", disse eu. "Sabe o que acabou de fazer?"

"O que foi que eu fiz?", perguntou.

Vamos fazer uma pausa por um segundo para que você possa pensar no que ele fez. Na minha opinião, o que ele fez foi o equivalente a caminhar até uma mulher em um bar e dizer: "Meu Deus, você é linda. Meu Deus, que cabelo. Dá para ver o tempo que você dedicou para ficar linda assim. Suas sobrancelhas. Perfeitas. Uau! Você é absolutamente deslumbrante. Olha, se quiser ir para a cama comigo, aqui está meu cartão. Entre em contato."

Isso lhe parece uma jogada de poder?

Gostei de Ritchie. Gostei de sua ambição. Só queria que ele percebesse como seu método acabaria com qualquer chance de construir uma relação de longo prazo comigo. Claro, uma abordagem genérica nos negócios ou encontros permitirá que você faça uma venda de vez em quando se jogar estritamente um jogo de números. Até mesmo os amadores, que pensam apenas um passo adiante, ocasionalmente fecham negócios.

Perguntei a ele: "O que você quer fazer com este relacionamento? Olhe a sua perspectiva. Você só quer ver o que pode ganhar com isso."

Conversamos um pouco mais e senti que Ritchie era curioso e humilde o suficiente para lhe contar uma história.

Quando tinha vinte e poucos anos e apenas começara a vender seguros, conheci um rapaz bem relacionado chamado Eli. Ele também era do Oriente Médio, e tínhamos alguns amigos em comum. Não era uma conexão comercial; ele era quase um amigo da família. Nós nos tornamo amigos, e ele me convidou para sua festa de 50 anos. A festa foi em sua casa em uma área rica de Los Angeles. Cheguei em meu Ford Focus e vi um monte de carros bonitos estacionados perto da casa. Percebi que a festa poderia ser uma incrível oportunidade de fazer contatos. Mesmo assim, mantive um perfil discreto. Não falei de negócios nem distribuí cartões de visita. Fiquei até o final da festa e ajudei a lavar a louça.

Eli e eu construímos uma amizade. Quando nos conhecemos melhor, eu lhe perguntei: "Como posso ajudá-lo? O que posso fazer para tornar sua vida melhor?"

Eli ficou emocionado e me disse que seu filho tinha estado na prisão por nove anos. Ninguém o visitava porque o presídio ficava a quatro horas de distância, perto de San Luis Obispo, e era uma prisão pesada. "Se estiver disposto a ir", disse Eli, "isso significaria muito para mim. Entendo se não quiser, mas seria um grande favor que me faria."

Eu disse que sim. Antes de ir, tive de fazer uma verificação de antecedentes, impressões digitais, o serviço completo. Demorou trinta dias para conseguir a autorização. Quando a consegui, dirigi até lá e passei um dia inteiro com o filho de Eli. Ele estava sentado no canto e dizia coisas como "Aquele ali esfaqueou aquele outro. Ele já esteve na solitária por causa disso. Aquele cara é o rei por aqui". Ele apontava para todos e me contava histórias, como se fôssemos velhos amigos.

Fizemos amizade trocando cartas. Não e-mail, cartas! Fiz essa viagem de quatro horas várias outras vezes. Após minha primeira visita, Eli me ligou e disse: "Você não tem ideia da importância do que você fez por mim."

Eu disse: "Irmão, sempre que quiser."

Fui almoçar na casa dele, e ele perguntou: "Como posso ajudá-lo?" Foi aí que disse a Eli que era um consultor financeiro e procurava clientes.

Ele me deu uma lista de seiscentos contatos e me autorizou a dar seu nome como referência ao telefonar para eles.

Naquele momento de minha carreira, eu havia experimentado a diferença entre *cold-calls* (nas quais, na maioria, os interlocutores desligavam) e apresentações (que muitas vezes levavam a reuniões).

Um desses contatos me levou a conhecer alguém que me apresentou a alguém que me apresentou a alguém que me apresentou a alguém que me apresentou a alguém que finalmente me fez ganhar US$30 milhões de dólares.

Quando terminei de contar a história, Ritchie tinha um olhar diferente em seu rosto. Eu lhe disse: "Pode imaginar o que teria acontecido se eu abordasse Eli no primeiro dia dizendo: 'Você pode me arranjar alguns contatos de clientes?' Ele teria dito que não."

Os jogos de poder têm tudo a ver com o jogo de longo prazo. Por que você acha que temos falado tanto sobre mestres de xadrez? Se quiser referências, se quiser construir relacionamentos de longo prazo, da próxima vez que encontrar alguém (ainda mais um influenciador importante), não vá até ele ou ela e diga: "Você quer ir para a cama comigo? Você pode me dar o que eu quero?"

O movimento de poder é dar a volta e perguntar: "O que posso fazer por você? Como posso ajudá-lo?" Essa é uma jogada de mudança de vida que requer uma mudança completa de mentalidade. Isso não apenas te ajudará a construirá melhores relacionamentos, mas também, se você estiver verdadeiramente comprometido com o jogo em longo prazo, lhe trará muito dinheiro.

A Fórmula para Ganhar Poder

Trabalhar a mais. Dedicar-se algumas horas a mais é fundamental. Mas o trabalho árduo sozinho não será suficiente.

Superar os outros. Isto lhe permite estar sempre encontrando novas maneiras de elevar o nível de seus negócios, o que o deixará mais confiante. Quando estava obcecado em competir em alguma área específica, eu me sobressaía nela mais rápido do que meus colegas.

Ter estratégias superiores. Isto significa pensar cinco passos adiante. Significa descobrir como escalar e ter a paciência de planejar muitos passos à frente antes de colher resultados.

Sobreviver aos outros. Você só conhece de verdade as pessoas quando conquista um grande sucesso ou sofre um fracasso trágico. É difícil saber quem continuará. Para sobreviver, você precisa de resistência, que depende de fazer escolhas que o mantenham alerta e concentrado no jogo.

Seja a Sombra de Quem Você Admira

Agora que fechamos o raciocínio, vamos voltar ao princípio. O primeiro passo foi descobrir quem você quer ser. A jogada de poder que lhe permitirá se tornar quem você quer ser é encontrar alguém que já esteja experimentando esse sucesso.

Warren Buffett teve a boa sorte de ter Benjamin Graham como seu professor na Universidade de Columbia. O falecido Graham foi o autor de *O Investidor Inteligente: O Guia Clássico para Ganhar Dinheiro na Bolsa* e é considerado o pai do investimento em valor. Poder observar, na primeira fila, uma das maiores mentes no investimento desempenhou um enorme papel no sucesso de Buffett. Ele queria tanto ser a sombra de Graham depois da faculdade de administração que estava disposto a trabalhar para ele de graça. Como Graham não lhe ofereceu um emprego, Buffett voltou para sua cidade natal, Omaha, no Nebraska. Quando Graham o contratou mais tarde, Buffett disse: "Aceitei um emprego com Ben Graham, meu herói. Nunca perguntei quanto ganharia. Descobri quanto ganhava no final do mês, quando recebi meu primeiro salário."

A proximidade física é a diferença entre ser a sombra de alguém e encontrar um mentor, o que discutimos no Capítulo 12. Se você puder encontrar uma pessoa que lhe deixe observá-la de perto, aproveite a oportunidade. Há uma grande diferença entre ter um mentor e ser a sombra de alguém. Um mentor pode *dizer* a você o que fazer, mas um artista do qual você é uma sombra lhe *mostra* o que fazer. Você pode observar em primeira mão como ele age durante conflitos e negociações intensas. Você também pode aprender como ele lida com os inimigos e como motiva a própria equipe.

Não consigo enfatizar o suficiente o poder de cercar-se de outras pessoas que estão vivendo a vida com a qual você sonha. O mais importante a ser lembrado é que você quer ser a sombra de pessoas de sucesso, não importa em que ponto sua carreira esteja. Em cada etapa de meu crescimento, conectei-me com pessoas que admiro. Quando criança, tentava ir a qualquer lugar com meu pai. No exército, ficava perto dos melhores líderes. Também malhava com os mais fortes. Como vendedor da Bally, eu era a sombra de Francisco Davis, porque ele era o melhor vendedor. Não me importava o quão tarde era ou o quão básicas eram as tarefas que deveria realizar. Valeu a pena ficar até tarde para ter uma conversa de dez minutos com Francisco, ou até mesmo estar na sala quando ele fazia suas ligações de *follow-up*. Tudo o que eu queria era alimentar minha mente e perceber o que poderia fazer melhor.

As pessoas bem-sucedidas são ocupadas, então você tem de *oferecer algo de valor a eles*. Não custa nada convidá-las para um café ou almoço, mas melhor ainda é fazer algo que ajude seus negócios. Voluntarie-se para editar suas propostas ou fazer pesquisas. Ofereça-se para ficar até mais tarde e escrever os agradecimentos deles enquanto escuta seus telefonemas de vendas. Você pode se surpreender com o que pode ter a oferecer. Se tem menos de 30 anos, provavelmente sabe mais sobre as mídias sociais do que qualquer um com mais de 40. Ofereça-se para ajudar a organizar as páginas de mídias sociais dos negócios deles. O ideal é que o relacionamento se torne um ganho para todos. Você aprende com a presença do outro, e ele ou ela se beneficia de suas habilidades e vontade de trabalhar.

■ ■ ■ ■ ■

Um último exemplo é o treinador da NBA Steve Kerr. Sim, ele novamente, o mesmo que fez Andre Iguodala sentir-se *necessário* no caminho do time Golden State Warriors para um campeonato da NBA. Em suas primeiras cinco temporadas como treinador principal, Kerr levou o time às finais da NBA todos os anos e venceu três campeonatos. Após cinco temporadas extenuantes, incluindo a última, em que ele testemunhou Klay Thompson, Kevin Durant e DeMarcus Cousins sofrerem lesões terríveis (e os dois últimos deixarem o time no período de pausa no contrato), pode-se imaginar que ele tenha curtido um descanso merecido no verão de 2019.

No verão de 2019, a equipe USA estava se preparando para a Copa do Mundo da FIBA. Sou um grande fã de basquete e não consigo nem explicar a importância da FIBA. Treinar uma equipe não traz glória nem medalha olímpica e se reflete em pouco reconhecimento. Na verdade, houve tantas estrelas da NBA que se recusaram a jogar, que sobraram poucas na equipe. Mas como Gregg Popovich — provavelmente o melhor treinador da NBA — era o treinador principal, Steve Kerr pôs as férias de lado para ser seu assistente. Ele não conseguiu resistir à oportunidade de ser a sombra da grandeza.

"Esta é uma oportunidade incrível e pela qual sou extremamente grato", disse Kerr. "Tive a sorte de participar de nosso programa de basquete americano como amador, e ter a oportunidade de voltar ao palco mundial três décadas depois e trabalhar sob o comando de Pop, um de meus ex-técnicos e mentor, é uma grande honra."

Se você quer ganhar poder, deve criar oportunidades para ser a sombra dos outros. Se quer ser excepcional, deve, mesmo depois de vencer campeonatos, aproveitar todas as oportunidades que puder de ser a sombra de líderes poderosos.

Liderar é Saber o que Motiva as Pessoas

Neste nosso último capítulo, continuamos voltando às ideias que já analisamos e cujo nível agora estamos elevando. No Capítulo 2, falamos sobre saber o que o motiva. Agora examinaremos o que motiva os outros. Abordamos algumas dessas coisas quando discutimos as Nove Linguagens de Amor dos Empresários, mas agora vamos para um nível mais alto.

Quando eu tinha 22 anos, trabalhava como conselheiro na Morgan Stanley Dean Witter. Ali, dei uma palestra para duas audiências em um período de um mês. O primeiro grupo era composto por idosos que queriam aprender sobre melhores alternativas para a aposentadoria. Passei a maior parte de meu tempo falando sobre como seria poder viver em uma casa de cerca de mil metros quadrados com uma Ferrari estacionada do lado de fora e um cartão preto Amex na carteira. Eles olhavam para mim como se eu tivesse perdido a cabeça — até que deixavam de prestar atenção.

Algumas semanas depois, falei com um grupo de vendedores na faixa dos 20 e muitos anos ao início dos 30 e decidi adotar uma abordagem completamente diferente. Pedi-lhes que pensassem como seria um dia poder colocar seus filhos e netos nas melhores faculdades sem se preocupar com o custo. Ou ter dinheiro suficiente no plano de previdência para sacar US$10 mil por mês pelo resto da vida, enquanto vivem confortavelmente perto de um campo de golfe. Mais uma vez, não prendi a atenção de ninguém.

Na época, minha gerente estava tentando me motivar. Ela só falava daquilo que a motivava. Como você pode imaginar, ela não prendia a minha atenção. Quando refleti, percebi por que havia perdido ambos os públicos. Assim como ela não falava sobre o que me movia, eu não estava falando sobre o que movia cada audiência.

A maior jogada de poder é extrair o máximo das pessoas. É também a jogada que — agora falo por mim mesmo — traz a maior realização. Ver as pessoas finalmente se iluminarem e terem sucesso é aquilo pelo qual eu vivo. É também a razão pela qual este livro está em suas mãos.

Um grande líder é alguém que dá um grande exemplo e ganha autoridade moral. Um grande líder é alguém capaz de mover os outros a fazerem o que não fariam por conta própria. Há muitas pessoas que, apesar de darem um grande exemplo, ainda lutam com o motivo de sua equipe não segui-las. Apenas dar o exemplo não é suficiente. Grandes líderes acabam aprendendo como direcionar as pessoas a seu próprio padrão de excelência. Essa não é uma tarefa fácil, o que torna essa uma habilidade altamente remunerada. Qualquer pessoa que aprende a direcionar outras tem um conjunto de habilidades transferível para qualquer indústria.

Mais uma vez, vejamos as quatro áreas que motivam as pessoas. Em seguida, falaremos especificamente sobre como liderar aqueles movidos por cada uma dessas categorias.

AS QUATRO ÁREAS MOTIVADORAS

AVANÇO
- Próxima promoção
- Completar uma tarefa
- Cumprir um prazo
- Alcançar um objetivo em equipe

INDIVIDUALIDADE
- Estilo de vida
- Reconhecimento
- Segurança

LOUCURA
- Oposição
- Competição
- Controle
- Poder e fama
- Provar que os outros estão errados
- Necessidade de evitar a vergonha
- Maestria
- Desejo de ser o melhor (quebrar recordes)

PROPÓSITO
- História
- Ajudar os outros
- Mudança
- Impacto
- Iluminação/autorrealização

O QUE O MOTIVA MUDA EM CADA FASE DE SUA VIDA.

- **Avanço.** Para as pessoas movidas por avanços, alcançar novas alturas é a melhor forma de motivação. Elas precisam sempre definir o próximo objetivo ou posição para continuar avançando, ou ficarão entediadas.

- **Individualidade.** A linguagem para falar com este grupo é fazê-los pensar como a vida futura deles pode ser caso se esforcem ao máximo: carros, prestígio, frequentar os melhores restaurantes, viajar, relacionar-se com celebridades, e assim por diante. Desde que saibam que o estilo de vida que os motiva pode ser alcançado trabalhando com você, eles farão a parte deles para ajudar a expandir a empresa.
- **Loucura.** Para essas pessoas, os fatores não convencionais são a melhor forma de motivação. Ter um inimigo ou enfrentar um adversário é algo que as motiva. Elas ficarão entediadas se você não estiver sempre lhes apresentando um novo inimigo ou alvo a ser alcançado.
- **Propósito.** As pessoas impulsionadas pelo propósito querem fazer parte de algo maior do que elas, mas também querem ser mencionadas nos livros de história (nos livros de história da empresa ou em artigos do setor). Este grupo pode ser o menor, mas se tiver a sorte de atrair um deles para sua organização, experimentará um grande crescimento.

Entenda, Posicione-se e Lidere — mas Não Tente Consertar

Não importa quem você esteja gerenciando, lembre-se de que a maneira mais rápida de perdê-los ou frustrá-los é tentar mudá-los. Já cometi várias vezes esse erro em minha carreira. Em vez disso, descubra o que os motiva e posicione-os de forma a ganhar no mais alto nível. Pode ser necessário mudar a forma como você os vê.

Pare de tentar consertar as pessoas. Pensar que pode mudar ou consertar as pessoas é um comportamento delirante. Quando comecei a trabalhar, caía nesse erro o tempo todo. Pressionava demais as pessoas quando falhavam, porque presumi que era isso que queriam. Pensei que se estivessem estragando tudo, apreciariam meu *feedback*, por mais duro que fosse; pensei que mudariam de forma a ter o desempenho que eu achava necessário.

Era uma ilusão. Percebi que não podia mudar as pessoas; elas precisavam ter a motivação interior de corrigir seus próprios erros. Quando percebi isso, comecei a administrar as pessoas de forma mais eficaz. Parei de tentar resolver os problemas dos outros. Em vez disso, percebi que eles queriam alguém para ouvi-las, alguém que as questionasse, empurrando-as para a direção certa. As pessoas querem ser ouvidas. Dedicar tempo para entendê-las é a verdadeira jogada de poder. Depois disso, se elas tiverem motivação interior para se sobressaírem, elas mesmas se corrigirão. Elas mesmas se responsabilizarão e farão a parte delas.

■ ■ ■ ■ ■

Ao nos aprofundar nos jogos de poder, podemos ver todas as interações humanas através de uma lente diferente. Seja em uma negociação ou em seu primeiro encontro com um influenciador, dedicar um tempo para ver onde está o poder — e agir de acordo com ele — fará de você um grande mestre. Se quiser desenvolver essa capacidade, a jogada mais poderosa que pode fazer é ser a sombra de grandes líderes. Seja qual for a situação, esforce-se ao máximo para estar perto de pessoas que tenham as habilidades e o sucesso que procura.

Por último, mantenha por perto essa tabela do que motiva as pessoas. Lembre-se de que todos são motivados por coisas diferentes e que seu trabalho como líder não é dirigi-los (ou, pior, corrigi-los), mas compreendê-los e ajudar a alinhar as peças de xadrez à frente deles para que possam maximizar o próprio potencial.

JOGADA 5

Domine as Jogadas de Poder

COMO VENCER O GOLIAS E CONTROLAR A NARRATIVA

1. Identifique quem será o próximo Golias atrás do qual você e sua empresa podem ir. Crie uma estratégia para controlar a narrativa. Minimize as distrações e qualquer coisa que te impeça de superar Golias.

ESTUDE OS MAFIOSOS: COMO VENDER, NEGOCIAR E INFLUENCIAR

2. Em vez de pensar apenas no que será bom para si mesmo, pense em possíveis ganhos para seus parceiros estratégicos. Antes de sua próxima reunião, passe por todas as sete etapas de preparação. Em cada negociação, esteja ciente de quem tem vantagem. Não negocie demais quando não tiver vantagem, e não se preocupe quando a tiver, especialmente se considerar o outro como um parceiro estratégico em longo prazo.

CULTIVE SEU PODER E PONHA-SE À PROVA

3. Estude constantemente a vantagem competitiva. Observe cada interação entre pessoas, países e empresas para ver se pode determinar quem tem a vantagem e se essa pessoa ou entidade a está usando para ganhar poder. Além disso, mude sua abordagem; em vez de usar uma abordagem genérica para conseguir vários negócios, tente uma abordagem que procure ajudar os outros. Finalmente, valorize tão profundamente os outros a ponto de procurar constantemente perceber o que os motiva e como pode orientá-los de acordo com as motivações deles.

Conclusão

Xeque-mate

"Como alguém que não terminou a escola, acho que é muito importante ser um aprendiz para toda a vida e abraçar uma curiosidade sem fim sobre o mundo."

—Richard Branson

Percorremos juntos um longo caminho. Se você não é fã de esportes, talvez tenha lido demasiadas analogias esportivas. Compartilho o que sei e não posso deixar de encontrar paralelos entre negócios e esportes. Por isso, por favor, me permita esta última analogia: havia um homem chamado Andrew Bynum que era para o basquetebol o que Magnus Carlsen é para o xadrez. Sei que pode parecer que estou dando muito crédito a Bynum, mas acompanhe meu raciocínio.

Bynum foi abençoado com um talento insuperável. Em 2005, com apenas 17 anos, ele foi o primeiro escolhido do meu querido Los Angeles Lakers. O grande Kobe Bryant, agora falecido, estava no auge, e eu mal podia esperar para que aquele gigante de 2 metros dominasse a NBA. No papel, Bynum tinha o talento bruto para ser tão bom quanto Shaquille O'Neal. Na quadra, mostrou que poderia um dia estar no Hall da Fama.

Bynum começou como um excelente jogador de basquete. Ele ajudou os Lakers a ganhar títulos da NBA em 2009 e 2010. Em 2012, antes de completar 25 anos, foi selecionado para a All-NBA. Parecia estar no caminho certo para ganhar mais campeonatos e ser uma aposta nas equipes da All-NBA.

Foi então que tudo começou a dar errado.

Bynum sofreu algumas lesões e foi negociado com os 76ers. Ele jogou em outros times da liga, até que em 2013, quando jogava pelos Cavaliers, foi suspenso. O motivo era perturbador: durante um treino, sempre que tocava a bola, ele a arremessava, independente de qual fosse sua posição na quadra. Para mim, ele não estava só levantando o dedo médio para os treinadores e colegas de equipe; aquilo era um completo desrespeito ao jogo. Não importavam os campeonatos, os elogios, as dezenas de milhões de dólares; aos 26 anos, Bynum havia arruinado completamente sua carreira e desonrado o basquete.

Por quê?

Nunca conheci Bynum, por isso só posso especular. Do meu ponto de vista, Bynum não foi bem-sucedido porque não amava o jogo. Como ele poderia respeitar algo que nunca amou?

Às vezes é difícil amar algo que chega até a nós com muita facilidade. Você vê isso nos negócios o tempo todo. Também pode vê-lo com frequência em filhos de famílias ricas que receberam uma grande herança. Quando não há luta na vida — quando não temos de *ganhá-la* —, as pessoas começam a se sentir merecedoras e a tomar as conquistas na vida como certas. Essa é uma das leis da natureza humana.

Por que estou falando tanto de Andrew Bynum? Porque o fator número um para atingir seu potencial é simples: ele deve ser importante para você. Os livros de história estão cheios de indivíduos que fizeram coisas impossíveis simplesmente porque era importante para eles. Espero que algo toque o coração de Bynum ao ponto de ele se dispor a dar o melhor de si.

Você tem que desejar o sucesso. Tem que desejar tanto, que isso lhe doa. Persistência, dedicação, dinamismo — estes são traços que todas as pessoas de elite, desde atletas até mestres de xadrez e CEOs, têm. Estou sempre lembrando como é difícil porque sei que você precisará trocar de marcha para levar seu talento ao mais alto nível imaginável.

Subir de Nível Significa Começar de Baixo

Para atingir sua capacidade, você terá de "competir" e não ter medo. Procure se superar em todas as áreas. A ironia é que cada vez que você sobe, tem de começar por baixo.

O rei dos primeiros anos do Ensino Fundamental vai lá para baixo na hierarquia nos últimos anos. Quando finalmente volta para o topo da hierarquia, o Ensino Médio começa e ele desce lá para o final novamente. Na sua carreira acontecerá o mesmo: cada vez que avançar, estará oficialmente na parte inferior do nível seguinte. Um dos maiores medos que impedem as pessoas de subir é que não serão respeitadas. Este gráfico ajudará a entender melhor o que digo.

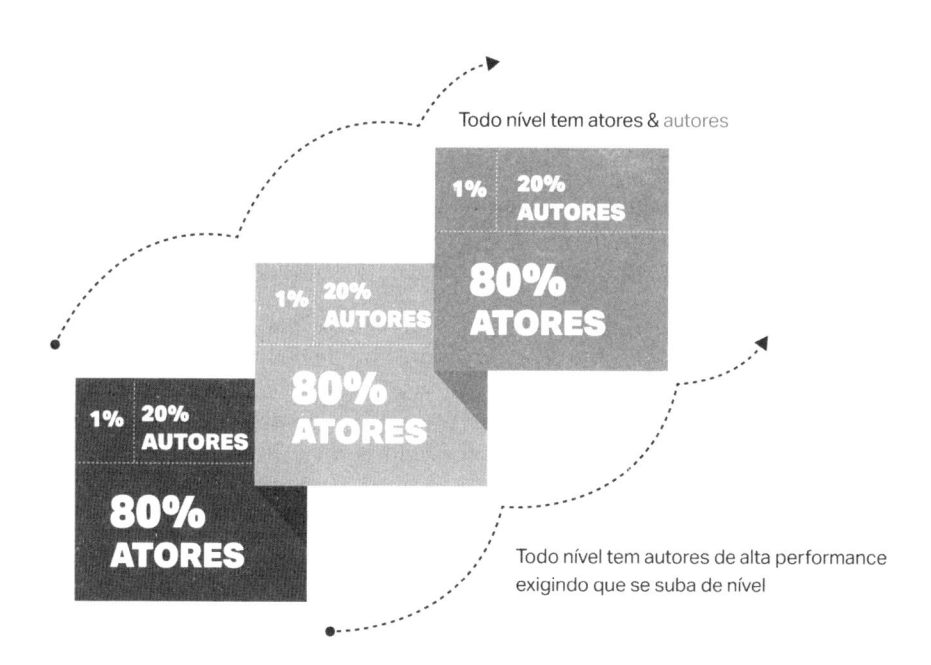

Todo nível tem atores & autores

1% | 20% AUTORES
80% ATORES

1% | 20% AUTORES
80% ATORES

1% | 20% AUTORES
80% ATORES

Todo nível tem autores de alta performance exigindo que se suba de nível

A chave para entrar no grupo do 1% é investir continuamente no aprendizado e no crescimento. As grandes corporações investem em seus talentos. Elas preparam funcionários juniores promissores para a liderança proporcionando-lhes treinamento caro e designando-lhes mentores experientes. Se você não tem o luxo de ter uma grande corporação investindo em seu talento, deve encontrar maneiras de investir em si mesmo.

Por alguma razão, a maioria de nós acha que tem medo de desafios, mas quando não somos desafiados, ficamos entediados, então estagnamos. Se não somos desafiados, muitas vezes também não percebemos o que está dentro de nós e o quanto somos capazes de realizar. Qualquer empresário que queira permanecer são precisa deixar de lado a ideia boba de que desafios são assustadores. Os desafios nunca acabam, por isso é melhor aprender a amá-los e vencê-los. Toda luta é uma oportunidade de crescer e melhorar.

Cada movimento para cima fará você se sentir como se estivesse indo além das próprias capacidades. Você será testado. Mais uma vez, o que determinará seu sucesso é a importância que ele tem para você.

Use o Empreendedorismo para Solucionar os Problemas do Mundo

Já disse inúmeras vezes que muitos dos problemas do mundo serão resolvidos por empreendedores. A razão simples é que os empreendedores são pessoas que resolvem problemas. Eles olham para algo complexo, estudam-no, simplificam-no e finalmente encontram uma maneira de resolvê-lo. Empreendedores podem resolver os desafios de saúde, economia, ambiente e educação.

Geralmente, a primeira motivação de alguém que nunca foi empreendedor e quer se tornar um é ganhar muito dinheiro para comprar uma casa maior, um carro maior e outros brinquedos. Não há nada de errado nisso, mas é preciso ter uma motivação maior. Saiba que o mundo de hoje está contando conosco para resolver problemas enormes.

Às vezes o jogo dos negócios pode ser feio. O cemitério de *startups* está repleto de empresas dirigidas por pessoas bem-intencionadas e talentosas, mas que simplesmente não estavam preparadas para lidar com o caos da construção de um negócio. Se puder lidar com o fato de ter de forçar os próprios limites, ser derrotado por Golias e relegado ao ostracismo por amigos — e se ainda assim permanecer fiel à sua missão —, valerá a pena.

Não quero dizer que *um dia* valerá a pena; quero dizer que todos os dias você luta por algo, todos os dias você vive de acordo com sua verdade futura, todos os dias você direciona as pessoas para serem o melhor, e assim se sentirá recompensado.

O mundo precisa de você. Precisa de suas ideias, sua paixão e seu coração. Você tem todas as informações necessárias para dominar os cinco movimentos-chave:

- Saber quem você quer ser.
- Como processar questões.
- Como construir sua equipe.
- Como usar a estratégia para escalar.
- Como fazer jogadas poderosas.

Todas as perguntas, todas as ferramentas, todas as histórias estão lá para ajudá-lo. Mas, em última análise, você só se beneficiará se aplicar o que aprendeu neste livro. Agora é hora de identificar suas próximas jogadas.

Liste um mínimo de cinco. Se aspira a pensar como um grande mestre, desafie-se a enumerar quinze. Ao fazer isso, considere o conceito de sequenciamento. Você pode se sentir tentado a fazer da jogada quinze sua terceira jogada. Em vez disso, concentre-se no quadro geral. Lembre-se, é a sequência correta de movimentos que fará de você um grande mestre. É assim que você acaba vencendo no salão de guerra, na sala de reuniões e no quarto.

PLANEJANDO OS PRÓXIMOS LANCES

NÍVEL AMADOR
1.
2.
3.

NÍVEL PRÓ
4.
5.

MESTRE
6.
7.
8.
9.
10.

GRANDE MESTRE
11.
12.
13.
14.
15.

Agradecimentos

Patrick Bet-David

Sou um subproduto de seis grandes coisas em minha vida, e por isso usarei seis categorias para agradecer a tudo e a todos pelo que sou grato.

Genes. Tudo começou com meus pais, Gabreal Bet-David e Diana Boghosian. Não seria quem sou sem eles.

Cultura. Tenho de agradecer a cinco culturas que me fizeram ser quem sou hoje. Sou meio armênio, meio assírio, e vivi em Teerã, no Irã, por dez anos antes de procurar asilo em Erlangen, na Alemanha, e migrar para os Estados Unidos. Cada uma dessas culturas teve uma grande influência na maneira como vejo a vida.

Experiências. Dizem que os grandes atores são aqueles que viveram uma vida com muitas experiências diferentes, cheias tanto de dor quanto de alegria. Devo dizer que o mesmo se aplica ao mundo dos negócios. Sou grato por cada evento que aconteceu em minha vida, mesmo não os tendo apreciado quando ocorriam. Eu não seria quem sou hoje sem ter vivido uma guerra no Irã, sem ter vivido em um campo de refugiados ou sem ter servido ao exército. Todas essas experiências, entre outras, fizeram de mim o que sou hoje.

Escolhas. Fiz muitas escolhas ruins e algumas boas. Alguns pareciam grandes escolhas no início, até eu perceber que não eram, e outras pareciam más escolhas, mas acabaram bem. Todos elas me ensinaram lições que prezo hoje. Algumas me custaram dinheiro, outras me custaram relacionamentos, algumas me proporcionaram dinheiro, outras me ajudaram a construir relacionamentos. Todas me ajudaram a ser quem sou hoje.

Pessoas. Esta categoria pode ser dividida em várias outras. Devo começar agradecendo à minha esposa, Jennifer Bet-David, que tem me apoiado desde sempre. Minha vida mudou no dia em que a conheci. Ela deu à luz aos nossos três filhos, Patrick, Dylan e Senna, e cada um deles mudou minha vida de uma maneira única.

Tenho de agradecer à minha primeira melhor amiga, minha irmã mais velha, Polet Bet-David. Seu marido, Siamak Sabetimani, tornou-se o irmão que nunca tive. Antes de ter meus próprios três filhos, eu me apaixonei pelos deles, Grace e Sean Sabetimani.

Sou imensamente grato à equipe de liderança da Agência PHP, que acreditou em minha visão quando todas as probabilidades estavam contra nós. Não há como construir uma agência de quinze mil agentes de seguros sem o coração, o foco e o talento de nossa equipe de liderança: Sheena e Matt Sapaula, Jose e Marlene Gaytan, e muitos outros.

Encontrar um companheiro de chapa é difícil, mas Mario Aguilar tem sido exatamente isso em muitos projetos, inclusive ajudando a montar o conteúdo deste livro.

Este livro nunca teria acontecido sem meu agente, Scott Hoffman.

Também tenho de agradecer ao meu colaborador, Greg Dinkin, que ajudou a trazer estrutura e organização às minhas ideias e experiências. Um agradecimento especial àqueles que ajudaram a organizar meus pensamentos quando estávamos bloqueados em uma ideia ou capítulo do livro: Maral Keshishian, Tigran Bekian, Tom Ellsworth, David Moldawar e Kai Lode.

Sou grato à editora Jennifer Bergstrom e aos nossos brilhantes editores, Karyn Marcus e Rebecca Strobel. Muito obrigado a Lynn Anderson e Eric Raymer, pela incrível atenção aos detalhes.

Não estaria escrevendo este livro ou criando novo conteúdo se não fossem os milhões de *Valuetainers* e empreendedores que acompanham o conteúdo mensalmente. Sou grato a vocês. Não há palavras para descrever a energia que vocês me transmitem.

Muitas vezes reconhecemos aqueles que nos amaram e nos apoiaram e esquecemos aqueles que foram nossos concorrentes, detratores ou críticos. Aqueles que duvidaram de mim têm um lugar especial no meu coração. Eu me senti tentado a listar seus nomes, mas precisaria de várias páginas para todos. Saibam apenas que amo vocês e agradeço muito.

Inspiração. Por último, mas não menos importante, houve momentos em que eu fui inspirado a fazer algo grandioso com minha vida. Senti que diversas experiências continuavam a me levar por esse caminho, ainda que eu não quisesse me comprometer inicialmente. Agora que olho para trás, sou grato por ter escolhido me comprometer e dar o meu melhor. Momentos como aqueles de inspiração são o motivo de eu sentir que meu tanque está sempre cheio e me animo a levantar da cama todas as manhãs para realizar a próxima visão que estou criando.

Greg Dinkin (Colaborador)

Tal como fiz quando conheci Pat, talvez você esteja se perguntando: esse cara está falando sério? Como campeão de pôquer e autor de *The Poker MBA*, meu desconfiômetro está sempre ligado. Sempre tento pegar as pessoas em um blefe e testar a autenticidade delas.

Em maio de 2019, um mês depois de ter começado a trabalhar com Pat, participei da conferência Vault, em Dallas. Na sessão de abertura, Pat respondeu a dezenas de perguntas de participantes. Ao fazê-lo, recordava detalhes específicos de seus negócios. "Ah, sim", dizia. "Conversamos há dois anos sobre o seu plano de compensação. Você o tem acompanhado?" Ou "Lembro da nossa troca de e-mails sobre como você precisa investir mais em análises. Você já puxou o gatilho? Não? Por que não?"

Fiquei atônito com sua memória e ainda mais impressionado com sua perspicácia comercial. Então percebi que ele tinha sido o mentor de dezenas de empresários — de graça, simplesmente devido ao seu desejo sincero de retribuir — enquanto dirigia seus negócios, criando três filhos e expandindo sua base de conhecimentos (nunca conheci ninguém que lesse mais e que trabalhasse tanto para si mesmo).

Se duvidei alguma vez de que Pat acreditava no que fazia — fazendo vídeos para *Valuetainment*, dando *workshops* e escrevendo este livro — a dúvida, pelas razões certas, se apagou. Como testemunhei naquela noite e ao longo de todo o ano seguinte, Pat é tão genuíno, autêntico e atencioso quanto parece.

Se tivesse de resumir seu sucesso a uma característica, esta seria a importância que dá a realização dos sonhos dos outros. Por mais que tenhamos feito nosso melhor para incluir cada grama do conhecimento de Pat nestas páginas, seria impossível expressar seu amor e compromisso com as pessoas — o ingrediente secreto que faz dele, pelo menos a meu ver, um dos maiores líderes vivos do planeta.

Imagine alguém que leva tempo para conhecê-lo de verdade, que faz perguntas para ajudá-lo a descobrir exatamente quem você quer ser, muitas vezes levando-o a se lembrar de sua ambição mais selvagem e expressá-la. Imagine que ele o apoia com recursos e treinamento e, ao mesmo tempo, cobra que você seja a melhor versão de si mesmo, de forma a atingir um nível que nem lhe parece possível. Então imagine como ele exige ainda mais de si mesmo do que exige de você. Como você não poderia alcançar grandes alturas? Não é por acaso que Pat transformou dezenas de pessoas sem diploma universitário em milionários. O amor é importante, com certeza. Combinado com responsabilidade, liderança e um exemplo a seguir, o resultado é um sucesso incrível.

Sinto-me afortunado por poder me sentar na primeira fila e observar um ser humano tão impressionante. Imagine ser um jogador de basquetebol e ficar na sombra de LeBron James por um ano. Se parece exagero meu, é porque estou transbordando de gratidão. Se este livro começou como um projeto de escrita para mim, acabou se tornando um programa de doutorado em revelar potencial humano. Como resultado, tornei-me não só um *coach*/líder melhor como uma versão melhor de mim mesmo. Perceber o quanto o conhecimento de Pat já beneficiava várias pessoas foi um grande motivador para ajudar a mostrar aos leitores seu arsenal de sabedoria.

Além de agradecer a Pat, quero agradecer a Mario Aguilar por ser um profissional absoluto. Como *consigliere* máximo, ele foi um grande trunfo em todas as etapas deste processo. Sou grato ao sábio agente Scott Hoffman por seguir seu instinto de que Pat e eu seríamos uma boa combinação. Agradeço também pelo apoio de minha família e de meus amigos. Mãe, pai, Andy, Jayme, Leslie, Drew, Logan, Thea, Michelle, Cully, Josh, Bryan, Paul, Charlie, Mark, Monique, George, Chris, Stuckey e Frank — todos contribuíram, cada um à sua maneira única.

APÊNDICE A

AUDITORIA DE IDENTIDADE PESSOAL

AUDITORIA DE IDENTIDADE PESSOAL

1. Como você acha que o mundo o vê?

2. Como você vê a si mesmo?

3. Como seu "eu público" é diferente de seu "eu privado"?

4. Quais condições produzem a MELHOR VERSÃO DE VOCÊ? (A versão de você que compete e obtém os melhores resultados).

    ( ) Competição
    ( ) Medo da perda
    ( ) Um revés
    ( ) Uma vitória
    ( ) Ter alguém que acredite em você
    ( ) Ter algo a provar

5. Aponte um período de noventa dias em sua carreira durante o qual você foi aquele com mais sede de sucesso. O que o motivou?

6. Como você lida com uma perda pública?

7. Você tem a tendência de culpar os outros por sua falta de esforço ou disciplina? Se sim, por quê?

8. Você sente que tem direito às coisas sem se esforçar para ganhá-las?

9. Quão difícil é sua personalidade?

    ( ) Muito difícil
    ( ) Difícil
    ( ) Um pouco difícil
    ( ) Fácil de lidar
    ( ) Muito fácil

10. Você se dá bem com pessoas como você, ou não há espaço para elas em sua sala?

11. Com quem você fala mais quando está perdendo?
    - ( ) As pessoas que estão à sua frente
    - ( ) Pessoas no mesmo nível que você
    - ( ) Pessoas que ainda não estão em seu nível
    - ( ) Ninguém

12. Quem você inveja secretamente? Não se preocupe em escrever aqui. Ninguém saberá sua resposta a não ser você. Como é sua relação com a pessoa de quem tem mais inveja? Quanto dessa inveja se deve ao fato de você não estar disposto a fazer o trabalho que o outro está?

13. Que tipo de pessoa o incomoda mais e por quê?

14. De que tipo de pessoa você mais gosta e por quê?

15. Com quem você colabora mais?

16. Que qualidades e traços você mais admira nos outros?

17. Como você lida com a pressão?

18. Com que frequência você desafia sua própria visão para ajudar a melhorar sua perspectiva?

19. O que traz seu pior lado à tona? Por quê?

20. O que realça seu melhor lado? Por quê?

21. O que você mais valoriza nos negócios e na vida?

22. O que você mais teme em seu ramo de atividade?

23. De que realizações você mais se orgulha e por quê?

24. Quem você quer ser?

25. Que tipo de vida você quer viver?

APÊNDICE B

PLANILHA PARA RESOLVER O X

PROCESSO DECISÓRIO DE BET-DAVID

Questão:

INVESTIGAR	RESOLVER	IMPLEMENTAR
URGÊNCIA 0–10	**QUEM É NECESSÁRIO?**	**O APOIO DE QUEM É NECESSÁRIO?**
IMPACTO TOTAL GANHO POTENCIAL: PERDA POTENCIAL:	**LISTA DE SOLUÇÕES**	**RESPONSABILIDADES ATRIBUÍDAS**
CAUSA REAL DO(S) PROBLEMA(S) Por quê? / Por quê? / Por quê?	**CONSEQUÊNCIAS NEGATIVAS POTENCIAIS**	**NOVOS PROTOCOLOS**

Leitura Recomendada

Os 52 melhores livros de negócios, por Patrick Bet-David

1. *A estratégia do Oceano Azul: Como Criar Novos Mercados e Tornar a Concorrência Irrelevante*, de W. Chan Kim e Renée Mauborgne
2. *Princípios: Vida e Obra*, de Ray Dalio
3. *As 5 Tentações de um CEO: Uma Fábula sobre Liderança*, de Patrick Lencioni
4. *Built to Sell: Creating a Business That Can Thrive Without You*, de John Warrillow
5. *Competitive Strategy: Techniques for Analyzing Industries and Competitors*, de Michael E. Porter
6. *Multiplicadores: Como os Bons Líderes Valorizam Você*, de Liz Wiseman e Greg Mckeown
7. *Só os Paranoicos Sobrevivem*, de Andrew S. Grove
8. *Posicionamento: Como ser Visto e Ouvido em um Mercado Supercompetitivo*, de Al Ries e Jack Trout
9. *Os 5 Desafios das Equipes: Uma História sobre Liderança*, de Patrick Lencioni
10. *A Startup Enxuta: Como Usar a Inovação Contínua para Criar Negócios Radicalmente Bem-sucedidos*, de Eric Ries
11. *A Única Coisa: O Foco Pode Trazer Resultados Extraordinários para Sua Vida*, de Gary Keller

12. *Maestria*, de Robert Greene
13. *12 Regras para a Vida: Um Antídoto para o Caos*, de Jordan B. Peterson
14. *Mastering the Rockefeller Habits: What You Must Do to Increase the Value of Your Growing Firm*, de Verne Harnish
15. *33 Estratégias de Guerra*, de Robert Greene
16. *Meditações*, de Marco Aurélio
17. *Sam Walton: Made in America*, de Sam Walton
18. *O Essencial de Drucker: Uma Seleção das Melhores Teorias do Pai da Gestão*, de Peter F. Drucker
19. *O Executivo e Sua Tribo: Lidere Sua Tribo Corporativa e Maximize sua Produtividade e o Lucro da Empresa*, de Dave Logan, John King e Halee Fischer-Wright
20. *O Coach de um Trilhão de Dólares: O manual de Liderança do Vale do Silício*, de Eric Schmidt, Jonathan Rosenberg e Alan Eagle
21. *Zero a Um: O que Aprender sobre Empreendedorismo com o Vale do Silício*, de Peter Thiel
22. *O Poder da Administração Ética*, de Ken Blanchard e Norman Vincent Peale
23. *Ideias que Colam: Por que Algumas Ideias Pegam e Outras Não*, de Chip Heath e Dan Heath
24. *A Arte da Guerra*, de Sun Tzu
25. *The Founder's Dilemmas: Anticipating and Avoiding the Pitfalls That Can Sink a Startup*, de Noam Wasserman
26. *Innovation and Entrepreneurship*, de Peter F. Drucker
27. *The Accidental Millionaire: How to Succeed in Life Without Really Trying*, de Gary Fong
28. *Feitas para Durar: Práticas Bem-sucedidas de Empresas Visionárias*, de Jim Collins e Jerry I. Porras

29. *Tração: Domine os 19 Canais que uma Startup Usa para Atingir Aumento Exponencial em Sua Base de Cliente*, de Gabriel Weinberg e Justin Mares

30. *Viva (Morra) a Organização: Como Fazer com que a Empresa pare de Sufocar as Pessoas e de Reduzir os Lucros*, de Robert C. Townsend

31. *Business Model Generation: Inovação em Modelos de Negócios — Um Manual para Visionários, Inovadores e Revolucionários*, de Alexander Osterwalder e Yves Pigneur

32. *Growing Pains: Transitioning from an Entrepreneurship to a Professionally Managed Firm*, de Eric G. Flamholtz e Yvonne Randle

33. *Gestão de Alta Performance (High Output Management)*, de Andrew S. Grove

34. *Pai Rico, Pai Pobre*, de Robert Kiyosaki

35. *Trump: The Art of the Deal*, de Donald Jr.

36. *O Lado Difícil das Situações Difíceis: Como Construir um Negócio quando Não Existem Respostas Prontas*, de Ben Horowitz

37. *The Hypomanic Edge: The Link Between (a Little) Craziness and (a Lot of) Success in America*, de John D. Gartner

38. *The Law of Success: The Master Wealth-Builder's Complete and Original Lesson Plan for Achieving Your Dreams*, de Napoleon Hill

39. *O Mito do Empreendedor: Por que Muitos Negócios Fracassam? O que Você Pode Fazer para Vencer?*, de Michael E. Gerber

40. *Originais: Como os Inconformistas Mudam o Mundo*, de Adam Grant

41. *Poor Charlie's Almanack: The Wit and Wisdom of Charles T. Munger, Expanded Third Edition*, de Peter D. Kaufman

42. *Gente que Resolve: Como Fazer Melhores Escolhas em Qualquer Momento da Sua Vida*, de Chip Heath e Dan Heath

43. *O Ego É Seu Inimigo: Como Dominar Seu Pior Adversário*, de Ryan Holiday

44. *Elon Musk: Como o CEO Bilionário da SpaceX e da Tesla Está Moldando o Nosso Futuro*, de Ashlee Vance

45. *Lincoln on Leadership: Executive Strategies for Tough Times*, de Donald T. Phillips

46. *Michael Jordan: The Life*, de Roland Lazenby

47. *The CEO Next Door: The 4 Behaviors That Transform Ordinary People into World-Class Leaders*, de Elena L. Botelho e Kim R. Powell

48. *Poder vs. Força: Os Determinantes Ocultos do Comportamento Humano*, de David R. Hawkins

49. *As 48 Leis do Poder*, de Robert Greene

50. *I Love Capitalism!: An American Story*, de Ken Langone

51. *De Bárbaro a Burocrata: Estratégias para o Desenvolvimento de Empresas*, de Lawrence M. Miller

52. *Como Fazer Amigos e Influenciar Pessoas*, de Dale Carnegie

Outros livros citados

- *As 5 Linguagens do Amor: Como Expressar um Compromisso de Amor a Seu Cônjuge*, de Gary Chapman
- *Os 7 Hábitos das Pessoas Altamente Eficazes*, de Stephen R. Covey
- *101 Perguntas a Fazer Antes de Casar*, de H. Norman Wright
- *A Jogada do Século: Os Bastidores do Colapso Financeiro de 2008*, de Michael Lewis
- *Conversas Difíceis*, de Douglas Stone, Bruce Patton e Sheila Heen
- *A First-Rate Madness: Uncovering the Links Between Leadership and Mental Illness*, de Nassir Ghaemi
- *From Worst to First: Behind the Scenes of Continental's Remarkable Comeback*, de Gordon Bethune
- *Como Evitar Preocupações e Começar a Viver*, de Dale Carnegie
- *O Investidor Inteligente*, de Benjamin Graham
- *Moneyball: O Homem que Mudou o Jogo*, de Michael Lewis
- *The Power of Vulnerability: Teachings on Authenticity, Connection, and Courage*, de Brené Brown
- *Powerful: Como construir uma Cultura Corporativa de Liberdade e Responsabilidade*, de Patty McCord
- *Scaling Up — Escalando Seu Negócio: Como Algumas Empresas Conseguem Crescer... e Por que as Demais Não*, de Verne Harnish
- *O Segredo*, de Rhonda Byrne
- *Steve Jobs: a Biografia*, de Walter Isaacson
- *Thank God It's Monday: How to Prevent Success from Ruining Your Marriage*, de Pierre Mornell

- *O Modelo Toyota: 14 Princípios de Gestão do Maior Fabricante do Mundo*, de Jeffrey Liker
- *Traction: Get a Grip on Your Business*, de Gino Wickman
- *What Would the Rockefellers Do? How the Wealthy Get and Stay That Way, and How You Can Too*, de Garrett B. Gunderson e Michael G. Isom
- *What Would the Founders Do? Our Questions, Their Answers*, de Richard Brookhiser
- *Os Vencedores Jogam Limpo: Os Valores Morais que Aprendemos na Infância — Será que Esquecemos?*, de Jon M. Huntsman

Para mais conteúdo, visite o canal Valuetainment no YouTube: https://www.youtube.com/c/valuetainment

Sobre o Autor

Patrick Bet-David saiu de um Irã devastado pela guerra e fundou sua própria empresa financeira, ganhando dezenas de milhões de dólares e criando Valuetainment, o canal para empreendedores líder no YouTube. Sua abordagem pouco ortodoxa dos negócios e da vida se destaca em entrevistas convincentes com Ray Dalio, Kevin Hart, o falecido Kobe Bryant, o presidente George W. Bush e uma série de outras personalidades. Seu conteúdo nas mídias sociais já foi visto mais de um bilhão de vezes.

Patrick nunca teve um diploma universitário e saiu do exército para vender inscrições em academias antes de vender serviços financeiros. Aos 30 anos de idade, Bet-David fundou a PHP, uma agência de serviços financeiros. Vive em Dallas com sua esposa e três filhos.

Índice

A

Abraham Maslow, psicólogo **30**
aconselhamento **19**, **165**
acordo verbal **141**
administração **38**, **43**, **148**
agência **XVI**, **163**
   de seguro **28**
agente
   de seguros licenciado **34**
   imobiliário **212**
algemas de ouro **90**, **101**
alianças **XX**, **208**, **211**
alto
   desempenho **98**
   retorno **14**
   risco **14**
análise
   dos dados **196**
   preditiva **189**
antecipação **XIV**, **127**
apps **32**
aquisição de direitos **130**
aristocrata **42**, **43**
arrogância **35**
ascensão profissional **40**
atendimento ao cliente **186**
Auditoria de Identidade Pessoal **32–34**, **52**, **212**
aumento de receita **65**
auto-
   aceitação **22**
   conhecimento **XX**
   consciência **XIV**, **37**
   descoberta **32**
   disciplina **232**
   investigação **27**
   julgamento **22**
   piedade **28**
   promoção **224**
avaliação de desempenho de 360 graus **117**

B

baby boomers **50**
barreiras **19**
benefícios **246**
Bill Gates **92**, **99**, **120**
blefar **43**, **248**, **255**
bolha
   da internet **211**
   imobiliária **188**
bônus **40**, **139**
brainstorming **229**
bullying **223**
   corporativo **8**
burocrata **42–43**

C

Campo de Distorção da Realidade **161**
capital humano **165**
caporegimes **239**
carreira **6**, **264**
CDS **188**
CFO **XIV**, **40**, **80**, **96**
ciclo de negócios **202**
cinco línguas do amor **136**
cobertura legal **81**
código **XXI**
   de conduta **130**
coerência **224**
cold-calls **21**, **195**, **258**
competências **49**
competição **XV**, **18**, **37**
compliance **35**
   officer **114**
comunidade **31**
concentração **19**
concorrência **48**, **203**
condições de mercado **XIII**
conexões **XVI**, **257**
conglomerado multinacional **15**

conselho **18**
    consultivo **76**
consigliere **90**
contentamento **31**
contratar **90**, **114**
convicção **16**, **99**
COO **81**
corretor **XVI**
    da bolsa **225**
    de seguros **22**
credibilidade **249**
credit default swaps **188**
crenças **111**
    limitantes **32**
crescimento **XIII**, **XX**, **30**
    comercial **155**
    exponencial **XX**, **156**, **215**
    linear **155**
criatividade **44**
cultura **XVI**
    corporativa **44**, **117**

D

dados **186**, **189**
    qualitativos **195**
decisões financeiras **175**
demissão **90**, **106**
desafio **7**, **168**
desenvolvedor de negócios **13**
desenvolvimento **48**
    de liderança **157**
    de negócios **155**
desvantagem **50**
determinação **XIV**, **62**
dilema do ovo e da galinha **15**
diligência prévia **95**
disciplina **4**, **168**
discurso **10**, **177**
disrupção **32**, **172**

E

e-commerce **20**
economias **XIV**, **42**
educação **XXI**, **228**

educador-líder **228**
ego **213**
Elon Musk **9–10**
empregados **XX**, **6**
empresa **3**
    de e-commerce **20**
    de investimentos **20**
    de mídia **20**
    de seguro **34**
    imobiliária residencial **10**
empresário solo **199**
energia **4**, **11**
    emocional **108**
entusiasmo **XIV**, **5**
equipe
    certa **XX**
    de vendas **77**
    executiva **43**
escada corporativa **38**
escalar **271**
escola de negócios **XIX**
escritório **XVI**, **17**, **173**
esforço **21**
especialização **227**
establishment **51**
estagnação **29**
estatísticas de pontuação **186**
estoicismo **19**, **55–56**
estratégia **XI**, **18**, **128**
    de escalagem **XX**
    de longo prazo **24**
    de saída **153**
estrelas **42**, **90**
estrutura de compensação **XIII**, **45**
execução **168**
executivos **XIII**
ex-empregado **108**
expandir **4**
expectativas **8**
expertise **164**

F

falência **43**, **64**, **202**
fama **39**
faturamento **XIX**

fé **5**
feedback **118, 175, 264**
ferramentas **20, 37, 90**
financiamento **154, 173**
    de risco **154**
flexibilidade **XIV**
fluxo
    de caixa **15, 64**
    de dados **191**
    de processo **84**
    de trabalho **164**
foco **35**
follow-up **186, 199**
fórmula
    de investimento tempo retorno **63, 65**
fortuna **163**
fraquezas **37, 168**
frustração **31**
Fundação para a Educação Econômica dos EUA **202**
fundo de hedge **188**
fundos mútuos **51**

G

ganância **96**
gerenciamento de riscos **35**
gerente **6**
    de sucursal **114**
    de vendas **147**
Golias **XXI, 219**
golpe de adversidade **32**
grande
    líder **141, 262**
    mestre **61**
    processador **67**
Grandes Objetivos Audaciosos e Arriscados (GOAA) **34–35**
grandeza **5, 261**
gratificação **224**
    tardia **132**
guerra **4, 201**

H

habilidade **5, 62**
    de raciocinar **XX**

hábitos **34**
headhunters **91–92**
hierarquia **269**
    de necessidades **30–31**
hipoteca **50**
história **XVI, XXI**
histórico pessoal **XVI**

I

imigrante **49**
impacto **8, 31**
império **19**
impulso **195**
inabilidade **8**
incerteza **XX**
incorporadoras **225**
indicadores-chave **185**
individualidade **28, 264**
influenciador **258**
inovação **168**
insight **39**
instinto **49**
instrumento de marketing **50**
integridade **119, 224**
internet **50, 151**
intraempreendedor **XIV**
inveja **25–26**
investidor **3**
    anjo **150**
investidores **XV, 130**
    potenciais **153**
itens não negociáveis **13**

J

jatos **5**
jogadas **XI**
jogadores **XV, 163**
jogos de poder **XX**

K

know-how **199**

L

legado **XV, 30**

Lei de Murphy **206, 207**
leituras **XXI**
liberdade financeira **28**
licenças de investimento **51**
lições **252**
líderes **XIII, 93**
limites **31**
linguagens do amor **139, 143**
LinKedIn **32**
livros **XVIII, 227**
longo prazo **24**
loucura **27, 264**
luxo **31**

M
máfia **XXI, 95, 252**
mão de obra **50**
marca **41**
    pessoal **XXII**
marketing **XVI, 49, 170, 221**
Mark Zuckerberg **93**
meios de comunicação social **50**
mentalidade **XIII, 181**
mentes brilhantes **XXI**
mentores **19, 212**
mercado **XIII, 162**
    hipotecário **189**
    potencial **28**
mestres de xadrez **258**
metas **77, 231**
microgerenciar **133**
mídia **20**
    social **32, 60, 236**
millennials **XVI, 50**
modelo de negócio **56**
momentum **XXI, 74**
motivação **XVIII, 168, 264**
movimento **XIV, 58, 259**
mundo **XIX, 24**

N
narrativa **XXI**
natureza humana **127**
negatividade **10**

negociação **238**
    de contrato **127**
negociável **13**
negócio
    imobiliário **9**
    modelo **151**
networking **156**
nicho **49**
nômades digitais **31**
notoriedade **46**

O
objetivos **XIX, 6, 24**
OBP **187**
oferta **252**
opção **64**
oportunidade **179**
ordens **7**
organização **45**
orgulho **7, 256**
orientação **3**
orientadora educacional **11**

P
pagamento por desempenho **8**
paisagem competitiva **48**
palestrante motivacional **11**
paranoia **6, 201**
parceria **XX, 8, 59**
participação
    acionária **130**
    de mercado **219**
patrimônio **XIII**
    líquido **40**
pensadores **16**
perdas **39, 207**
período probatório **130**
perseverança **33**
pertencimento **30**
pessoas-chave **120**
pitching **35, 151, 251**
planejamento **XIV, 76**
    de contingência **120**

plano
    de compensação **44**, **80**
    de negócios **207**
    de previdência **262**
plataformas urgentes **79**
platô **29**, **150**
poder **167**
    de barganha **247**
    de decisão **XX**
política de fomento ao intraempreendedorismo do Google **41-42**
ponto
    cego **34**
    de equilíbrio **65**, **175**
    de vista **39**
porcentagem de bases conquistadas **187**
posição **XXI**, **6**, **204**
    lucrativa **XIV**
potencial **33**, **268**
poupança vitalícia **76**
práticas , **254**
    antiéticas **43**
    de processamento **69**
pressão **28**, **160**
prestação de contas **164**
prestígio **31**, **212**
princípios **18**
    empresariais **118**
processadores
    especializados **57**
    profundos **58**
    superficiais **58**
processo **172**
    de tomada de decisões **66**
produto **24**, **167**
    final **45**
    financeiro **188**
Programa de Benefícios **90**
projeções **84**, **153**
propostas **6**, **63**
propriedade **41**, **227**
    intelectual **152**
prospecção **195**, **197**
protocolos **185**

Q
QI **XV**
Quadrante de Estratégias **154**
qualidade **XVI**, **41**
quatro níveis
    de confiança **134-136**
    de porquê **30-31**
questionar **XX**, **4**, **24**

R
raciocínio **XX**, **259**
ramo imobiliário **73**, **212**
razão **19**
    de fechamento **195**
reações **XIII**, **62**
realizações **7**, **26**
receita **6**, **65**, **199**
    anual total **201**
recompensas **15**, **237**
recursos **XV**, **XXII**, **164**
rede de contatos **155**
redes sociais **XXI**, **49**
redução do arrependimento **176**
remuneração **101**
rentabilidade **44**
representação visual **19**
reputação **43**
resiliência **62**
respeito **33**
resultado **10**
resultados **8**, **29**
Retorno do Tempo de Investimento (ITR) **63-65**, **82**
RH **44**, **97**
riqueza **37**, **167**
riscos **XX**, **242**
    calculados **44**
ruptura **32**

S
sabedoria **XIX**, **22**
sacrifícios **15**
salário **130**, **260**
sazonalidade **193**

segredos **XXI, 20**
segurança **XVII**
    financeira **28**
seguro **22**
    automóvel **50**
    de vida **XVI, 50, 207**
serviço público **11**
serviços financeiros **XVI**
setor financeiro **50**
sistemas **XV, 71, 185**
    de dados **186**
    de procedimentos **186**
    de processos **186**
    operacionais **155**
sobrevivência **30, 150**
soft skill **62**
status quo **43**
Steve Jobs **40–41, 92, 120, 161, 173**
subestimar **19**
sucesso **XIII, 167**
    empresarial **69**
surpresas **8**

T
talentos **XV**
táticas **XX**
taxa de crescimento **83**
tecnologia **61**
temas **18**
tendências **33, 73**
termo finito **130**
teste
    beta **173**
    de linguagem amorosa **137**
testemunha **212**
tolerância **XVII**
tomada de decisão **81**
trabalho **XVIII, 25**
    em equipe **117**
traço de caráter **125**
trajetória profissional **8**
transparência **191**
    radical **116**
treinador **10, 160**

treinamento **171**
trifetas **213**

U
urgência **4, 41**

V
vaidade **39**
validação **134, 137**
valor **46, 162**
valores **26, 94**
    e crenças **9**
vantagem **27**
    competitiva **198, 254**
    estratégica **212**
variável **72**
velocidade **128**
    de expansão **171**
    de funcionamento **171**
    de processamento **171**
vencedores **XIII, 226**
vender **XV, 33**
verdade futura **15, 222**
vergonha **9**
vícios **32, 179**
vitórias **167**
voz da razão **19**
vulnerabilidade **27, 205**

X
xadrez **XII**
xeque-mate **205, 255**

Y
YouTube **XIX, 32**

Projetos corporativos e edições personalizadas
dentro da sua estratégia de negócio. Já pensou nisso?

Coordenação de Eventos
Viviane Paiva
viviane@altabooks.com.br

Assistente Comercial
Fillipe Amorim
vendas.corporativas@altabooks.com.br

A Alta Books tem criado experiências incríveis no meio corporativo. Com a crescente implementação da educação corporativa nas empresas, o livro entra como uma importante fonte de conhecimento. Com atendimento personalizado, conseguimos identificar as principais necessidades, e criar uma seleção de livros que podem ser utilizados de diversas maneiras, como por exemplo, para fortalecer relacionamento com suas equipes/ seus clientes. Você já utilizou o livro para alguma ação estratégica na sua empresa?

Entre em contato com nosso time para entender melhor as possibilidades de personalização e incentivo ao desenvolvimento pessoal e profissional.

PUBLIQUE SEU LIVRO

Publique seu livro com a Alta Books. Para mais informações envie um e-mail para: autoria@altabooks.com.br

CONHEÇA OUTROS LIVROS DA ALTA BOOKS

Todas as imagens são meramente ilustrativas.

/altabooks   /alta-books   /altabooks   /altabooks

Este livro foi impresso nas oficinas gráficas da Editora Vozes Ltda.,
Rua Frei Luís, 100 – Petrópolis, RJ.